黑龙江省经济增长理论与实证研究

HEILONGJIANGSHENG JINGJI ZENGZHANG LILUN YU SHIZHENG YANJIU

梁凤霞◎著

2016年度黑龙江省社会科学学术著作出版资助项目

2016NIANDU HEILONGJIANGSHENG SHEHUI KEXUE XUESHU ZHUZUO CHUBAN ZIZHU XIANGMU

哈爾濱工業大學出版社
HARBIN INSTITUTE OF TECHNOLOGY PRESS

内容简介

本书在主要学派经济增长理论研究的基础上，针对黑龙江省经济增长的实际，分别从促进经济增长的金融发展政策、人力资本政策、收入分配政策、产业结构调整政策和资源利用与保护政策等方面进行分析。通过相关数据、指标的对比，揭示出实现黑龙江省经济增长必须发挥独有的自然优势和区位优势的发展战略。

图书在版编目(CIP)数据

黑龙江省经济增长理论与实证研究/梁凤霞著. —
哈尔滨:哈尔滨工业大学出版社,2016.11
ISBN 978-7-5603-6278-6

Ⅰ.①黑… Ⅱ.①梁… Ⅲ.①区域经济-经济增长-研究-黑龙江省 Ⅳ.①F127.35

中国版本图书馆 CIP 数据核字(2016)第 260404 号

策划编辑 田新华
责任编辑 苗金英
出版发行 哈尔滨工业大学出版社
社　　址 哈尔滨市南岗区复华四道街 10 号 邮编 150006
传　　真 0451-86414749
网　　址 http://hitpress.hit.edu.cn
印　　刷 哈尔滨市工大节能印刷厂
开　　本 787mm×960mm 1/16 印张 13.25 字数 237 千字
版　　次 2016 年 11 月第 1 版 2016 年 11 月第 1 次印刷
书　　号 ISBN 978-7-5603-6278-6
定　　价 45.00 元

前　　言

世界经济重心东移，中国成为世界经济重要的增长极，而黑龙江省是东北亚经济圈的核心。本书从黑龙江省经济发展的实际出发，抓住当前急待解决的“经济增长”这一重大理论与实践问题，从黑龙江省经济发展的现状与经济增长所具有的优势条件，到黑龙江省经济增长所采取的宏观与微观发展对策，揭示出黑龙江省经济增长的理论与对策的特有性。同时，把黑龙江省区域经济增长融入全国经济增长的共性之中，以期为黑龙江省实现从“全面小康”到“全面大康”的经济增长发展战略提供理论与实证依据。

全书分为十章，分三部分进行论述。

第一部分，第一章，主要阐述了经济增长的理论基础及不同学派的观点，构建了一个从增长、经济增长、经济增长构成要素到经济增长理论的创新发展体系。

第二部分，第二章至第七章，通过黑龙江省经济增长的金融政策、人力资本政策、收入分配政策、产业发展政策、资源利用和环境保护政策以及创新科技驱动政策的研究，阐述了影响黑龙江省经济增长的内部因素、外部条件和存在的问题；分别从理论层面、环境制约、作用机理进行分析，提出了促进黑龙江省经济增长的相应对策和建议。

第三部分，第八章至第十章，依据黑龙江省的自然优势条件，对黑龙江省的绿色食品产业、冰雪旅游产业及对俄罗斯远东地区经贸合作中存在的问题、发展趋势，采用实证分析的方法，提出不同情景因素下的对策和建议。

本书理论联系实际，深入浅出，重点突出，提出实现黑龙江省经济增长的优势条件、增长模式、客观与微观对策体系，对促进黑龙江省经济增长有借鉴作用。黑龙江省经济增长的方向与道路等多具创新性的观点，预示着必须彻底摆脱粗放的经济发展模式，走出高投入、高消耗、高污染和低产值、低技术、低效益的恶性循环怪圈。

由于笔者水平所限，虽力图形成一个较完善的理论与实际运行体系，但仍未如愿。深望同行携手，在今后的实践中，不断以创新思维进行深入系统的概括，使其向高层次推进。

本书得到黑龙江省社会科学学术著作出版资助（项目编号 201625 - B）。本书在写作中参考了一些优秀的著作和论文，并且得到哈尔滨剑桥学院高景海教授的帮助，在此一并表示衷心的感谢！

作　者

2016 年 5 月

目　　录

第一章　经济增长的基本理论

第一节　经济增长理论的含义及其特征

一、经济增长理论的含义

（一）经济的基本含义

经济一词来源于希腊语，意思为"管理一个家庭的人"。不同历史阶段对经济的定义也不同。远古时代经济是作为一种谋生的手段而存在的，"经世济民"即治理国家、拯救庶民的意思。现代经济是影响人类世界观的一种发展形式，即价值的创造、转化与实现。人类经济活动就是创造、转化、实现价值，满足人类物质文化生活需要的活动。

经济学是一门研究人类行为及如何将有限或者稀缺资源进行合理配置和利用的社会科学。其主要涉及4个方面的问题：

（1）资源稀缺，是经济学产生的基础和研究的出发点。

（2）资源配置，属于微观经济学的研究对象。

（3）资源利用，属于宏观经济学的研究对象。

（4）经济，指社会物质生产、流通、交换等活动。

英国经济学家科林·克拉克在《经济进步的条件》一书中提出，经济演进是一个连续的过程，人类的经济活动在各个阶段中占统治地位的是"初级行业""次级行业"和"第三级行业"。

（二）增长的基本含义

增长是指连续发生的经济事实的变动，其意义就是每一单位时间的增多或减少，能够被经济体系所吸收而不会受到干扰。经济增长理论是宏观经济学的重要组成部分，它是以国民经济的宏观经济增长为研究对象的。

早期的增长理论是美国经济学家罗斯托创立的"经济成长阶段论"。罗斯托认为，经济演进的阶段是由传统社会过渡到"起飞社会"，再到"成熟社会"。

他用自己的理论说明经济发展如何从一个阶段到另一个阶段，强调经济的演进与人类的生命有相似之处，都有成长、成熟、衰老3个阶段。

（三）经济增长的含义

经济增长是指一个国家或一个地区人均产出（或人均收入）水平的持续增加。如果考虑到人口增加和价格的变动情况，经济增长还应包括人均福利的增长。关于经济增长最常见的有两种相互联系的解释：一种观点认为，经济增长是指一个经济体生产的物质产品和劳务在相当长时期内的持续增长，即实际总产出的持续增长；另一种观点认为，经济增长是指按人口平均计算的实际产出，即人均实际产出的持续增加。

美国经济学家库兹涅茨给经济增长下了经典的定义："一个国家的经济增长，可以定义为给居民提供种类日益繁多的经济产品的能力长期上升，这种不断增长的能力是建立在先进技术以及所需要的制度和思想意识相应的调整基础上的。"[1]他还总结了经济增长的如下4个基本特征：

（1）经济增长即经济实力或总供给水平的提高。它以国民生产总值（即最终商品和劳务）的总量及人均量的增长作为衡量尺度。

（2）经济增长以技术进步为必然条件。也就是说，经济增长主要是靠技术进步来取得的，科学技术是第一生产力。

（3）经济增长的充分条件是社会经济制度及其相应的意识形态的调整。即社会制度及意识形态的某种变革是经济增长问题的前提。只有在这个前提下，其他具体因素才能发挥作用。

（4）经济增长在世界范围内迅速扩大，世界经济增长是不平衡的。

经济增长一般被定义为产量的增加，产量既可以表示为经济的总产量，也可以表示为人均产量。经济增长的程度可以用增长率来体现，其关系式为

$$\mathrm{GNP}_t = \mathrm{GNP}_b(1+r)^n$$

式中 GNP_t——终期的国民生产总值；

GNP_b——基期的国民生产总值；

n——基期至终期的年数；

t——终期年数；

b——基期年数；

r——平均增长率（亦称增长速度）。

影响经济增长的因素是复杂的，各国经济学家都相继对此进行过研究。研究结果表明，经济增长所涉及的只是量的增长和变化，而无质的飞跃。

一般情况下，为了避免物价变动的影响，国民生产总值或人均国民生产总

值都采用不变价格计算。西方国家的经济增长以国民生产总值经价格变化调整后的年增长率来衡量;而多数社会主义国家以社会总产值和国民收入经过指数化后计算其年增长率来衡量。一个国家或一个地区生产的产品和劳务总量的不断增加,即用货币形式表示的国民生产总值的不断增加,通常用一定时期内国民生产总值或人均国民生产总值的平均增长速度来衡量。

二、经济增长理论的基本特征

经济增长理论的基本特征是运用均衡分析方法,通过建立各种经济模型,考察在长期经济增长的动态过程中,要实现稳定状态的均衡增长所需具备的均衡条件。经济增长是指一个国家或一个地区生产商品和劳务能力的增长。如果考虑到人口增加和价格的变动情况,经济增长还应包括人均福利的增长,即人均实际产出的持续增加。其具体特征如下:

1. 按人口计算的产量高增长率和人口的高增长率

经济增长最显著的特点是产量增长率、人口增长率、人均产量增长率,且 3 个增长率都相对较高;经济增长速度的快慢,即增长率的高低是重要的衡量标准。由于人口的多少及素质的高低直接影响经济增长速度,所以,在经济增长过程中,二者的正相关或者以经济增长率为首、人均经济增长率相配合,就成为衡量一国经济增长水平的重要标志。

2. 生产率的增长速度

生产率的增长是技术进步的标志,在很大程度上决定着劳动报酬,对国内投资和消费产生影响,且在一定意义上标志着生产力水平,对经济可持续发展发挥着重要作用。其主要体现在两个方面:一是生产率的技术进步具有内生性;二是生产率变化的技术进步与生产要素投入相联系。

3. 经济结构变革速度

经济结构变革包括农业向非农业的转移、工业向服务业的转移、生产规模的变化、劳动力职业状况的变化、消费结构的变化等,即人们一般所说的第一产业、第二产业和第三产业之间的结构比例关系的变革。

4. 改革社会结构与意识形态

改革社会结构与意识形态,迅速适应较快增长的经济需要,这也是随经济发展而来的社会现代化和思想意识现代化的过程。

5. 世界范围内的经济一体化

经济增长向世界范围扩展,各国之间相互投资,加强了各国经济在世界范围内的一体化。经济增长在总体进展之下存在局部不平衡现象,如沿海与内地，东部与西部、中部，发达国家与发展中国家之间经济发展不平衡。

三、影响经济增长的基本因素

经济增长的直接影响因素主要有资本、劳动和技术进步3个方面，分别包含在资源因素、体制因素和技术因素中。

（一）资本

资本具有两面性，包含人力资本和物质资本。二者的本质区别是人力资本具有边际报酬递增的生产力属性。

1. 人力资本

人力资本是指劳动者受到教育、培训、实践经验、迁移、保健等方面的投资而获得的知识和技能的积累，亦称“非物力资本”。由于这种知识与技能可以为其所有者带来工资等收益，因而形成了一种特定的资本——人力资本。人力资本具有创新性、创造性，具有有效配置资源、调整企业发展战略等市场应变能力。[2]对人力资本进行投资，对国内生产总值（GDP）的增长具有更高的贡献率。

2. 物质资本

物质资本是指长期存在的生产物资形式，如机器、设备、厂房、建筑物、交通运输设施等。在传统的产业经济中，物质资本占据主导地位，但随着经济的发展，人力资本不论是在数量上还是在收益上都远远超过了物质资本，从而取代了在经济发展中物质资本所一度占据的主导地位。如今，企业的组织形式取决于物质资本和人力资本的合作关系。随着市场规模不断扩大、专业化分工程度不断深化、金融市场效率不断提高，物质资本越来越容易被复制，而人力资本和创新的重要性越来越重要。

（二）劳动

劳动包含劳动力的数量和质量两方面。从数量上看，人口增加、就业率提高、劳动时间增加都可能造成劳动数量增加，而劳动质量的提高则依赖于健康水平和文化技术水平的提高。一般来说，在一定条件下，高质量的劳动力是多倍的低质量劳动力的总和。随着现代化的进展，劳动的增长更多地要求高质量劳动力的增长。

（三）技术进步

技术进步包含资源配置的改善以及规模经济和科学技术的进展。它既包含劳动力资源配置的改善，也包含随技术设备变化而来的企业规模的扩大和技术水平、工艺水平的进步及其应用，还包含管理科学和方法的进步，这些因素都有利于提高投入－产出比率，提高产品质量，并最终促进经济增长。

第二节　主要学派经济增长理论研究内容

经济增长是现代经济学中一个非常重要的概念。人们对这一概念的理解存在一定的差别。亚当·斯密认为，经济增长表现在社会财富或国民财富的增长上，或者是劳动产品的增加。李嘉图认为，社会财富的增长就是经济增长。库兹涅茨在1971年接受诺贝尔奖奖金时发表的演说中提出："一个国家的经济增长，可以定义为给它的人民提供品种日益增加的经济商品的能力的长期上升，这个增长的能力基于改进技术，以及它要求的制度和意识形态的调整。"萨缪尔逊在其畅销书《经济学》中提出："经济增长是指一个国家潜在的国民产量。我们可以把经济增长看作是生产可能性边缘随着时间向外推移。"[3]

实际上，以上理解并不矛盾，经济增长是手段，财富增长是结果，人均产出增长的基础也是社会总产品的增长。一般来说，经济增长是社会物质财富不断增加的过程，是社会生产动态过程的结果。

一、西方经济增长理论

在西方国家中，关于经济增长问题的系统分析只有几百年的时间。由于在中世纪之前上千年的时间里，学术思想为教会所垄断，经济理论没有什么大的发展，直到17世纪之后，随着资本主义生产方式的发展，资产阶级经济学才逐渐形成。其研究的中心就是从理论上说明资本主义生产方式怎样使财富迅速增长，探讨财富生产和分配的规律，并逐步形成了关于经济增长的系统的理论。

（一）古典政治经济学的观点

按照马克思的划分，古典政治经济学在英国从威廉·配第开始，到李嘉图结束。其代表人物的主要观点如下：

1.政治经济学的创始人威廉·配第

威廉·配第提出了一些关于经济增长的思想，他认为，劳动分工可以提高劳动生产率，进而促进财富的增长。财富的大小主要取决于劳动者人数的多少，因而，增加人口可以促进经济增长，经济增长的源泉是土地和劳动两个因素，国家应干预经济活动，利用税收政策来调节经济增长。此外，威廉·配第还认为，随着时间的推移和社会经济的发展，从事农业的人数将比从事工业的人数相对减少。[4]这被称为"配第－克拉克法则"。这一命题第一次指出了产业结构变动与经济增长的关系。

2. 古典经济学的创立人亚当·斯密

亚当·斯密是英国古典经济学的杰出代表和理论体系的创立者,有“经济学之父”之称。《国富论》(又译《国民财富的性质和原因的研究》)是现代经济学的奠基之作,也是最伟大的经济学著作。亚当·斯密在这部经典著作中揭示了劳动价值论、分工与专业化是经济效率之源的理论、市场是“看不见的手”的经济自由主义理论。亚当·斯密对经济学的贡献堪比牛顿对物理学的贡献。

在这部著作中,亚当·斯密把资产阶级经济学发展成一个完整的体系,系统地论述了劳动价值论的基本原理,并指出利润和地租都是对劳动所创造的价值的扣除,一切物质生产部门都创造财富,并着重分析了国民财富增长的条件以及促进或阻碍经济增长的原因,也分析了自由竞争的市场机制对经济增长的作用。[5]但由于亚当·斯密受到资产阶级立场和方法的局限,他错误地把资本主义看作是永恒的制度,认为通过人类的利己之心和“看不见的手”可以实现社会的和谐,并且在价值论和分配论上表现出许多矛盾和混乱的观点,因此,在他的理论中,既有科学的见解,也有庸俗的成分。

3. 古典经济学理论的完成者李嘉图

李嘉图是古典经济学理论的完成者,与亚当·斯密相比,他把研究重点从生产转向分配。他认为,经济增长表现为社会财富的增长,社会财富的增长取决于劳动数量的扩大和劳动生产率的提高,资本积累的扩大是使国民财富增长的根本原因。

李嘉图还分析了报酬递减规律、自由竞争、国际贸易对经济增长的约束作用。他认为,由于土地有限而质量有异,农业生产的报酬是递减的,而这将会对经济增长起约束作用,但生产技术的进步可抵消或延缓报酬的递减,主张自由放任的国内政策和贸易自由化。[6]他坚持商品的价值是由生产中耗费的劳动决定的原理。他批评了亚当·斯密在价值论上的二元观点。他强调经济学的主要任务是阐明财富在社会各阶级间分配的规律,认为全部价值都是由劳动生产的,阐明了工资、利润和地租的对立。

(二)现代经济增长理论

现代经济学理论中对有关经济增长问题的论述内容非常丰富,主要有古典经济增长理论、新古典经济增长理论和新经济增长理论。

1. 古典经济增长理论

罗伊·哈罗德和埃弗塞·多马的古典经济增长理论是在凯恩斯就业理论的基础上发展起来的,他们第一次用数学模型的形式来揭示经济增长的机制。

现代经济增长理论就是从他们提出的资本积累模型开始的,他们认为资本积累是经济增长的决定因素,因而储蓄率就成为决定经济增长的唯一因素,扩大投资不仅能增加有效需求和国民收入,而且能增加生产能力。由于投资来源于储蓄,所以储蓄是经济增长的一个重要因素。但是,由于哈罗德－多马模型假定资本报酬率是常数,这就间接地假定了资本和劳动在增长过程中是不能相互替代的,从而使均衡增长的条件难以满足,即要想在充分就业条件下取得经济的稳定增长几乎是不可能的。[7]其假定条件如下:

(1)假定整个社会只生产一种产品,这种产品既可以用作消费品又可以用作投资。

(2)生产者使用劳动(L)和资本(K)两种要素进行生产,并且按固定比例投入,两种投入不存在替代性。其生产函数所对应的产量线呈L状。

(3)技术水平不变,即不存在技术进步。

(4)规模报酬不变,生产单位产品所需要资本和劳动的数量都是固定不变的。

(5)人口的增长率为常数 n。

(6)储蓄是国民收入的函数,储蓄总额等于储蓄率与国民收入的乘积,即由消费者的消费选择行为决定。

(7)没有资本折旧,或者说,资本的折旧率为零,所以,社会总投资与净投资相等,投资形成资本,或者说,资本增量等于投资。

哈罗德提出“有保证的增长率”概念,实际上说明在现实经济中存在一条稳定的均衡增长路径。在这样一条稳定的均衡增长路径上,是否能实现充分就业呢? 哈罗德认为问题的关键就在于经济增长率是否与自然增长率相一致。

自然增长率是由人口、资源等自然因素决定的,是社会在人口增长和技术进步允许的范围内所能达到的长期最大的增长率。它反映人口与劳动力增长、技术进步与生产率提高和经济增长之间的关系。由于在哈罗德－多马模型中,没有明确区分劳动力人口和总人口,劳动人口的增长率等同于总人口的增长率,为了简单起见,我们暂时不考虑技术进步,且假定技术进步率为零,因此,自然增长率等于人口增长率。

通常用 G_N 表示自然增长率,用 G_A 表示实际增长率。

哈罗德认为,要实现充分就业的增长,就必须使得实际的增长率等于自然增长率(即 $G_A = G_N$),这只是充分就业的必要条件。

如果实际增长率不等于有保证的增长率,即使实际增长率等于自然增长率,也只能暂时地实现充分就业。从长期来看,由于实际增长率不等于有保证的增长率，实际增长率会不断地上升或下降，最终偏离自然增长率水平。所以，实现长期稳定均衡的充分就业增长的条件是实际增长率、有保证的增长率和自然增长率均等，即 $G_A = G_W = G_N$。

哈罗德虽然提出了稳定增长的条件，而他真正的用意却在于说明经济波动的原因。哈罗德认为，实际增长率、有保证的增长率和自然增长率是由彼此独立的不同因素决定的，如果它们相等，那可能是巧合，在大多数情况下，他们不相等。3 种增长率一旦出现偏差，就可能出现加速增长或加速下跌的变动趋势，因而出现波动。

有人形容说，要实现哈罗德稳定均衡增长的条件就像要人们在“刀刃”上行走一样困难。任何冲击都可能导致不稳定增长。哈罗德认为，经济的不稳定增长和周期波动是自由放任资本主义的特征，只有通过国家干预才能实现长期稳定的充分就业的均衡增长，才能“熨平”经济周期。

2. 新古典经济增长理论

美国经济学家索洛提出的新古典经济增长理论，以资本边际收益递减、完全竞争经济和外生技术及其收益不变为其理论假设。这种理论认为，当外生的技术以固定比率增长时，经济将在平衡增长路径上增长，人均资本存量和人均消费都以固定的增长速度增长；而当外生技术水平固定不变时，经济将趋于停滞，投资仅能补偿固定资产折旧和装备新工人。因此，技术进步被认为是经济增长的主要动力，从长期增长来看，可称之为唯一的动力。

新古典经济增长理论的另一个重要假设是，各个国家有相同的机会得到同样的技术，因而各国之间没有技术水平的区别。由此得出结论：各个相互独立的国家有很强的使经济发展水平和增长率趋于一致的倾向，在各国之间要素可自由流动的情况下，更将增强这一趋势。新古典增长理论的局限性在于它假设技术进步是外生的，它不能解释为什么会发生技术进步。新古典增长理论的另一个局限性在于它无法解释世界各国人均收入水平的差异和实际人均 GNP 增长率的差异。根据新古典增长理论，低收入国家贫困家庭经济增长要快于高收入国家贫困家庭经济增长。但是，世界各国的经济发展现实并不能证实新古典增长理论的这一结论。

3. 新经济增长理论

新经济增长理论的主要创立者是美国经济学家保罗・罗默。罗默的论文《收益递增经济增长模型》标志着经济增长理论进入了一个新阶段。

罗默在 1986 年建立了内生经济增长模型，把知识完整纳入经济和技术体系之内，使其作为经济增长的内生变量，建立了一个完全内生的知识外溢模型。

经济增长理论是西方宏观经济学新近发展起来的一个理论分支,新经济增长理论不像新古典经济增长理论那样有一个为多数经济学家共同接受的基本模型,它只是一些持有相同或类似观点的经济学家所提出的各种增长模型构成的一个松散集合体。一般来说,属于新增长理论范畴的各个增长模型都包含的共同观点是:经济增长不是外生因素作用的结果,而是由经济系统的内生变量决定的,经济不依赖外部力量的推动就能够实现持续增长。它是一个由知识外部效应、产出的收益递增和新知识生产收益递减3个因素共同决定的竞争均衡模型。[8]

罗默经济增长理论的意义在于,它将知识作为一个独立的因素纳入增长模式,并且认为知识积累是促进现代经济增长的最重要因素。它把知识分解为一般知识和专业化知识,一般知识可以产生规模效益;专业化知识可以产生要素的递增收益。两种效应的结合不仅使知识、技术和人力资本本身产生递增的收益,而且使资本和劳动投入要素的收益递增。这种递增的收益形成垄断利润,而垄断利润又成为新产品研究与开发的资金来源。这就是经济在长期内能够持续增长,以及世界各国或不同的企业在经济增长率、人均收入等方面产生巨大差异的主要原因。

4.以人力资本为核心的经济增长模型

罗伯特·卢卡斯的经济增长模型以人力资本为核心,把资本划分为物质资本和人力资本。卢卡斯经济增长理论的一个新贡献是将人力资本的效应区分为内在效应和外在效应。内在效应是指人力资本只影响本人的劳动生产率;外在效应是指人力资本对其他人劳动生产率的影响。他认为,正是各国在人力资本方面的差异,导致了各国在收入和经济增长率方面的差异。

20世纪90年代以来,又出现了许多经济增长模型,完善了罗默和卢卡斯的理论。这些增长模型开始探索经济增长过程中的新问题,如公共政策对经济增长的影响、市场一体化对经济增长的作用等。另外,也有经济学家认为,分工的深化增加了用于协调分工中劳动者的成本,即“交易成本”,从而把制度因素与劳动分工结合起来。由此看来,技术进步、人力资本积累的水平和制度因素是影响经济增长的3个十分重要的因素。

经济增长理论的最新发展反映了当前世界经济发展,尤其是发展中国家建立市场经济的实际情况,尽管这些理论尚未经过足够的时间予以检验,却已对发达国家产生了重大影响,也正在对发展中国家产生影响。由此便形成了一个知识外溢—递增收益—知识投资—效应放大的良性循环,知识积累和经济增长在这种动态的自催化机制作用下生长。任何特定技术的外部效应总是有限的,随着时间的推移,其外部效应终究会耗尽。要实现经济持久增长,还需要不断地出现新技术。

二、马克思的经济增长观点

马克思指出,经济增长不是单纯的社会物质财富的积累过程,它还会引起各种复杂的社会经济效应。

在马克思的政治经济学体系中,关于经济增长问题的论述主要体现在社会资本的再生产理论中,其研究的核心问题是在资本主义社会里,财富产生与增值的根源、过程及其分配的情况与后果,从而揭露了资本主义制度的剥削实质。马克思把社会资本再生产区分为简单再生产和扩大再生产两种类型,认为扩大再生产可以通过两条基本途径来实现:一是增加积累,即增加生产要素的投入;二是提高生产要素的使用效率,即提高生产要素产出率,最终表现为劳动生产率的提高。扩大再生产分为外延扩大和内涵扩大两种类型。

20 世纪 50 年代,苏联学者根据马克思的理论,总结苏联社会主义经济建设的经验教训,第一次提出了粗放增长和集约增长的概念,认为前者主要是依靠生产要素投入的增加,后者则主要依靠生产要素使用效率的提高。马克思主义经济学的观点是将国家看成一个系统的集合体,并且根据统治阶级以及它们之间联盟的利益来解释国家政策。

三、发展经济学中有关经济增长的理论

第二次世界大战结束以后,随着旧的殖民体系的瓦解,大量的发展中国家兴起,它们的经济发展和战后重建问题引起了经济学家的普遍关注。发展中国家有其自身特点,它们具有不同于发达国家的特征和结构,因此发展经济学即系统的经济发展理论应运而生。目前发展经济学主要有 3 个学派,即结构主义学派、新古典主义学派和激进主义学派。此外,新制度学派的崛起也非常引人注目。

(一)结构主义学派

结构主义学派认为,发展中国家市场机制尚未健全,人们还不能根据价格信号做出理性的选择,发展中国家应该采取大规模的经济变革和重大的经济结构改进,政府干预在其中能起到重要的作用。结构主义思想与发展中国家落后的实际情况有重要的联系,结构主义学派认为结构问题是阻碍发展中国家全面发展的根本原因,这一点具有很重要的现实意义。但是结构主义学者由于轻视市场机制,其政策建议往往强调发展中国家管理机构的作用。

（二）新古典主义学派

新古典主义学派认为，发展中国家经济贫困落后的根本原因是市场机制不完善。新古典主义学派否定了市场干预的作用，认为发展中国家不仅市场体系不完善，政府系统和财税系统也不完善，政府干预还要受到信息和交易成本的制约，难以达到最优状态。因此，新古典主义发展经济学家反对政府的过度干预，甚至认为不完善的市场也要胜于完善的计划。新古典主义者相信，人类能够克服物质环境对经济增长施加的限制，技术进步和劳动力质量的提高会形成报酬递增的历史趋势。

（三）激进主义学派

激进主义学派将国家看成是一个系统的集合体，并且根据统治阶级以及它们之间联盟的利益来解释国家政策。激进主义学派提出了发展中国家的经济发展存在着内部制度性障碍的问题。也就是说，许多发展中国家经济之所以落后，既不是因为市场经济不完善，也不是因为政府政策失误，而是因为政府常常是从维护统治阶级利益的角度出发来制定国家政策，而不是基于全体人民的利益。所以，在这种情况下，政府干预经济活动的范围越广泛，对经济造成的损害也越大。

激进主义学派大量地借用马克思经济思想的成果。在马克思的政治经济学体系中，关于经济增长问题的论述主要体现在社会资本的再生产理论中，其研究的核心问题是在资本主义社会里，财富产生与增值的根源、过程及其分配的情况与后果，从而揭露了资本主义制度的剥削实质。激进主义经济学家把经济制度作为自己的研究对象，具有强烈的现实批判主义色彩，在众多的发展理论中独树一帜。他们认为，制度变革的实质是经济利益在各阶级之间重新分配，因此，改革总是会面临着既得利益集团的抵抗，改革的成功仅靠政府的作用是不可能达到的，需要更多的阶层和个人的积极参与，需要获得更广泛的支持。

（四）新制度学派

20 世纪 80 年代后，新制度经济学的崛起为发展经济学提供了新的视角，在强调制度安排对摆脱落后具有重要作用的过程中，“矫正产权”曾经风行一时。但是，产权只是制度结构的一方面，如果脱离了其他制度背景，产权的界定和保护是不可能的，经济落后也不可能全面改观。

新制度经济学派认为，发展中国家经济落后的原因是制度和组织方面存在着极大的缺陷。事实上，收入水平差距只是落后的表面特征，制度的缺陷才是经济落后的根源。因此，摆脱落后的更一般要求是“矫正制度”。只有矫正制度才能真正建立市场体系,完善市场机制,降低信息成本和交易成本,提高分配效率,扩展人类选择的机会。只有这样,才能形成经济发展的内在动力。发展经济学制度学派的出现虽然不过几十年,但它已经在发展中国家引起了高度的重视,这种内生的经济发展理论已经成为发展经济学中一种流行的观点。

四、区域经济学中有关经济增长的观点

区域经济增长理论基础来源于国际贸易理论中的比较优势理论体系。比较优势理论最早可追溯至亚当·斯密。斯密认为一国在国际贸易中应出口生产成本具有绝对优势的产品,进口生产上占劣势的产品,这一理论被后来的经济学家总结为绝对比较优势理论。李嘉图发展了斯密的比较优势理论,认为即使一国在生产所有产品上都具有较他国的绝对优势或劣势,也会通过国际贸易来实现更多的利益。他的理论被称为相对比较优势理论,并且由于其理论关注资源禀赋的配置状况,又被称为外生比较利益说。以后的比较优势学说的发展主要是沿着斯密和李嘉图这两条相互联系又具有差异的思路进行。

(一)低水平均衡陷阱理论

低水平均衡陷阱理论是由发展经济学家内尔森提出的。这一理论的主要内容是:不发达经济的表现为人均实际收入处于糊口或接近于维持生命的低水平均衡状态,很低的居民收入使居民储蓄和投资率受到极大局限,如果以增大国民收入来提高储蓄和投资,又通常导致人口的增长,从而又将人均收入拉回到低水平稳定均衡状态之中。这是不发达经济难以逾越的一个陷阱。持续的经济增长要求打破低水平均衡陷阱,在经济资源不变和没有来自经济外部的刺激的情况下要走出陷阱,就必须使人均收入增长率超过人口增长率。因此,必须多管齐下,综合治理。[9]其主要措施如下:

(1)从制度上创造有利于经济发展的"政治氛围"和社会环境;依靠国家综合投资以及国民经济发展计划和规划的确定,加大突破陷阱的力量。

(2)推行计划生育,缩小家庭规模,改变社会结构,鼓励节俭消费,倡导居民储蓄,培养企业家精神;改变收入分配格局,避免公平伦理观念影响效率原则,并促使财富向投资者集中。

(3)吸引外资以增加投资和扩大收入;通过技术进步来提高现有资源的使用效率。

(二)回流效应理论

回流效应理论是瑞典著名经济学家、诺贝尔经济学奖获得者缪尔达尔提出的。这一理论是揭示区域外部因素引起的不利于区域经济发展和扩张变化的

一种理论。对经济发展不平衡的分析是缪尔达尔发展理论的一个主题。经济发展不平衡既存在于国内地区之间，也存在于国与国之间。

缪尔达尔教授提出了回流效应和扩散效应这样一对新概念来分析发展不平衡问题。回流效应指区外因素引起的不利于该地区经济发展和扩张的变化，扩散效应是指经济扩张和发展中心对周围地区经济发展的有利影响。缪尔达尔认为，强大的回流效应和弱小的扩散效应是经济发展不平衡的重要原因。国际贸易、资本流动、移民等经济运动促进了发达国家和发达地区的经济发展，却对不发达国家和不发达地区产生强烈的回流效应，从而扩大了经济发展的不均衡。要消除这种不均衡，必须在制度方面进行重大的调整和改革。

回流效应理论比经济增长中的趋同理论更有效地解释了我国目前省区差距拉大的现象，由于发达地区投资高回报率的吸引，人力资本和物质资本从不发达区域不断地向发达区域流动，从而引起不发达区域经济进一步衰退。

（三）输出基础理论

输出基础理论是美国经济学家1993年诺贝尔奖获得者道格拉斯·诺斯提出的。其基本思想是：一个区域经济的增长取决于其输出产业的增长，区域外生需求的扩大是区域经济增长的主要原动力。按照诺斯的观点，一个区域能否发展，关键在于能否在该区域建立起输出基础产业。而特定区域能否成功地建立起输出基础产业，又将根据它在生产和销售成本等方面对其他区域所拥有的比较利益而定。因而，增加区域输出的基础即区域所有输出产业和服务，将启动一个乘数过程，其值等于区域输出产业与非输出活动的收入或就业量之比。[10]

输出基础理论也给我们以启迪，区域外生需求的扩大是区域经济增长的重要原动力。对我国广东、江苏、浙江等近年来发展较快的省份进行考察，也可以证明这一点。一个封闭的、没有外部需求的国家或地区，不可能有较高的经济增长速度，也无法获得较高的经济利益。所以，培育高速增长的输出产业，才有可能带动落后地区经济的高速增长。

（四）自然资源禀赋决定论

柏洛夫和温戈在《自然资源禀赋与经济增长》一文中，把制造业的建立看成是区域经济增长的首要条件。在他们看来，企业家总是选择使其生产利润最大化的区位进行投资，由于不同区位的“自然资源禀赋”不同，取得其基本生产投入要素和接近产品市场的机会也将有所不同，相应的其成本与受益变量也就有所不同，企业家必然做出有利于某一特定区位而不利于其他区位的投资决策。而且一旦投资向某一区位倾注就会产生相应的区域乘数效应，加速经济活动在特定区位上的集聚过程。这也被称为外生比较利益说。

(五)增长极理论

增长极理论由法国经济学家佩鲁在1950年首次提出,该理论被认为是西方区域经济学中经济区域观念的基石,是不平衡发展论的依据之一。

增长极理论认为,一个国家要实现平衡发展只是一种理想,在现实中是不可能的,经济增长通常是从一个或数个"增长中心"逐渐向其他部门或地区传导。因此,应选择特定的地理空间作为增长极,以带动经济发展。佩鲁及其追随者布代尔等认为,增长并非出现在所有地方,它以不同的强度出现在一些增长点或增长极上,然后通过不同的渠道向外扩散,并对整个经济产生最终的影响,处于支配地位的地区对整个经济具有推动作用。增长极理论不主张消除地区间的不平衡状态以实现协调或平衡的增长,而是主张通过促进一些增长极的发展以产生扩散、支配、乘数效应带动整个国家或地区的增长。

(1)不发达经济处于低水平均衡状态时,要走出低水平陷阱就必须使人均收入增长率超过1%,多管齐下,综合治理。经济增长趋向于在某一重要区域产生,并通过该区域带动其他相关区域的经济发展。

(2)经济运动促进了发达地区的经济发展,却对不发达地区产生了不利影响,要消除这种不均衡,必须在制度方面进行重大的调整和改革。

(3)一个区域经济的增长取决于输出产业的增长,区域外生需求的扩大是区域经济增长的重要原动力;企业家总是选择具有资源优势的区域投资,以加速这一区域的经济增长。

毋庸置疑,无论是古典经济学,还是新古典经济学,抑或是凯恩斯经济学,都产生于西方发达国家,它们的技术水平、经济发展水平和市场完善程度与发展中国家不同。因此,这些理论不可能完全解释我国的经济发展现实,我们只能借鉴这些经济理论,结合我国黑龙江省的实际情况,进行深入具体的分析。

第三节 经济增长理论创新发展的现实意义

黑龙江省土地、能源和森林资源丰富,劳动工资水平较低,如果能够通过科技和制度创新及加强经营管理等措施,不断提高劳动生产效率,将可以充分地发挥出潜在的资源优势,实现跨越式发展,避免走弯路。特别是,随着信息和网络技术的迅速发展,将日益减少地理空间对经济发展的束缚,为今后产业布局由集中走向分散创造条件。在当前新的历史条件下,黑龙江省的发展将面临着更加严峻的挑战。

一、制定经济增长政策的紧迫性

(一)经济的发展要求加快经济增长方式转变

转变经济增长方式,提高经济增长质量,迫切要求制定相应的经济和非经济因素的经济增长政策,以推进市场机制的形成和完善,发挥国有经济的相对优势,实现经济增长效率的提高。在经济增长率中,一般有4%的增长率不是通过资本和劳动的投入来支持,而是依靠综合要素生产率的增长来取得。如果在这个发展阶段的初期经济增长效率没有明显提高,后期的经济高度增长就会缺乏基础。

1. 自然资源在经济发展中的重要作用

随着科学技术突飞猛进的发展,自然资源禀赋在地区经济发展中的作用将日益下降,而观念、制度环境、科技和人才、管理经验、营销技术等软资源的作用将越来越重要。同时,经济的高增长率必然带来结构的高转换率,这使得经济协调增长显得相当重要,如果因过度的数量扩张而导致产业结构失衡,就会影响到整个阶段的有效增长和较快发展。另一方面,在这个阶段中,人均收入水平上升较快,社会消费需求由数量向质量需求转变,质量需求的层次不断提高,如果经济增长过程不能有效地提高商品和服务的质量水平,经济高速增长就会受到市场需求的约束,以致出现经济波动。

企业生产能力的严重过剩和买方市场的形成,使国内市场竞争日趋激烈,近年来几乎达到"白热化"的程度。企业选择新的投资项目日益困难,投资风险日益增加,各地区也难以把握和寻找新的经济增长点。因此,经济发展的新阶段要求我们加快经济增长方式的转变,提高经济增长的质量和效益。由于目前国内竞争力较强的一些行业和企业大多集中在东部地区,黑龙江省产业发展层次较低,企业经营效果较差,市场竞争力较弱,致使黑龙江省主导产业受到的冲击将会大于沿海地区。

2. 国家可持续发展战略要求生态环境保护

随着可持续发展战略的实施,国家对生态环境保护的标准将越来越高,这无疑会增加企业的设备投资和生产成本,由此加大落后地区工业化进程中的难度。实施西部大开发战略,中央已经明确要将国家财政拨款、国债资金、国际金融资金和外国政府贷款的70%投向中西部,尤其是西部地区,并先后制定了一系列的优惠政策,这对于改善西部地区的投资环境以及扩大招商引资都是有利的,同时构成了对黑龙江省的极大挑战。

(二)经济发展的新局面要求加快经济增长方式的转变

现代国际市场的竞争已经由以价格为中心的竞争转变为以质量为中心的竞争,质量竞争有愈演愈烈之势。转变经济增长方式、提高质量势在必行。

1. 对外贸易

从对外贸易看,质量要求不断提高,质量差价日益扩大,这种以数量型经济增长为基础的低附加值的出口竞争方式,既难以扩大竞争范围、提高竞争水平,且回旋余地很小,又受到"限质不限量、不限值"为基本原则的国际贸易壁垒的严重阻碍。因此,只有加快转变数量型的增长方式,尽快提高经济增长的质量水平,才能较快增加高附加值、高技术含量、高档次和高质量商品的出口比重,提高我国出口贸易在国际市场上的竞争层次和创汇效益。

2. 外资利用

从外资利用看,近年来,我国利用外商直接投资的数量大幅度增长,范围迅速拓宽,但外资的大量进入尤其是发达国家外资的进入普遍带着名牌商标和市场要求,国外名牌产品的进入恰好适应了我国质量需求上升和名牌消费扩大的趋势,对国内市场的冲击很大,对民族工业形成了巨大威胁。

在这种情况下,我国企业必须尽快创立一批名牌产品,与国外名牌展开竞争,才能保住在国内市场上的地位,保护我国民族工业的发展。而创立名牌产品需要一系列产业部门的协作和配合,特别是需要提高一系列产品的质量水平。这就要求尽快转变数量型增长方式,提高经济增长的质量。应当说,国际贸易竞争的加剧和外资的大量进入,既是一种挑战,也是一种有利条件。它增加了企业提高生产水平、转变经营方式的压力和紧迫感,同时对外贸易和利用外资的规模扩大,为经济增长方式的转变提供了资金、技术和贸易基础。

(三)经济体制改革要求转变经济增长方式

深化改革关系到各个阶段经济利益的进一步调整,为了减少由此带来的不安定因素,降低改革进程的阻力,国家必须拿出很大一部分财力来支持改革并调整社会利益关系变动引起的不均衡状态。

1. 需要一个较为稳定和宽松的经济环境

国有企业的改制,体现宏观的转轨,将引起经济运行过程的重大变化,会带来社会经济领域的较大震荡,因此对改革环境有一个较高的要求。而数量型经济增长的弊端之一就是容易引起需求膨胀和经济过热,在这种环境下,重大的改革措施往往难以出台,通货膨胀和利益调整的双重冲击可能超过社会公众的承受能力。这样看来,要确保重大改革措施的顺利出台和有效推进,必须加快经济增长方式转变,创造一个较为稳定和宽松的经济环境。

2. 处理好政府和市场的关系，防止体制波动

国有企业改制要建立社会保障制度，为富余人员创造再就业机会，尽快提高经济增长的质量和效益。政府机构改革也要合理安排有关人员的出路，这些都需要大量的资金来支持。但是，在数量型经济增长的条件下，高投入低产出，宏观经济效益很差，国家的财力相当薄弱。只有加快增长方式转变，促进增长效益的提高，才能增强国家财力，从而有较大的力量来增加投入以推进改革。数量型经济增长引起经济过热和通货膨胀，势必导致经济增长过程的波动，导致改革过程的波动，即出现旧体制复归的现象。

(四)经济增长政策的改革要求转变经济增长方式

转变经济增长方式，提高经济增长质量，迫切要求制定相应的经济和非经济因素的经济增长政策，在现阶段主要包括：经济体制改革政策、推进投资增长的政策、提高资金利用率的政策。经济体制改革政策能否使经济增长，在合理的体制保障之下，是转变我国经济增长方式和提高经济整体素质的关键。

1. 建立现代企业制度，推进市场机制的形成和完善

经济体制条件下形成的经济机制决定着资源的配置方式。实现经济增长方式的转变，从体制的角度看，应着重推进市场机制的形成与完善，建立现代企业制度，实现经济机制的转换，从而转变资源的配置方式，使市场机制在资源配置中发挥基础作用。

2. 建立现代企业制度，调整所有制结构

随着我国要素市场的发展，各种所有制和不同的所有权在企业这一层次日益互相结合，企业也必然会越来越难以单纯按所有制形式来划分。这种投资主体明确的企业，出资者、经营者责权明确，对资产实行分级所有、分类管理，有利于加强国家对国有资产的管理，有利于增强各级政府管理国有资产，维护国有资产权益的责任中心和积极性，有利于使国有资产的所有者主体多元化，为国有产权的流动和国有资产的优化配置创造条件。

二、实现投资增长政策的转变

(一)改革投资体系加快资本市场的发展

资金是我国现阶段经济发展最稀缺的资源，现阶段正处于资金高投入时期，应努力寻求投资增长政策的转变，实现稀缺资源的利用效率。

1. 改善投资体系

配合投资体系的改革要加快资本市场的发展，通过资本市场筹集较稳定的投资资金，并利用资本索取回报的机制形成出资者对项目决策者较硬的约束机

制，防止盲目决策。对于可以采取一定限制进入或输出的方式的资金，要通过立法的形式，用投资、立项的可行性专家论证程序取代原有的行政审批程序，或与行政审批程序相结合。

2. 提高资金利用效率

如果资金利用效率下降，就必须注入更多的货币资金，而过量的货币资金供给必然产生严重的通货膨胀，并导致实际资金利用效率的进一步下降，这是一种恶性循环。即投入更多的货币，但货币资金对经济增长的推动力却下降，于是，最终导致高通货膨胀与经济增长乏力现象并存。因此，采取有效措施扭转资金利用效率不断下降的局面，应成为我国经济政策调整的重要内容之一。

（二）逐步实现资金供给价格双轨制

随着对外开放规模的扩大，国内市场与国际市场的界限被冲破，国内资源（包括物质资源和人力资源）价格向国际水平靠拢的趋势不可遏制，工业所需资源价格的上升成为一种必然趋势。

1. 实现粗放增长阶段向集约增长阶段的转换

从以低价格资源开发和低附加值产出为特征的粗放或增长阶段，向资源的深度利用和高附加值产出以及集约增长阶段转换，是我国工业经济面临的中心问题。政府对物质资源和人力资源的控制越来越弱，尤其是在通货膨胀时，物质资源和人力资源的价格上升基本失去控制，资金的浪费和低效运行成为普遍现象。

2. 建立信用机制

近年来，资金供求过程中信用关系出现过紊乱，资金循环受阻，并形成滥用他人资金不会受到惩罚反而可能获得更大利益的广泛心理预期，资金的低效占用和使用成为难以解决的顽症。资金的效益来源于资金的运动，资金运动的阻滞是对资金生命力的破坏。因此，重建我国经济生活中的信用基础和信用关系，严肃信用法制，是解决资金低效运行的当务之急。

（三）加强经济市场调节力度和维护国有资产安全并重

经济投资体制改革的目的之一是项目投资，以资金效率为中心的基础投资和公益投资也要有合理的资金回报，保证资金的良性循环。

1. 强化投资市场的规范性

如果市场制度不规范，法律不健全，监督制度不严密，投资领域极易发生营私舞弊和侵吞公共资产现象。因此，必须强化投资市场的规范性，尤其要净化投资市场，严厉制裁投资领域中营私舞弊的行为，对于合法、非法的界定应有明确的政策和法律规定，并建立监督机制；加强市场调节力度，维护资产安全。

2. 完善资金的有效配置

投资领域有其很大的特殊性，资金的有效配置，除了要利用机制之外，计划手段的运用也不可缺少。有效配置资金的市场机制在短期内难以达到完善，因此，应充分利用市场机制，对投资活动中有可能发生的企业利益与社会利益的矛盾进行积极的协调；充分利用资金价格机制和企业间的自由契约方式，实现资金的有效配置。

三、实现产业增长政策的转变

(一)加大对农业和农业生产支持体系的投入

农业是各国政府产业政策的重点，在西方发达国家也不例外。由于过去几十年工业化过程的独特经历，我国的农业问题更具有复杂性，因此更需要政府多方面的支持才能使其稳定和发展。除了原有的三农政策外，还需要尽快加强和完善农业生产支持体系，这是被国际经验证明行之有效的支持农业的政策。

1. 重点支持外部性强的基础设施建设

一些增长速度并不快、在总产出中所占的份额保持不变甚至可能下降，但对全局影响显著的外部性的行业，由于其公共产品的性质，非国有资金不愿进入，因此应该成为产业政策关注的重点。此外，应重点支持外部性强的基础设施的建设。

2. 高新技术的开发和产业化成为产业政策的重点

高新技术的开发及其产业化过程是一个高投入、高风险、周期长的过程。在目前的条件下，政府应该在项目选定、研究开发和产业化全过程中给予较多的支持。其中适度的保护政策必不可少。

(二)鼓励技术创新应有重点

市场机制结构调整直接影响经济增长效益和质量，增长较快的产业不一定是产业政策的重点，产业政策的注意力应转向企业不愿做或做不了，但对经济增长的效益和质量有影响的领域。发展劳动密集型产品和技术，是未来转移的重要途径，在今后一段时间内，多种技术档次的产品和技术将在产业组织中并行存在和发展。

1. 产业组织政策有机结合

产业组织政策使增长、结构和效益三位一体地结合在一起，使政策、改组和改造三位一体同步进行。对某些影响面广的关键技术问题，如某些有严重污染的生产设备的淘汰和相应的新技术的开发等，仍需要政府制定专门的政策，鼓励技术创新。

2. 加快产业调整以促进优势企业和名牌产品的扩张

“优势企业”“名牌产品”都是经过市场竞争选择出来的，是以较强的竞争力作为基础发展起来的，产业组织政策能促使这些企业的扩张，可以使规模经济优势与企业的竞争力有机地结合起来，摆脱长期以来在产业政策中存在的行政性合并行为。

四、实现经济效益和社会效益的增长

(一)产业结构的高度化加快经济效益的增长速度

经济效益的增长不仅取决于经济增长效率及投入产出关系，而且取决于这些产出符合社会需要的程度，后者依赖于产品的质量和结构。产品质量提高不一定与经济增长效率有关，但必然引起经济效益的上升，而质量水平下降或不能适应需求变化则会导致经济效益的下降。

1. 处理好经济效益增长和产品结构质量的关系

经济效益增长对于产业结构和产品质量的依赖关系，表明了经济增长方式转变的难点。因此，在经济高速增长中，处理好经济增长效率与产品质量和结构变动的关系，产业结构的高度化，能加快经济效益增长速度并提高经济增长效率，但结构失衡会影响生产效率的提高。

2. 处理好经济增长与通货膨胀的关系

降低经济增长中的通货膨胀率和环境污染程度是提高经济增长质量的另一个重要方面。统计分析表明，在国际上，经济效益高速增长的国家中，大约有30%的国家没有出现过高通货膨胀率。这些国家基本上都是经济增长效率较高或上升的国家。因此，可以认为经济增长与通货膨胀的关系主要受到投资和就业两个因素的影响。

(二)速度型扩张导致的经济结构失衡

速度型扩张导致的经济不协调增长，是经济发展中一直存在的比较突出的结构问题，近几年，由于数量型增长方式没有改变，结构失衡状态没有得到改善甚至有所加深，农业、基础工业和基础设施依然相当薄弱，在这种情况下，对发展新阶段的经济高速和高效增长形成了很大障碍。

1. 社会需求质量上升导致经济增长失衡

在社会需求质量较快上升和需求结构较快变动的条件下，数量型经济增长不能适应市场需求的变化。在经济效益高速增长中，不少产品滞销积压，大部分是由于质量和结构问题的存在，使增长过程的持续和发展水平的提高受到了严重的制约。

2. 成本上升导致结构失衡

成本上升、结构失衡和产品积压还直接关系到经济增长中的通货膨胀程度,使经济高速增长受到严重通货膨胀的影响。因此,结束经济增长方式由数量型向质量型转变,既是经济发展新阶段的客观要求,又是与这个阶段相联系的我国经济现实的迫切需要。其关键问题在于加快经济增长方式的转变,减少经济过热及其引起的经济波动和体制波动。

3. 经济增长速度对通货膨胀的拉动作用

在市场经济中,经济增长效率与经济增长效益是一致的,而我国目前的经济增长效率与经济增长效益还有较大的偏离。在我国经济效益增长中,通货膨胀率的降低主要依靠降低经济增长速度,以减少高通货膨胀,提高经济增长效益。实际上,控制经济增长速度与提高经济增长效益是数量型增长方式向质量型增长方式转变的基本要求。

第二章　金融发展政策与黑龙江省经济增长

第一节　金融发展的概念及度量指标

一、金融发展的概念

(一)金融的内涵

1. 金融的含义

金融是货币流通和信用活动以及与之相联系的经济活动的总称。广义的金融泛指一切与信用货币的发行、保管、兑换、结算、融通有关的经济活动,包括金银的买卖。狭义的金融专指信用货币的融通。

金融的内容可概括为货币的发行与回笼,存款的吸收与付出,贷款的发放与回收,金银、外汇的买卖,有价证券的发行与转让,保险、信托及国内、国际的货币结算等。其本质是价值流通中商品生产和商品交换中自身价值的增值。

资金在国民经济增长中的作用,犹如血液在人体中的作用一样重要。尽管金融中的含“金”量越来越少,但其作为价值的流动性却越来越强。金融已经成为整个经济的“血脉”,渗透到社会的方方面面。

作为一种交易活动,金融是一种将未来收入变现的方式。金融产品的种类有银行、证券、保险、信托等。所涉及的学术领域主要包括会计、财务、投资学、银行学、证券学、保险学、信托学等。

2. 金融发展的含义

金融发展是指金融交易规模的扩大和金融结构中带来的金融功能增强与金融效率的持续提高。金融发展具有双重表现,即金融总量的增长和金融结构的优化。前者是金融发展在量上的表现,后者是金融发展在质上的表现。

(1)金融发展与金融总量增长和金融结构优化之间存在着相互影响、相互促进的关系。具体来说,包括各种现存金融工具和金融机构的相对规模、经营特征、方式,金融中介机构以及各类分支机构的相对集中程度等,而金融发展则是指一国或地区金融结构的变化。

(2)从动态上看,金融发展的内涵是研究从金融总量的增长和金融结构及效率的变化沿着某种特定的路径,随着经济发展水平的提高,相继出现各种金融结构和金融工具及其秩序多元化的发展过程。金融发展是在获取金融总量中所运用的交易技术、交易机制和交易模式的优化,促使金融模式和经济模式协同发展,从而使金融对经济的渗透程度增加,促进经济发展。

(3)从金融发展的本质来看,各种金融发展就是在社会不同经济主体多样化储蓄和投资需求过程中,通过各种金融手段,如利率和汇率杠杆,刺激储蓄和投资,有效地实现储蓄转化为投资,从而引导、调动与配置社会生产资源,扩展现有社会生产函数的边界,实现社会有效生产规模与效益的增长,同时在全社会范围内实现与配置社会生产风险和收益的动态化过程。

(二)金融发展的过程

经济学家对金融发展的内涵在不同的时期给出了不同层次的界定。归纳起来可以分为4个阶段:

(1)早期西方传统的货币金融理论仅以货币作为研究的对象,所以他们对金融发展的研究仅局限于狭窄的货币领域,对金融机构的研究仅限于商业银行。

(2)1960年,美国斯坦福大学教授罗纳德·麦金农和爱德华·肖对金融发展的研究突破了西方传统货币金融理论的局限,将金融发展的研究对象从货币扩展到多样化的金融资产,将金融机构扩展为商业银行和非银行金融机构。

(3)1968年,雷蒙德·戈德史密斯不仅提出了衡量金融发展的指标——金融相关比率,而且对一个国家产业的金融发展程度及金融结构的发展程度做出了分析。他将金融发展界定为金融机构的决定作用,这种决定作用从金融工具和金融机构的构成中表现出来。他将各种各样的金融工具抽象为股票和债权两大类,以利于研究金融工具的产业分布,来说明不同产业的金融发展程度。

(4)20世纪90年代初,理查德·查尔斯·莱文将金融发展研究对象的选择从发展中国家扩展到发达国家,整体上从金融功能的角度入手赋予了金融发展的新含义。在一系列的研究中,学者们尝试使用金融系统提供的服务以及这些服务的结构来计算金融发展的综合指标。

(三)金融发展理论

金融已经成为经济市场化程度和发展程度的标志,在资源配置中发挥着核心作用。金融发展理论产生于20世纪,通过金融结构理论、金融深化论、金融抑制论、金融约束论对金融发展进行了不同角度的阐述。

1. 金融结构理论

20 世纪 60 年代,随着金融体系的不断优化,金融结构也逐渐发生着变化。当国家的经济发展到一定阶段时,其非银行金融机构的重要性日益显现。同时,国外的金融机构在某一国家内经营时,会提高该国金融机构的经营效率,因为外国金融机构在该国经营时,势必要引进和转让其金融技术给该国金融机构,对该国的金融发展也会起到一定的助推作用。据此,针对现阶段金融结构理论,黑龙江省应考虑适当引进一些外资银行或创办由地方性商业银行与外资银行联合经营的合资银行,以提高黑龙江省金融的对外开放程度。

2. 金融深化论和金融抑制论

《金融深化论》是金融自由化理论的最具代表性的著作。该书是美国经济学家罗纳德 · 麦金农和爱德华 · 肖 1973 年的代表作,同年又相继出版了《经济发展中的货币与资本》和《经济发展中的金融深化》,使得金融发展理论有了重大的突破。这两本著作都针对发展中国家的特定经济与金融环境,提出了以金融深化为核心的金融发展理论。利率上限、市场进入壁垒、较高的准备金比率和信贷配给等金融抑制手段,不同程度地抑制了发展中国家的储蓄和投资水平,从而使经济增长放缓。发展中国家的金融改革首先应该从金融领域开始,减少人为因素对金融市场的干预,主张金融自由化,让市场机制自发地决定信贷的配给。

3. 金融约束论

金融约束论就是政府通过实施一系列金融约束政策以促进金融业更快地发展,从而推动经济快速增长。其隐含的前提是政府可以有效地管理金融业,或者说政府可以解决市场失灵问题。由于现实中存在着大量的信息不完全、不完全竞争和道德风险,所以,政府对金融市场的干预是必要的。经济学家认为,在政府进行金融约束的同时,也为金融行业以及生产部门创造"租金机会",利用这种租金效应以及激励作用,能够长期地逆向选择,对道德风险进行有效规避,维护金融系统内部的稳定,正向地推动经济的增长。

(四)金融发展的功能和作用

随着我国市场经济改革的步伐,金融业逐步摆脱了政府经营的模式。金融不再担任"第二财政"的角色,而是作为市场经济的一个重要组成部分,发挥着融资功能和分散风险的作用,支持着经济的发展。金融发展对经济增长的作用是多方面的,但其主要的功能体现在以下 4 个方面:

1. 增加金融机构的储蓄存款

改革开放以来,我国的居民储蓄迅速增长,银行的自我筹资能力越来越强,可贷资金越来越多。对于企业来说,主要的筹资渠道是向银行贷款,这样巨额的居民储蓄存款成为企业向银行贷款的重要来源,也可以说,居民储蓄存款是企业投资的源泉。根据西方经济学原理,企业的生产达到一定的规模,才可能获得收益,但是这种规模经济需要巨额资金的支持,而银行正好可以实现这一功能,把闲散的社会资金集中起来,形成巨额资金,实现资本的积累。这一过程真正体现了金融发展对经济增长的最基本贡献。

2. 搜集信息,降低交易成本

由于借款人对项目的风险和收益状况比贷款人认识得更清晰,借款人为了获取贷款往往会隐瞒对自己不利的信息,贷款人由于缺乏信息,而误选了项目不好的借款人,迫使项目较好的借款人退出市场。解决这类问题的办法是尽可能地搜集信息,并对借款人进行监督。银行的出现使得这种信息搜集和监督得以实现,发挥了中间人的作用,降低了信息搜集成本。随着经济的发展以及存款货币银行结算工作的网络化,商品交易的过程变得简单快捷,对于实物商品的交易成了票据之间的买卖,人们可以随时获得世界各地的任一商品。网络化的银行使得商品货币的转移在瞬间完成,大大便利了交易,降低了交易成本。

3. 提高资源配置效率,加速资本形成

理性的投资者需要在投资前详细了解投资对象的经营环境和状况,同时希望获取这些信息的投入成本尽可能小。金融体系可以用较低的费用获得投资者需要的信息,并能较为准确地鉴别企业的盈利能力。投资者通过金融机构进行投资,可实现闲置资金向运营资金快速、高效地转化,可提高资金形成资本的转化效率,优化资源配置,从而加速经济增长。

4. 监督企业行为,降低投资风险

金融中介在通过储蓄集聚社会闲散资金并贷放给各个项目所有者之前,会审查借款人的资产负债表和要求担保品及进行信用评级,从而实现借款人由一家金融机构监督,而不是由许多储蓄者来监督,这样既节约了监督成本,又减少了违约风险。银行的出现使得投资人可以投资众多风险程度不同的项目,从而形成一种投资组合。资金充裕者通过将资金存入银行可获得高回报投资项目的机会。通过不同风险项目的投资组合,银行可以使资金充裕者规避流动性风险和投资于单个项目的个体风险,从而获得满意的投资回报率。对高风险、高回报项目的投资,提高了社会的整体回报率,增加了社会财富,促进了经济增长。

二、金融发展的主要度量指标

金融发展表现为金融资产相对于国民财富的扩展,金融发展水平的衡量通常用金融增长作为其替代指标。而衡量一个国家或地区金融发展水平的重要指标很多,从总量上来看,金融相关比率是衡量金融发展规模的相对重要的指标。

1. 金融资产总量

从金融发展规模的绝对量来看,衡量金融发展的指标是金融资产总量。金融资产不仅是商品经济发展的必然产物,而且是商品经济高度发展的产物。初级的商品经济导致了货币的产生。金融资产以货币为其价值尺度,具有高度的同质性、流动性和不断增值的内在动力,并且不存在自然损耗的可能性。

2. 金融相关比率

金融相关比率是由美国经济学家雷蒙德提出的,是指一定时期内社会金融活动总量与经济活动总量的比值。金融活动总量一般用金融资产总额表示。

从金融发展规模的相对量来看,衡量一地区金融发展水平的存量和流量指标,其中最主要的是金融相关比率。它是指某一时点上的金融资产总额与国民财富之比。人们通常将其简化为金融资产总额与国内生产总值之比,反映金融资产与国内生产总值的相关程度,金融相关比率越大,说明金融化水平越高,同时也表明金融对经济增长的贡献越大。

第二节　黑龙江省金融发展与经济增长相关性分析

一、金融政策的内容

(一)投资政策

国民经济持续稳定地增长是依靠金融支持和政策保证的,这种支持和保证需要不断投入资金来维持。资本的形成依靠储蓄,高度密集的资本必须进行筹集,还需要有效措施保证资本正确使用。金融政策包括投资政策和货币政策。

1. 投资政策要遵循资本边际报酬原则

如果资本是可变的,其他生产要素固定不变,资本的边际报酬会随资本用量的增加而减少。如图 2.1 所示,资本的边际报酬率是向下倾斜的,它的斜率为负。

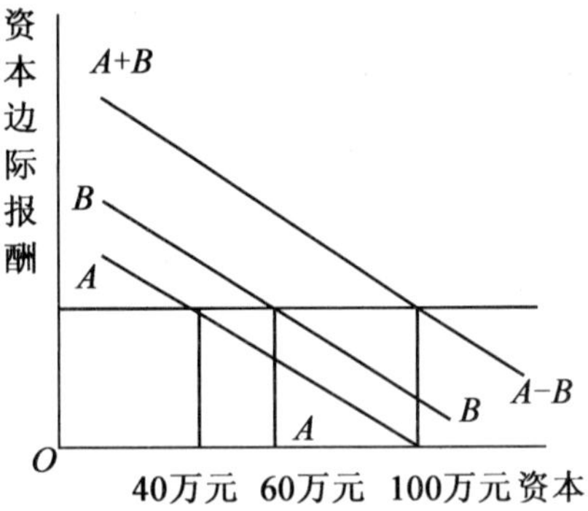

图 2.1　资本边际报酬

必须指出,个人边际报酬或社会边际报酬的计算是不一致的。例如,投资于造纸厂,在造纸过程中会产生污染,而消除环境污染需要相关费用,这笔费用往往没有计算在建造纸厂成本中,而由社会承担。因此,在计算建设造纸厂的社会成本时,应把消除污染的费用考虑在内。否则,市场价格机制发出的信号就不正确,因为它不能反映真正的社会成本。

为了实现社会福利,我们应该根据社会边际报酬,而不是根据个人边际报酬做出投资决策。当资本报酬实现时,一定量的投资可提供整个社会的最大产值。这样收入可以大幅度增加,使资本形成速度加快,经济也就可以发展得更快。

2. 投资政策要符合金融相关比率

在金融相关比率中,资本/产出是平均的概念,是以发达国家较稳定的资本/产出率作为计算基础,资本/产出率边际值的升降比平均值大,边际数值才能显示出经济变动的趋势,即边际资本/产出比率——资本形成的增量和产出增值之比。

在经济稳定的条件下,资本/资产的平均值和边际值才可以假设是相等的。事实上,在生产过程中,除资本外还需要其他投入要素的配合,当资本增加时,其他要素相应增加。在发达国家,这种配合容易得到满足,而在发展中国家这种条件比较缺乏。因此,发达国家的资本/产出率在相当长一段时期内,都是比较稳定的,而发展中国家却要寻求资本/产出率最低的项目进行投资,将手中的资源,包括人力和物力集中到这个项目上来,使国家最稀缺的生产要素得到最合理的应用。

3. 投资政策要符合资本与劳动力的比率

目前,各个国家失业问题都很严重,不但存在着公开性失业,而且有大量隐蔽性失业。要解决失业问题,在投资决策上应该选择资本/劳动力比率最小,即资本吸收劳动力最多。

资本的劳动力吸收率是指资本用量与劳动量增加的百分比,可用公式表示为

$$资本的劳动力吸收率=\frac{\frac{\Delta L}{L}}{\frac{\Delta k}{k}}$$

式中 k——资本用量;

L——劳动用量;

Δ——表示增量,一定资本创造的就业机会。

再投资率,可用公式表示为

$$再投资率=\frac{Y_P-C_P}{K_P}$$

式中 Y_P——人均收入;

C_P——人均消费和资本消耗;

K_P——人均资本用量。

Y_P 减去 C_P 后的差额是生产剩余,当它大于 K_P 时才有资本额累计,生产剩余与每人资本用量比率就是所谓的再投资率。再投资率越大,表示资本的积累越快,技术改进越容易,生产提高更快,经济发展会更加迅速。所以,应优先考虑再投资率高的项目。[11]

(二)货币政策

货币政策是指国家在一定时期内为实现宏观经济目标而制定的用于调节和控制货币供应量的准则和措施。其核心是通过对货币供给量的调节,确保货币供应量与货币需求的平衡,使社会总供给与总需求达到平衡,国民经济均衡增长。

1.货币政策的作用

社会总供给量是社会提供的各种商品的价值总量,在货币形式上表现为各种商品价格总量。要实现社会总需求与总供给的平衡,必须保持货币流通量与商品流通量一致。如果货币流通量超过商品流通量的需求就会产生通货膨胀;如果货币流通量小于商品流通的需要,必然导致购买力不足,从而使社会总供给与社会总需求不平衡。由于货币供求量与商品供求量之间的这种内在联系,可以通过货币政策的变动,改变货币供求的平衡,当商品市场上总供给大于总需求时,可以降低利率,增加货币供给量,以刺激总需求的增加;当总供给小于

总需求时，提高利率，减少货币供给量，以抑制总需求的增加。

2. 货币政策手段

货币政策主要靠公开市场准则、改变贴现率和改变银行储备金率 3 种手段实现，西方称之为货币政策的“三大法宝”。

所谓的公开市场准则，是指中央银行在公开市场上买进或卖出各种金融证券，以改变整个社会的货币供应量。中央银行实行买进证券使社会货币供应量减少。中央银行可以在法定的范围内改变商业银行的储备资金，控制商业银行的贷款能力，调节整个社会的信用供给。货币政策手段的具体应用措施见表 2.1。

表 2.1　货币政策手段的应用

货币调整手段	萧条时期	膨胀时期
调整准备金率	降低法定准备金率，扩大放款，增加市场货币量，降低利息率，增加投资，增加总需求	提高法定准备金率，收缩放款，减少货币供应，提高利息率，减少总需求
调整贴现率	降低贴现率，促进央行借款，扩大私人贷款，降低利息率，促进投资，增加总需求	提高贴现率，限制央行借款，收缩放款，提高利息，减少投资，减少总需求
公开发行债券	购买政府债券，增加货币供应量，降低利息率，促进企业投资，增加总需求	出售政府债券，减少货币供应量和企业投资，提高利息率，减少资金总需求

二、黑龙江省储蓄向投资转化效率分析

(一) 投资与储蓄的关系

在保持高储蓄率的同时，降低储蓄向投资转化的成本，提高储蓄向投资转化的效率，保证高质量的经济增长，以居民储蓄总额作为储蓄的研究对象。

1. 提高储蓄向投资转化的效率

改革开放以来，黑龙江省居民生活水平显著提高，居民消费能力明显增强，消费规模不断扩大，到 2014 年全省社会消费品零售总额实现 5 491.0 亿元；2014 年全省地区生产总值实现 13 691.6 亿元，与零售额增幅持平，居民消费的

增长幅度大体与经济发展同步。

黑龙江省储蓄存款高速增长的同时,居民储蓄向投资转化的效率并没有得到相应提高,却表现出相反的趋势。如黑龙江省居民储蓄向投资转化率从1978年的23.4%上升到2000年的46.9%,但2012年却下降到31.9%。说明储蓄向投资的转化模式较为单一,面对越来越高的经济市场化程度,仅仅依靠间接融资的"储蓄—投资"转化模式就显得过于低效率。

储蓄缺口指的是一地区投资与储蓄相减所得的差额,即投资与储蓄之差。如果储蓄缺口为负数,说明该地区的储蓄未能充分转化为投资,该地区的投资不足。如果储蓄缺口为正数,则说明该地区的投资大于其储蓄,该地区的储蓄不足。

2. 居民储蓄与投资转化关系

黑龙江省的储蓄资源在总量上基本能满足本省投资的需要。在经济高速增长过程中,黑龙江省所受到的储蓄约束比其他地区要少得多。由于黑龙江省居民具有较高的储蓄倾向,银行可以很方便地吸收到数量可观的存款,然后再由银行以贷款的方式转化为投资的资金。尽管这种方式曾经有效带动了黑龙江省整体经济20多年的高速发展,但是,过高的储蓄率和较低的投资转化率形成了鲜明的对比。

(二)黑龙江省居民储蓄存款与资本总额的相关分析

将各种不同来源的分散储蓄集中并有效地导入生产性投资是资本形成的主要方式,投资又转换成为一定的资本形式,产生一定的生产能力。

1. 储蓄能力代表着区域的竞争能力

储蓄为资本形成提供资源保证,储蓄能力的强弱代表着区域竞争能力的大小,而投资需求为资本形成提供了基本原动力。资本形成作为储蓄到投资的一种转化结果,受制于资本形成供求双方力量的相互作用。因此,可以把储蓄看作资本形成的供给,把投资看作资本形成的需求。当储蓄供给小于资本需求时,储蓄不足表现为资本供给不足,存在储蓄与投资的缺口,当储蓄供给大于资本需求时,资本形成在一定条件下可以达到投资需求量。

2. 金融资本市场的融资方式

资本市场的融资方式主要有直接融资和间接融资两种方式,直接融资是指企业不通过金融机构而直接进行的融资活动,它包括股权融资和债券融资。间接融资是指企业通过银行等金融机构间接进行的融资活动。其中,居民储蓄存款是间接融资最基本的资金来源。金融中介提供的金融工具能有效地聚集居民储蓄,通过金融资源配置,形成资本供给,从而促进经济增长。

3. 资本形成总额与生产总值的弹性分析

美国罗斯托的经济“起飞”理论认为，资本在经济“起飞”中发挥着很大的作用。如果一国或地区缺乏资本，储蓄率太低，经济发展就难以“起飞”。

黑龙江省各市区间资金分布很不平衡，这种区域发展差异是因资本投入的差异引起的，可见资本投入不足是落后地区经济滞后的主要原因，但同样的投入率在不同地区却有着不同的经济增长率。由于资本的形成机制存在差异，资本形成可以直接带动生产总值的增加，进而促进经济增长。

三、黑龙江省经济增长与金融发展现状分析

（一）黑龙江省经济增长现状

作为东北老工业基地之一的黑龙江省自改革开放以来，在经济、文化等方面都发生了翻天覆地的变化。

1. 黑龙江省经济增长的总量分析

跨入 21 世纪，自从中央提出建设东北老工业基地这一振兴东北地区经济的发展战略以来，黑龙江省国民经济的发展又出现了重大转变，国企改革有了实质性的进展。坚持走“效益型”的农业发展道路，提倡绿色农业，固定资产投资总额保持快速增长。全省的国内生产总值在 2014 年首次突破 8 000 亿元大关，达到 8 310 亿元。

2. 黑龙江省经济增长的结构分析

黑龙江省的经济运行状况良好，经济平稳提升，尤其是振兴东北老工业基地的政策出台后，经济总量进一步增长，但是，仅对经济增长的总量进行分析，难以发现其经济内部结构的变化，也就不能透彻地了解该地区的经济增长情况。

（二）黑龙江省金融发展现状

改革开放 30 多年以来，我国经济迅猛发展，金融体制改革也逐步深化。中央加大了金融产业的对外开放力度，培育了若干运行良好的金融微观主体，使得国有银行的各类分支机构，以招商银行、浦发银行为代表的股份制商业银行和各种城市商业银行以及全球知名的外资银行等在中华大地上遍地开花。

1. 金融市场仍处于初级发展阶段

作为内陆地区的黑龙江省，其金融市场仍处于初级发展阶段，其中证券市场和外汇市场发展相对迟缓，缺乏外资保险公司，外资银行落户在省会城市哈尔滨的积极性不高。截止到 2012 年年初，只有两家韩国银行在哈尔滨设立分行并经营，仍缺少国际上知名的大银行，使得全省银行业多元化不足。但是，在

国内金融业改革的大好形势下,黑龙江省正在探索一条符合自身情况的金融发展之路。

2. 金融行业发展为当地的经济发展提供资金支持

黑龙江省金融行业发展态势良好,为当地的经济发展提供了有力的资金支持和高效的金融服务。从现阶段来看,全省已经形成了颇具规模的以工、农、中、建、交五大国有商业银行为主体,政策性银行、多种股份制银行、城市商业银行、信用社和邮储银行以及少量外资银行并存的银行体系。同时,在同业间激烈的竞争中,受惠最多的还是当地企业和百姓,多种形式的金融业为企业的融资提供了更加优惠的利率,降低了企业的经营成本,使企业获得更多利润,进而也有利于地方经济的发展。

(三)黑龙江省金融行业存在的问题

黑龙江省金融行业整体上发展不错,尤其是党的十六大报告中明确指出振兴东北老工业基地后,国家新出台的一些经济、金融政策更加倾向于黑龙江省。但是,深受计划经济影响的黑龙江省,在金融业的发展上仍存在以下问题:

1. 金融发展的效率较低

黑龙江省金融发展效率低下的最主要特点就是有金额巨大的不良资产累积在金融行业的内部。由于历史的原因,黑龙江省银行业中的大量不良资产主要是省内国有大中型企业遗留下来的,而这些沉重的历史包袱积累时间长,单靠银行体系自身的努力很难将其完全消化,成为制约当地经济发展的重要因素。

2. 保险市场有待规范

黑龙江省保险业发展势头良好,但是该市场的发展仍然没有达到成熟的阶段,如果对目前黑龙江省的保险市场进行深入研究,就会发现其中存在一些问题:保险从业人员的整体素质并不理想。随着黑龙江省保险市场的规模成逐年扩大趋势,从业人员的数量也随之增加,然而,全省保险从业人员的学历层次参差不齐,他们只求扩大业务规模而忽视了提高业务质量,并且在面对业务风险时,防范意识薄弱,行业的高级管理人才匮乏,保险公司的管理理念较为落后,开创和进取精神略显不足。同时,黑龙江省又奇缺精算师、保险资金运用人才以及相应的风险管理人才等高级专业技术人员。

3. 金融机构的种类和数量不足

一个较为完善的金融中介机构系统,应该是将其功能完整地渗入各种规模、各种所有制上的具备较强的市场开拓能力并且能够达到金融服务要求的集团企业。然而在位于我国边陲地区的黑龙江省,受到计划经济影响的时间较为久远，该地区金融机构的组成结构与经济增长的态势在一定程度上不相匹配。

黑龙江省的民营金融发展缓慢，在全省所有的金融机构中，只有典当行业才属于民营的金融机构。而中小企业融资困难的原因之一就是当地缺乏大量的民间金融机构，因此导致现已存在的民营经济以及个体私营经济的发展资金严重匮乏。

4. 证券市场发展相对滞后

黑龙江省是一个严重依赖于以银行贷款为间接融资方式的省份，而用于直接融资的证券市场则占比过小。也就是说，直接融资与间接融资之间的结构比例不均衡，从而使得商业银行面临过度的金融风险，金融系统内部的风险并没有得到分散。而大部分企业都忙于银行的还本付息，各自企业内部的资本结构很不合理。

由于黑龙江省股票和债券的融资比重与其他发达省份相比偏低，证券市场的发展滞后于当地的经济增长。这不但从整体上限制了资本市场的风险管理水平，而且影响到公司治理作用的发挥，降低了资源配置效率。

黑龙江省企业缺乏强大的市场竞争能力，同时，符合上市资格的公司又不是太多，即便是已经上市的企业，它们中的一部分普遍处于经营业绩欠佳的状况，在证券市场上筹集资金的总额要远远低于我国发达省份的同类市场。

5. 当地政府对金融业发展的重视程度不足

经验表明，金融因素对一个地区经济的有力支持，将会使该地区的经济发展更为迅速。反过来，如果金融因素的支持力度不强，就会遏制一个地区的经济增长。随着市场经济向纵深发展，金融因素在推动经济增长方面起到了核心作用。而黑龙江省缺乏政府对经济、金融之间的协调与制度安排，使得本应为支持本地区经济发展提供必要资金的银行业，其作用没有发挥出来。这直接对各类企业或个人的融资效率和成本造成不小的影响，降低了全省经济增长的速度。

第三节　促进黑龙江省金融业发展的对策建议

金融业发展往往将金融机构在数量上的扩张摆在重要的位置，而忽视了金融系统运行的效率。在伴随着经济发展的金融业发展中，我们不能一味地追求金融机构在数量上的增加，更应该关注黑龙江省金融体系的整体运行效率与资金使用的质量。

一、提高金融系统的运行效率

(一)化解银行体系不良资产

黑龙江省金融业发展存在缺陷,金融运行效率较低,对全省经济增长带来消极影响,而提高金融系统运行效率势必会拉升黑龙江省国内生产总值的增长。黑龙江省金融改革的深化应该把重心放在如何化解银行体系的不良资产以及增强全省的金融创新能力上。同时,在金融机构的经营过程中,适当地引入竞争机制,从整体上提高金融体系的运行效率。

1. 需要大量外部资金的支持

依靠银行自身的经营状况去稀释全省银行若干年来累积的巨额不良资产已不可能,需要大量外部资金的注入,才能保证该地区银行体系对当地经济建设的支持。黑龙江省的金融系统要想在支持当地经济建设上真正发挥主导作用,解决银行体系的不良资产问题已经迫在眉睫。

2. 弄清不良资产的形成原因

应根据不良资产形成,是政策性原因、企业原因还是银行自身原因,分别加以处理。如果是政策性原因形成的,多考虑国家在政策上的支持,从而达到减轻银行体系不良资产的目的。如果是企业原因形成的,则应从企业自身出发,降低企业运营成本,提高经营效率。另外,如果企业高管恶意逃脱银行债务,司法部门务必严厉惩戒,银行也要对其进行信用制裁。如果是银行自身原因形成的,应该提升从业人员的业务水平,并实行银行行长贷款责任制,使得银行放贷的程序更加科学、更加规范。

3. 增强黑龙江省金融行业的创新能力

善于开发或引进能够有效提高黑龙江省金融体系运行效率的金融产品,服务于地方经济的发展;鼓励金融创新以及众多金融创新产品,确保适度的金融创新,有效地提高黑龙江省金融系统效率;处理好金融创新与金融监管之间的关系,保护各类金融机构的创新积极性;不断加大对金融业管理者、从业人员在岗业务能力的培训力度,增强其金融业务的拓展能力;使经营金融业务的管理者具备一定程度的创新意识和思维。

4. 完善金融系统网络建设

由于黑龙江省长期以来金融体制改革比较落后,会有一些制约性因素阻碍改革的进程,强化微观和宏观的金融体系管理势在必行。金融机构可以通过金融产品数量的增加以及金融服务质量的提高来丰富其盈利模式,从而使金融体系重新焕发活力;大力推进金融系统网络建设,开发各类中间业务,探索新的金融服务模式，引入先进的网络信息化手段，为黑龙江省的金融创新保驾护航。

（二）建立完善的制度体系，促进黑龙江省经济增长

自20世纪90年代以来，金融发展理论的一个突出进展就是有效地推动金融发展，促进经济增长，这一理论是一些国家在爆发金融危机后取得的，因此，具有现实意义。

1. 建立个人产权制度有效履行的法律责任

建立起有效保护个人财产的产权制度，使合约得到有效履行，使政府权力得到有效约束，并能充分保证个人权利及经济自由的政治制度，金融业才能得到有效地发展，金融业发展才能有效地促进经济增长，推动金融业发展及通过金融业发展更好地促进经济增长。

2. 合理的金融制度有效地促进经济增长

“金融发展促进经济增长”及“金融发展可能会对经济增长带来不利影响”。通过相关实证分析发现，如果不具备合理的制度前提，金融可能会带来不利影响，而只有具备合理的制度，金融业发展才能有效地促进经济增长。

二、保持稳定促进经济增长，加大向私人部门投放贷款的力度

要推动黑龙江省经济的发展，当地银行业对私人部门贷款总额的扩大就是其条件之一。黑龙江省近年来在党中央的政策导向以及省级政府部门的支持下，出现了很多新型的企业，业务成长性良好，具备较强的未来盈利能力。同时，也恰恰是因为其新型产品、新型理念、新型技术的发展远景未必被人看好，企业在经营中亏损的可能性比较大，商业银行不太愿意向这些企业提供贷款，资金问题成为其进一步发展的枷锁。

（一）建立企业社会信用评价系统

对于私营经济体来说，解决贷款难的核心问题就是建立企业社会信用评价系统。对于银行来说，应改革对私营经济体提供的金融服务机制。五大国有商业银行应从各自经营机制的角度出发，避免出现贷款标准上歧视私人经济体贷款的行为。

1. 适当地增设金融机构，提供优惠的政策服务

黑龙江省在保持着较快经济增长速度的同时又缺乏对金融行业的投入，这就要求黑龙江省相关的政府部门应该适当地增设金融机构，带动当地金融机构服务质量的整体上升，从而加速金融从业人员的流动，有利于本地金融机构的经营活动趋于正规化、标准化，为多种类型金融机构的引入以及建立提供更加优惠的政策，实现黑龙江省金融机构的数量对实际经济增长率的正向影响。

2. 引入外资银行

外资银行的入驻，成为各大城市金融环境良好的评判标准之一。黑龙江省要努力改善内部的金融环境，牢牢抓住国家继续对东北老工业基地的振兴这条主线，加大外资银行落户黑龙江省的力度，实现经济、金融高速发展，这对积极推进“八大经济区”“十大工程”建设等都具有重要的意义。

3. 大力发展民间金融

在民间金融机构方面，只有典当行是远远不够的，黑龙江省还需要政府牵头大力发展多种形式的中小企业担保机构。因为这类机构可以提高中小企业在银行中的信用等级，从而缩小企业自身的资金缺口。黑龙江省应该尽快成立一家资金实力雄厚的金融租赁公司，满足全省各类中小企业对融资租赁的迫切需求。对于这类融资租赁公司，要不断加强金融风险的管理，在经营过程中可以积极借鉴海外各种融资租赁公司的成功管理经验，以此来强化黑龙江省金融租赁机构的发展。

（二）加快保险业发展

黑龙江省保险行业在金融业中占有比较重要的地位。近年来，由于全省经济增势迅猛，居民收入普遍上涨，人们的保险意识逐渐增强，使得黑龙江省保险业在经济增长的带动下发展较快。要推动黑龙江省经济增长，应继续加快保险市场的发展，完善保险市场体系。

1. 提升保险从业人员业务水平

要想加快保险行业的发展，首先就要培养一批具有较高素质的保险业高级管理人才，同时也要提高行业内整体从业人员的业务能力和行业素质。

2. 大力开发新险种

黑龙江省保险产品的“同构”现象比较严重，要想全面发展，就要求全省各家保险机构在保险产品的创新方面下大力气，推出既能为社会接受，又符合大众需求的险种；化解行业内部的经营风险，以维护好消费者利益为己任，在经济上更好地保护人民和公共财产的安全。

（三）保持货币政策与汇率政策的协调一致

保持货币政策与汇率政策的协调一致，为金融自由化改革创造良好的货币环境，是金融发展促进经济增长的前提条件。如果在通货膨胀较严重的情况下过度加快金融发展，则不利于经济的增长。同样，当通货膨胀严重时，很难发现好的投资机会，难以对经济增长起到促进作用。如果在宏观经济不稳定的情况下贸然推动金融自由化，带来短期的经济扩张，往往最终导致金融危机。

1. 控制财政赤字

财政赤字是现代社会一个普遍存在的经济现象，是指在一个财政年度内财政支出大于财政收入所导致的一种收支不平衡现象，反映了财政年度内入不敷出的基本状况。我国政府财力过于分散，使得财政收入的增长速度远远低于国民生产总值的速度，低于国民生产总值的增长，支出需求旺盛，支出结构不合理，都是导致财政赤字的原因。国家为刺激国内投资和消费需求往往实行一系列的适度扩张财政政策以控制和减少赤字。

2. 控制通货膨胀

一国在存在严重财政赤字的情况下，进行金融自由化改革必然会导致通货膨胀。如果在通货膨胀的情况下实现利率市场化，必然导致利率水平大幅攀升，从而有可能导致经济的衰退。

三、努力健全资本市场，促进经济增长

由于黑龙江省资本市场的发展不健全，融资渠道单一，各类企业在资金需求方面往往过度地依靠银行的信贷资金，而银行的贷款对象又常常是大型的国有企业，忽视对中小企业的资金支持。

（一）实现“金融宽化”

“金融宽化”概念是在“金融深化”的基础上提出来的。“金融宽化”并不是说金融机构要对那些没有偿债能力的人提供贷款，因为这样会导致资源的错误配置，从而会降低效率并最终难以使所有穷人摆脱贫困。“金融宽化”的含义是降低金融业的准入门槛以创造公平的机会，从而使更多有创新思想但缺乏资本的人有机会获得融资以发挥其聪明才智，进而减缓贫困并刺激经济增长。

1. 金融体系形成促进良性的激励机制

如果金融着眼于为具有创新精神的企业家提供融资，在经济上取得成功将不再取决于其拥有的资本或“关系”，而主要取决于他的知识、技术、努力及创新精神，这就有利于打破依靠资本或关系获得财富的格局。

2. 金融体系支持企业家打破财富约束

金融体系大力支持企业家能够打破财富约束对其才能的限制，使贫穷但具有创新精神的人有可能创办企业，更有利于增强社会的收入流动性，解决贫困的“代际世袭”问题，进而有利于形成合理的社会结构。发达的金融市场能够帮助人们在年龄更小的时候开始创业，这就能削弱“资历”对人们创业活动的限制。

(二)实现利率的市场化

利率的市场化有利于资金融通。如果利率被压得过低,则为中小企业或微型企业提供贷款的金融机构就会因为无法弥补成本及风险而退出市场。同时,在利率水平过低导致借款需求过大的情况下,也无法根据价格信号进行市场竞争。

1. 树立上市融资的观念

黑龙江省各级部门要顺应时代潮流,帮助各类企业树立上市融资的经营理念,根据国家出台的有关政策重点培育和发展一些企业,争取让这些企业尽早实现上市的计划,增强黑龙江省内的企业在海内外市场的竞争力,同时也增加上市公司的数量。

2. 大力发展债券市场

债券市场也是资本市场的一大分支。黑龙江省债券市场并不活跃,要稳步发展债券市场,在密切监控市场风险的基础上,借鉴原有上市公司发行股票的经验,支持符合条件的各类企业,以发行债券的方式为依托来筹集企业的可用资金,从而打破黑龙江省债券市场融资发展缓慢的僵局,来提升企业债券的信用等级,为融资创造便利的条件。

四、发挥政府积极的推动作用,促进经济增长

和谐社会的建设是我国未来一段时期内最主要的政策目标,促进经济增长的政策也需要符合建设和谐社会的政策思路。

(一)完善企业的产权制度和法律制度

要有效地促进金融发展并以此推动经济的长期持续增长,必须大力改革并完善企业的产权制度、法律制度及政治制度。必须实现收入和财富分配的合理化,消除既得利益集团和解决腐败问题,此外,还要控制财政赤字,清除通货膨胀的隐患以及保证货币政策与汇率政策的协调。

1. 政府对黑龙江省经济的推动作用

黑龙江省是农业大省,大力支持全省的农业基础设施建设,加大对科研领域与教育领域的投入,将对经济增长起到积极的作用。在科研领域,政府要加大对各高校基础性学科的科研资金投入,进一步完善产学研为一体的科研机制,为黑龙江省的科技创新提供原动力。

2. 政府对金融行业的推动作用

地方政府要大力扶持黑龙江省金融行业的发展,高度重视保险业在全省经济增长中所发挥的重要作用,当地政府要为保险业提供特殊的税收优惠政策,

用来支持保险行业在东北地区的长期发展。通过媒体报道等形式大力宣传保险对经济损失的补偿作用，为保险行业的发展营造良好的外部环境，进一步增强企业和个人的保险意识。

（二）金融开放刺激创新型企业规模收益递增

金融改革及金融开放应着眼于刺激创新型企业、知识密集型及研发行业、规模收益递增行业及服务业的发展，不断完善产业结构。在资源短缺的情况下，通过加快金融发展不断创造新的比较优势。金融开放还应该与国内的制度改革、减少政府对经济的管制、削弱国内既得利益集团的垄断地位、刺激国内企业家的创新活动等结合起来，相信这样的金融开放，将会成为充分挖掘黑龙江省经济增长潜力的途径。

1. 支持企业家的创新活动

大力支持企业家的创新活动，形成金融改革发展的突破口。降低金融业的准入门槛，允许组建更多的民营银行，并加快金融市场的发展，让民间金融正规化，构建多样化、多层次的支持企业家进行创新活动的金融体系，形成“企业家主导”的市场经济体制，通过企业家持续不断的创新活动来促进经济的长期持续有效增长。

2. 促进金融发展有效改善收入分配

金融发展能有效地改善收入分配，取消政府对金融业的管制，打破国有银行的垄断地位，允许成立更多的中小金融机构甚至微型金融机构，实现金融的“深化”及“宽化”以形成“普惠式”的金融体系，构建公平竞争的市场机制，促使人们更容易地创业以摆脱贫困。尽快实现利率的市场化，不断提高市场的效率从而消除贫困。

3. 不断完善行业法律法规建设

保险监管部门应不断完善保险行业的法律、法规建设，在保险市场中创造良性竞争的环境，保证各类保险机构的赔付能力，真正做到保护被保险人的经济利益。

第三章　人力资本政策与黑龙江省经济增长

第一节　经济增长与人力资本政策

经济增长理论揭示了这样一个规律:一个国家长期经济增长的决定因素是知识和人力资本积累的内生因素,而不是资源数量和人口数量这样一些外生因素。人力资本理论的形成和不断发展与经济增长理论是紧密相关的。

知识和人力资本积累所产生的报酬递增支撑着长期的经济增长。制定科学的人力资本政策是促进国家经济增长的根本措施,对研究我省的经济增长现实具有启发意义。

一、人力资本理论内涵及其作用

(一)人力资本思想的回顾

人力资本思想最早起源于人对经济价值的认识,是附属于政治和哲学思想的。古希腊时期,著名哲学家柏拉图在其代表作《理想国》中对教育和训练的经济价值进行了详细的论述。他认为人的能力是一种天生的禀赋,是人与生俱来的某种才能。他提出只要人在适当的时候做适合自己个性和特长的事情,一心一意长久坚持,便会成为该领域的专家,生产的每一种商品都是多而好的。柏拉图的这一理念,体现了教育和培训会使人与生俱来的天赋和能力得到延伸的思想。柏拉图时期的人力资本思想仅仅是人力资本理论的萌芽,是在意识到人具有经济效用的基础上,认为教育和培训可以提升人的工作能力。但这一思想并未上升到理论高度。

在经济学成为一门独立学科初期,人力资本这一概念依然尚未成形,没有被明确地提出。经济学的鼻祖亚当·斯密在研究中发现劳动是价值创造的重要源泉，劳动在经济增长中具有重要的作用。但亚当·斯密只是用比喻的方式阐述了人创造价值的能力是隶属于资本的，仅将人力资本模糊地概括在劳动的范畴内，并没有明确指出人具有人力资本。在这一发展阶段中，人创造价值的才能从未真正地被涵盖在资本的范畴内。之后，随着经济学研究的不断深入，人们提出利润是物质资本在生产过程中获得的报酬，而工资是劳动者在生产过程中获得的报酬，即工资是因人工作能力创造价值而产生的报酬。尽管这一时期的人力资本仍未被明确提出，但人力资本的思想已被进一步探讨和论及，这对人力资本理论的形成具有较大的推动作用，是对已有理论的重大突破，为人力资本理论的提出奠定了坚实的研究基础。

（二）现代人力资本理论的形成

20 世纪 50 年代，在经济增长和收入分配领域的研究中，出现了一些“经济之谜”，又称为“现代经济增长之谜”。经济学家对资本理论和传统的资本决定经济增长理论提出质疑。这为人力资本理论的深入研究提供了契机，促使经济学家继续探索经济增长的奥秘，发展经济增长理论。

1. 人力资本的概念

诺贝尔经济学奖获得者西奥多·舒尔茨是公认的现代人力资本理论的鼻祖。他指出，“人力资本”是现代经济增长的重要生产要素，人力资本是以劳动者自身为载体的人的知识、能力和健康。

美国著名经济学家加里·贝克尔一生致力于人力资本理论方面的研究，为人力资本理论研究的发展做出了巨大贡献。他认为，人力资本不仅包括劳动者先天具有的健康、寿命，还包括后天形成的知识、技术和才干。人力资本是通过教育、培训和实践形成的一种无形资本，这种劳动者后天努力获得的知识和能力可以创造生产价值。

2. 人力资本的特质

人力资本是经过物质投资形成的，是同物质资本一样具有收益性的资本。但人力资本是以劳动者为载体而存在的，与载体之间具有不可分割的联系。这种附着于人体存在的人力资本是劳动者先天遗传和后天培养形成的综合性资本。人力资本与生俱来的部分主要指劳动者的身体、健康、寿命、智力等，后天培养形成的部分主要指在学历教育、培训和实践中形成的知识、技能和能力。

3. 人力资本测算方法

对人力资本与经济增长之间的关系进行研究，需要对人力资本存量进行测算，衡量地区人力资本存量水平，再比较处于不同经济发展阶段、不同经济结构地区人力资本存量水平的区别，进而进行深入分析。目前，国内外学术界对人力资本存量水平的测量主要有成本法、收入法和教育指标法。

(三)人力资本理论的地位和作用

人力资本是劳动者投入到企业中的能力、知识、技术、创新概念和管理方法的一种资源总称。它与抽象知识的最大区别在于人力资本属于个人所有,具有对立性和排他性,而且可以进行交易。决定经济发展的关键因素都是由人创造的,取决于人力资源的素质。人力资本的最主要作用如下:

1. 保障机制

保障机制主要是指法律保障和社会保障体系的保障。法律保障,即通过法律来保障人的基本权利、利益、名誉、人格等不受侵害。保障企业员工的劳动权利,以及由此而获得报酬的权利,保障员工的安全与健康、工作与休闲等。社会保障体系主要是保障人的基本生活,保障员工在病、老、伤、残和失业情况下的正常生活。

2. 环境优化机制

人的积极性、创造性的发挥,受到环境的影响与制约。对于企业员工而言,主要有两大环境因素:一是工作本身的条件与环境;二是企业中的人际关系环境。工作条件和环境直接影响人的心境、情绪。优化工作环境,有利于提高工作条件和环境质量。

3. 选择机制

选择机制,一方面是指企业每一名员工均具有自主选择职业的权利,具有选择新职业的权利,寻求能充分施展自己的才能、实现个人抱负、满足个人需要的工作场所;另一方面,企业亦具有选择权,即选人、聘用人和解聘人的权利。选择机制的运作,必然促进企业员工的合理流动,有利于人才脱颖而出和人才作用的充分发挥,有利于企业人才优化组合,建立结构合理、素质优良的人才队伍。

二、人力资本投资的内容及特征

(一)人力资本投资的内容

人力资本是指通过投资而形成的劳动能力。西方有些经济学家把劳动力看成是两种性质的劳动能力的总和,第一类是“简单劳动”,第二类是“复杂劳动”。他们认为第二类劳动能力是通过投资形成的,而工资是简单劳动的支出与人力投资的报酬总和。他们将同一劳动者所具有的这两种不同性质的劳动能力区分开,指出劳动力的特殊之处,在于工人在付出劳动时,同时包括付出这种不同性质的劳动。

1. 各级正规教育

这种投资形式增加了人力资本的知识存量，表现为人力资本构成中的普通教育程度，即用学历来反映人力资本存量。因此，我们可以依据劳动者接受学校教育的年限、劳动者的学历构成，清楚地判断和比较一个国家或地区、家庭和劳动者在某一特定时期的人力资本存量。

2. 职业技术培训

职业技术培训投资是人们为获得与发展从事某种职业所需要的知识、技能与技巧所发生的投资支出。这类投资方式主要侧重于人力资本构成中的职业与技能存量。其表现是人力资本构成中的专业技术等级。

3. 健康保健

用于健康保健、增强体质的费用也是人力资本投资的主要形式，这方面的投资效果主要表现为人口预期寿命的提高和死亡率的降低。

4. 对孩子的培养

对孩子的培养是人力资本投资的最主要形式。

（二）人力资本投资的特征

人力资本投资是通过对人的资本投入获取价值增值以及由此带来的收入的增加，它同物质资本投资一样，是能够带来新的价值增值的一种真正的投资行为或活动，是一种生产性的投资，且其投入产出收益大于物质资本投资，是一切投资中收益最高、获利最大的投资。其基本特征如下：

1. 人力资本投资的连续性、动态性

马克思认为，如果工程不继续进行，已经在生产上消费掉的生产资料和劳力就会白白地耗费。即使以后工程恢复了，它在这段间歇时间里也会不断损坏。与投资于工程建设相仿，人力资本投资亦必须连续进行。人力资本投资的连续性体现为在生命历程的各阶段上都要进行人力资本的投资。一个人在完成一定的正规教育之后进入社会从事生产劳动，还要参与多种继续教育。不能因为处于生命历程中的某个阶段而中断人力资本投资，中断即是人力资本的贬值。

2. 人力资本投资的长期性

从时间跨度上讲，人力资本投资要贯穿于人的一生，此即人力资本投资的长期性。另外，纵观人生，不同时期人力资本投资的形式、内容、目的等是不同的，人力资本投资并非一成不变，它是一个不断发展、不断升华的动态过程。在这个过程中，人力资源逐步地适应社会化大生产的要求，适应高科技发展的要求，适应各种环境变化的要求，最终带来生产的提高、社会的进步。

3. 人力资本投资主体与客体具有同一性

就个人投资而言,当个人为自己的人力资本投资时,他是在进行自我投资,表现为投资主体与客体的高度同一性。当为企业进行人力资本投资时,投资客体本人实际上也是投资者,因为他至少需要投入自己的时间、精力和劳动。这是另外一种形式的投资。倘若投资客体本人没有自身时间、体力与脑力劳动的付出,他认为投资主体所进行的投资活动便会中断、失效。因此,发生在个人身上的人力资本投资,存在投资主体与客体的同一性。

4. 人力资本投资的投资者与获益者的不完全一致性

投资者进行投资活动的目的之一就是获取收益,"谁投资谁获益",这是市场经济的规则。但是,由于人力资本是一种无形资本,它潜藏于人体之中,与人体具有不可剥离性,只有通过对其载体个人进行投资,方可获得。人力资本投资的获益者往往是个人,即投资对象,而投资者只有通过投资对象的活动才能获益。再者,人力资本投资可以由社会、企业、个人三方中的任何一方承担,但收益却三方均可获得。

5. 人力资本投资收益形式的多样性

物质资本投资收益形式一般表现为物质产品产出、服务产出及其折合的价值产出,生产力水平的提高,以及社会物质财富的增加等。人力资本投资收益,除了表现为上述形式之外,还表现为人的教育水平、思想素质水平、健康水平的提高与全面发展,人的生活质量、社会经济地位、社会精神文明的提高和人类社会的进步等多种形式。

第二节 制约黑龙江省人力资本发挥经济效用的因素分析

人力资本是衡量社会发展与进步的一个重要指标,人力资本真正发挥作用、促进社会经济发展需要社会各方的努力配合。黑龙江省人力资本存量很大,资源丰富,但是这些资源并没有发挥其对经济发展的效用,出现这种状况主要有制度因素、环境因素以及本地区自身因素 3 个方面的原因。

一、制度因素

新制度经济学认为,制度在人力资本投资、配置和使用的微观机制中能够起到规范、约束和激励作用。人力资本是经济增长的关键因素,起决定作用,制度起影响作用,制度不但影响人力资本本身的形成,而且影响着人力资本促进经济增长的效果，经济增长的人力资本要素，在制度安排下才能更好地发挥功能。

人力资本的存在不仅体现在数量上而且体现在质量上。良好、有序的社会制度对于人力资本促进经济增长的作用有重要的意义，投资制度对于人力资本的质量和结构有重要的影响；激励制度能够激发人力资本的存量价值；合理的分配制度能够促进人力资本的合理化；社会保障制度不仅有利于吸引人才，而且有利于人力资本的生产与再生产。

（一）教育制度

教育对人力资本的质量和结构有重要的影响，黑龙江省由于受传统计划经济体制的影响，同时因为在认识上形成的误区，在教育上的投资有限，市场在人力资本配置中的重要作用没有得到充分发挥，人力资本投资与收益遭到了扭曲，影响了投资主体对人力资本的投资。对教育的投资表明社会对教育的重视，是培养人才的重要途径，决定了人力资本的数量以及质量。

（二）企业制度

传统企业制度强调政府主导，以行政命令为手段，对企业产品的生产和销售进行指令。这种制度是在社会主义计划经济体制发展过程中形成的，在生产力水平低、物质匮乏、管理经验欠缺的时期发挥了重要的作用。20 世纪 80 年代，以国有企业改革为核心的城市经济体制改革逐步推广，原有的企业制度逐步被废除，政府对国有企业实行“放权”，企业自主经营、自负盈亏，“产权清晰、权责明确、政企分开、管理科学”的现代企业制度逐步确立。

黑龙江省国有企业比较集中，在国家建设中发挥过重大作用，但是，随着经济形势的变化而逐步落后于整体经济发展态势。其主要表现在黑龙江省国有企业产能落后，经济增长仍然以劳动密集型产业为主，高新技术和知识经济得不到普及，掌握前沿理论的人才匮乏。

（三）奖惩制度

美国经济学家巴泽尔和我国经济学家周其仁等，对人力资本在使用上做过比较精彩的分析：人力资本有一个与一般物质资本不尽相同的特性，人力资本天生属于个人，除非对其实施有效的激励，否则就不能发挥其应有的潜力。一些缺乏人力资本以及缺乏人力资本激励制度的国家，即使借入大量国际资金，也不能有效地发展经济，仍然处于落后国家行列。斯蒂格利茨因此总结道，落后国家之所以落后，不是由于缺乏资金，而是由于缺少人力资本的激励制度。

（四）劳动力配置制度

劳动力配置制度是解决人力资本流向的重要制度，好的劳动力配置制度应该将人才引入需要的以及能够发挥其作用的岗位，并且具备促使劳动力自由流动的配套措施。人力资本迁移是优化地区人力资本配置的重要方式之一，人力资本的迁移不仅可以提高个体劳动力人力资本的使用效率，而且有利于提高整个区域的生产效率。

黑龙江省由于社会环境相对封闭，造成了劳动力分配及配置制度的落后。人才流动机制不健全，许多人存在“一生一个职业”的观念。由于社会创新机制和奖励机制不健全，人才趋向于稳定、高福利待遇的行业，这就使人才不能进入最合适、最能够发挥作用的行业，造成了大量的人才浪费，使人力资本不能得到合理配置。

（五）社会保障制度

社会保障制度是关系国计民生的重要事业，也是社会文明的重要标志，我国乃至全世界都将社会保障工作作为衡量政府是否有效履行其职能的重要标准。现在许多人在择业及就业中将社会保障作为一个重要的参考值，其中的医疗保险、失业保险、养老保险、生育保险、住房公积金等内容是决定人力资本流向的重要因素。社会保障工作做得好的地区和行业对于人才有强大的吸引力，社会保障工作滞后的地区和行业很难吸引到优秀的或者高科技人才。

二、环境因素

人力资本的存在是一个客观现象，但是人力资本的存在与发展存在变量因素，人力资本发挥经济效用，为地区经济发展做出贡献需要良好的社会环境的配合，这些环境因素既包括人力资本所存在并发生作用的市场环境，同时也包括大的自然环境和文化环境，这些环境因素综合作用、协调发展，就会为人力资本发挥作用提供良好的空间。如果这些环境因素存在问题，人力资本发挥经济效用的过程就会出现问题。

（一）市场环境

人力资本发挥经济效用需要完备的市场体系的支撑，这种市场体系一方面是指广义的社会主义市场经济体制，它能够为经济发展提供良好的、宏观的经济发展环境；另一方面是指狭义的劳动力市场，劳动力市场是人力资本流动的重要途径。以自由生产、自由销售、自由流通为主要特征的社会主义市场经济体制为人才的流动与发挥作用创造了广阔的环境，完备的劳动力市场对于人才的整合、流动以及合理配置有重要的意义。

（二）自然环境

自然环境包括黑龙江省的资源储备、自然环境以及气候条件。如鸡西、鹤岗、双鸭山等地都蕴藏了大量的煤炭资源。其次是石油资源，大庆是以石油作为支撑产业发展的城市，被誉为“石油之城”，随着产业结构的升级，石油开采逐步发展为天然气开采。

（三）文化环境

黑龙江省特定的地理环境、历史背景以及经济发展决定了其拥有特定的文化环境。黑龙江省最初是满族聚居地，最早形成的是满族文化，长期存在的战争以及恶劣的自然环境使人民为了生存形成了彪悍的民风。

移民文化是另一种比较典型的文化形态，由于山东等地出现的战争及自然灾害，大量的山东人民移入东北，“闯关东”成为我国历史上一次重要的移民潮，这种移民文化表明其包容性是比较强大的，并使这种包容性逐步扩大。

三、本地区自身因素

一个地区合理的人力资本结构应该是地区分布合理、城乡协调发展、实现产业均衡，推动职业综合发展，整个社会综合作用，使各层级的人力资本都能“各尽所能”发挥促进经济发展的作用，并获得相应的社会回报。

（一）经济结构失衡

人力资本发挥作用与区域经济发展水平有很大的关系。一方面，人力资本的良好、有序运营会促进经济发展；另一方面，经济发展水平会对人力资本的运营起促进或抑制作用，快速发展的经济可以为人力资本的运营提供物质保证和宽松的社会环境。经济发展水平的不平衡决定了人力资本分布及运营的不合理，经济发展水平越高的地区中级和高级人力资本存量水平越高，经济发展水平越低的地区初级人力资本存量越高。

（二）城乡结构失调

黑龙江省城乡差别大，导致城乡人力资本存量存在巨大的差别。首先表现为教育的落后，黑龙江省的教育重视城市教育，轻视农村教育。其次是职业结构不合理。

1. 教育资源及教育投入不合理

教师等教育资源及教育投入主要集中在城市，许多农村地区学校进行了大规模的并校，不能保证每一个自然村都有一所小学校，甚至不能保证每一个自然乡都有一所初级中学,重点中学分布在县级以上区域,使农村学子求学存在问题,更不用说升学。在教育上重视学历教育轻视职业教育,在社会职业介绍上,社会的整体观念倾向于城市工作以及比较稳定的工作,此外,黑龙江省城镇化水平相对较低,这也是农村不容易吸引人才、发挥人才作用的重要原因。

2. 职业结构不合理

现代经济发展要求人力资本配置应该与职业需求相符合,高级人力资本从事一些技术及理论要求较高的职业。黑龙江省是我国的重工业基地,也是国有企业比较集中的地区,经过几十年的发展,人们的择业观念潜移默化地发生了变化。在选择职业方面重视政府机关,轻视企事业单位;重视国有企业,轻视民营企业;重视大中企业,轻视小企业;重就业,轻创业。

(三)产业结构不均衡

黑龙江省经济发展主要集中在第一产业、第二产业以及第三产业中,一些科技含量不高的产业,高科技行业或者知识行业发展缓慢。人力资本也主要集中在这些基础产业和相对比较落后的产业。

1. 人力资本存量造成产业结构失调

要以市场为导向,大力发展高技术产业,驱使、激励高层次人才进行创新活动,发挥其创造力。为了打破人力资本存量产业结构失调的问题,应该将人才配置的权利交还给市场,自主选择、自由配置,使每一个层级的人才都能找到合适的位置,发挥应有的作用,实现人才利用效率的最大化。

2. 人力资本闲置造成浪费

黑龙江省集中了大量的高级人力资本,包括创新型人力资本和技能型人力资本,这些人才应该服务于技术密集型产业或者知识产业。另外,国有企业改革过程中产生了大量的下岗工人,这部分人没有得到合理安置,部分行业、部门存在一些冗员,人浮于事现象严重,造成了人力资本的闲置与浪费。落后的经济发展水平使培养及引入的大量高科技人才处于闲置状态,封闭落后的社会环境不能为其创造发挥作用的平台,这种人力资本的闲置不仅是对人才的浪费,更造成了社会资源的大量浪费。

(四)人力资本利用率低

黑龙江省人力资本在发挥经济效用方面存在的问题不仅与黑龙江省的制度因素和环境因素有关,人力资本自身存在的问题也是制约其发挥作用的重要因素。黑龙江省的人力资本虽然存量很大,但是人力资本结构、地区结构、城乡结构、产业结构、行业和职业结构不合理,导致人力资本利用率低下,高层次人力资本能力发挥不足,造成了浪费,最终导致人才流失,造成地方经济发展过程中的人才短缺。

1. 高层次人力资本作用发挥不足

黑龙江省在科教和技术人才方面具有比较明显的优势，高级人力资本存量比较大，哈尔滨工业大学、哈尔滨工程大学等知名学府为黑龙江省培养了大量的高层次专业技术人才和应用学科人才。纵向比较，黑龙江省高级人力资本存量逐年上升，位居前列。但是，人员流动性较大。

2. 国有企业人力资本利用率不高

黑龙江省国有企业比较集中，国有企业与民营企业相比，生产规模大，生产相对集中，对地区经济发展做出了重要的贡献，而且国有企业拥有大量的技术人才及高科技人才。由于经济发展水平落后，一些国有企业的人力资源管理并不是很先进，很多人的聘任具有裙带关系，落后的管理方式使真正的人才很难进入国有企业或者进入后不能真正发挥作用，导致国有企业的人力资本利用率不高。

3. 人才流失导致人才短缺

黑龙江省由于较僵化的社会机制、教育投资的缺失、不健全的奖惩制度、不完备的社会保障制度、落后的经济发展水平以及经济增长方式难以为人力资本提供物质和精神的保障，难以获得社会认同感，难以提供创业所需的宽松的社会环境、政策的支持以及金融政策，这些因素最终使黑龙江省的人力资本难以发挥作用，造成了人才的流失。

第三节 促进黑龙江省经济发展的人力资本对策建议

在对黑龙江省经济发展的因素进行分析的基础上，应建立健全制度体系；优化社会环境，提高人力资本经济效用；完善教育机制，调整人力资本分布结构，促进地区人力资本存量水平和人力资本结构相匹配的政策，使黑龙江省人力资本经济效能得到充分发挥，实现人力资本经济价值，提高经济增长速度和质量。

一、建立健全制度体系，提升人力资本存量水平

（一）建立健全激励机制，优化劳动配置

健全的激励机制是人力资本发挥经济效用的助推剂和润滑剂，没有激励机制会使社会发展缺乏公平性，最终导致人力资本的热情丧失，所以政府必须建立并逐步完善激励机制。

1. 建立分层奖惩机制

完善的激励机制既要重视物质奖励,又要重视精神奖励,加强对先进人物、先进事迹的精神褒奖。改变现有的只对中级和高级人力资本的奖励,还应该考虑到对初级人力资本的奖励,将各个级别的人力资本的生产、建设的积极性调动起来。政府应该有长远意识,要考察奖励的实际效用以及长期发展,奖励不是针对某一件事、某一物品的简单激励,而是对某一趋势的激励。奖惩结合,不能只是对有贡献的做出激励,还应该对存在问题的进行惩罚,做到小惩大诫,使整个社会都能认识到自己的行为会带来相应的后果,这样的激励机制才是完备的,才能发挥实际效用。

2. 合理配置人才适应岗位需求

劳动力配置是将各层级人才分配到不同行业、不同岗位的途径与方法,劳动力配置制度的完善,劳动力流通途径的合理、顺畅,对于人力资本发挥经济效用有重要的作用。人力资本的低度积累以及错位配置,对于经济发展和人力资本发挥经济效用产生了消极影响,在经济进一步发展过程中必须在以下3方面加以改善:

(1)在不同地区建立劳动力市场。黑龙江省的劳动力市场数量有限,从分布看也不能保证劳动力集中的地区拥有充足的劳动力市场。政府应该加强建设劳动力市场,尽量保证每个县都能建立有效率的劳动力市场,在有条件的农村地区建立人才市场,在不具备条件的地区,即劳动力不集中的地区应该引导农村劳动力进入高一级别的劳动力市场进行选择。

(2)真正发挥劳动力市场的作用。黑龙江省现有的劳动力市场并没有真正发挥劳动力配置的作用,很多地区的劳动力市场只是在政府要求下建立的,是一种形式,所以必须使人们认识到劳动力市场的作用,政府也要充分重视劳动力市场的作用,建设积极、有效、能够引导劳动力流向的劳动力市场。

(3)形成劳动力的流动机制。在产业结构从低级的原始状态向高级的现代状态转变的过程中,人力资本也实现了转移。人力资本的自由转移对于适应产业结构的调整以及发挥人力资本的作用有重要的影响,所以合理的劳动力配置制度应该能够实现劳动力的自由流动。

(二)发展社会保障制度,完善人才引进机制

社会保障制度不仅是发挥人力资本经济效用的重要因素,也是社会进步的一个重要指标,所以各地政府都非常重视社会保障制度的建设。黑龙江省由于经济发展的落后对于社会保障的投入有限,所以社会保障相对落后。

1. 调整医疗保险

黑龙江省在进一步发展过程中，首先应该对医疗保险进行调整，这是每一个人生存的基础，只有解决了人们看病难的问题，各层级的人才特别是高级人力资本才有可能考虑黑龙江省的其他因素，才能吸引人才。

2. 提高住房公积金标准

提高黑龙江省的住房公积金标准，解决人力资本的住房问题，是使他们安心工作、积极创造的一个重要前提。黑龙江省的住房公积金问题主要在于政府补贴较少，政府应该加大这部分的投入，使社会各层级人力资本享受到住房红利；强化养老保障，加强对社保基金的管理，任何部门都不得挪用社保基金，实现管理的程序化，专款专用，解除人力资本的后顾之忧，并争取吸引更多的中高级人力资本进入黑龙江省。

3. 优化人力资本配置

人力资本迁移是优化地区人力资本配置的重要方式之一，黑龙江省的劳动力配置存在着一定的问题。优化人力资本配置，不仅可以提高个体劳动力人力资本使用效率，而且有利于提高整个区域的生产效率。同时，吸引高级人力资本的流入可以提升区域内整体人力资本存量水平，优化地区人力资本结构，推动经济又好又快地发展。

（三）健全自由市场体制，完善市场合作机制

黑龙江省在由计划经济体制向市场经济体制转变的过程中存在的问题，使黑龙江省的自由市场体制建立受到阻碍。自由市场体制可以为人力资本发挥社会效用提供良好及广阔的平台。

1. 资本市场的良性运行促进商品流通

黑龙江省长期存在一些贸易壁垒，部分地区存在贸易保护主义，所以在发展中应该打破传统的贸易壁垒，弱化政府在市场经济中的作用，使市场自由竞争、自由发展。自由市场体制下的金融流通制度，使资本市场的良性运行，具有创业精神的人力资本能够获得资金的支持。保证商品自由流通，同时可以鼓励新产品进入市场。自由市场制度带来的是自由竞争，竞争必然会带来经济的发展。

2. 提供市场机遇和商业平台，促进人力资本创新效能的发挥

黑龙江省应根据自身经济结构和经济发展特点，建立健全市场合作机制和商业支持平台，建立新型高校与企业的产学研合作机制，为高层次科研人才的研究提供市场导向，为创新、创造提供市场机遇和商业平台，促进人力资本创新效能的发挥，提高地区全要素生产率，促进黑龙江省经济增长。

二、优化社会环境，提高人力资本经济效用

(一)树立良好的社会氛围，营造鼓励创新的社会环境

黑龙江省社会氛围对于人力资本发挥经济效用存在一定的阻碍，整个社会应该营造积极向上的社会氛围，推动人力资本进行创造创新活动，激发人力资本的潜力和内在价值。

1. 自我实现和自我突破

众所周知，马斯洛需求理论将人的需求分为生理、安全、情感、尊重和自我实现5个层次，其中自我实现是最高需求。但实际上，在马斯洛晚年，他在已有理论基础上提出了人的第六个层次的需求——自我突破。人力资本的经济效用，主要指人力资本"自主创新效用"和人力资本"模仿创新效用"，这些效用的实现都离不开中、高级人力资本的努力。

2. 实现区域经济一体化

黑龙江省在地理上具有天然的一体性，在历史上有密切的联系，在文化上有极强的共同性，这些因素决定了黑龙江省经济发展可以实现整体协调发展。提高模仿创新效能的发挥，经济发展中的区域性发展是现代经济活动中的重要区域，"长三角""珠三角""京津冀""山东半岛"等地区都以整体态势向前发展。黑龙江省可以加强在资金、人才、技术等方面的交流，实现产业互补，提升黑龙江的整体竞争力。黑龙江省传统的产业结构以钢铁、石油、汽车等重工业为主，如今这些行业都面临着能源消耗量大、储备不足、产能过剩的问题，属于落后的产业，不能吸引人才，更不能发挥人力资本的经济效用，必须以高科技、知识经济为引领，实现产业结构升级。

(二)加快地区城镇化进程，提高初级人力资本经济效用

城镇化对于加速农村经济发展、促进农村产业结构升级有重要的意义，城镇化也是党的十八大以来政府的工作重点。黑龙江省城乡差距非常大，农村不仅经济落后，思想观念也十分落后，所以农村人力资本很难发挥经济效用。在农村城镇化过程中，应该科技兴农，发展高产、高质、高效的农业。

三、完善教育机制，调整人力资本分布结构

在调整行业人力资本分布与地区人力资本分布过程中，应重视教育不平等的问题，采取一些措施改善教育不平等现象。如加大对农村教育基础设施的投入，加大对农村师资力量的投入，大力发展网络教育，完善入学贷款制度，加大对弱势地区招生指标的分配等。

(一)完善教育管理体制,全面调整教育模式

根据黑龙江省经济发展特点,应对高等院校的重点学科给予相应投入和扶持,从而满足地区产业发展需求,为地区经济高速发展奠定坚实的基础。但是,随着经济形势的恶化,对教育的投资越来越少,政府对教育的政策性倾斜逐步削减,随之而来的是教育带给社会的红利越来越少,所以在经济发展的重新起航过程中应该加强对教育的投资,实现教育的跨越式发展。

1. 加强对基础教育的投资

黑龙江省的九年制义务教育已经普及,存在的问题在于发展不平衡,城乡教育差别大,普通学校与重点学校享受及占有的教育资源存在极大的反差。应加强对基础教育的投资,强化平衡发展,加大对农村及普通学校的投资。

2. 加强对高等教育的投资

高等教育的任务一方面在于提高大学生的基本素质,以提高整个社会的素质;另一方面在于培养专业技术人才,以促进经济发展。高等教育为培养中级和高级人力资本发挥了重要的作用,黑龙江省高等教育资源丰富,在进一步发展过程中应该强化特色,政府应该加大对特色专业、优势专业的投资,创建一些重点实验室,政府提供相关的科研课题的支持,积极推进政府、企业、高校合作的“三位一体”模式。

(二)重视黑龙江省职业教育,构建终生学习体系

职业教育处于我国教育体系中较为低端的教育层次,但它的教育质量决定了未来我国经济发展的速度。职业教育不同于培养大量从事学术研究的高等教育,而是以传授技术为根本,培养年轻人进行专业化的生产。2014 年 6 月李克强总理提出,应加强职业教育培训,重点发展具有较强动手能力和服务能力的技术型人才,使“中国制造”更多地成为“精品制造”“优质制造”,进而向“中国创造”迈进。黑龙江省的产业结构以劳动密集型产业为主,高级人力资本在黑龙江省的“自主创新效应”和“模仿创新效应”并不明显,应进一步调整教育课程,重视职业教育,构建终生学习体系。

第四章　收入分配政策与黑龙江省经济增长

第一节　收入分配的基本理论

一、收入分配的内涵

经济增长是社会物质财富不断增加的过程，是一般社会再生产动态过程的共性实质。而对于收入分配，当代经济史上可以寻找出两条研究主流思想，即功能性收入分配和个人收入分配。

（一）功能性收入分配

功能性收入分配理论源于亚当·斯密、李嘉图等古典经济学家，主要讨论生产要素的收入分配。它包括讨论要素价格的形成，如工资、利润率、地租、国民收入中各生产要素收入的相应份额，将收入分配的制度性质、阶级分割以及其对宏观经济的作用，特别是将收入分配纳入资本积累的理论中。

功能性收入分配理论讨论了资本积累和总量均衡等问题。在我国，大量的学者将这方面的研究集中在消费和积累的关系以及国家、集体和个人三者利益关系的研究上。

（二）个人收入分配

个人收入分配理论源于意大利经济学家帕累托，主要研究将收入分配引入诸如家庭、个人等居民收入分配有关的微观研究领域，运用统计规律，通过根据各个不同社会特征的个人或家庭社会平均收入偏移的状况，分析个人或家庭的相对收入差异。

个人收入分配理论研究主要针对社会制度常态条件下的居民收入相对差别的分析。如人们所熟悉的基尼系数等相对收入不平等的测量原则和方法。这类收入旨在解释微观经济中的个人或家庭的收入分配形成和种类，以及相关的收入不平等尺度的测量。

二、经济学视角下的经济增长与收入分配理论

现代经济增长理论分析始于20世纪40年代末,以哈罗德-多马模型的建立为标志。20世纪50年代是经济增长理论研究的繁荣时期,出现了各种增长模型。其中较著名的增长理论模型是新古典增长模型和新剑桥增长模型。

20世纪80年代中期以来,西方经济学中又出现了一股新的增长理论研究热潮,新增长理论或内生经济增长理论应运而生。在众多的增长或发展理论模型中,比较重视经济增长与收入分配相互关系问题的有:库兹涅茨假说、刘易斯模型、增长和分配替代理论、新剑桥经济增长模型和新兴的内生经济增长理论。

(一)库兹涅茨假说中的收入分配与经济增长理论

当代经济学家对经济增长与收入分配变动问题做出开创性研究的首推西蒙·库兹涅茨。在《经济增长与收入不平等》一文中,库兹涅茨用不同收入组别之间的差距来衡量收入不平等,对印度、巴西等发展中国家同英国、美国的收入分配状况进行比较,发现发展中国家收入分配不平等更严重。

库兹涅茨指出,在经济发展过程中存在着某些使收入不平等扩大的因素,其中一个因素就是储蓄和积累在少数高收入阶层的集中,即世界上80%的收入掌握在20%的人手中。另一个因素则是经济发展过程中工业化与城市化所引起的收入分配恶化,即农村与城市收入分配差距的拉大。

(二)刘易斯模型中的收入分配与经济增长理论

刘易斯认为,在经济发展的初级阶段,会出现两种收入分配差距扩大现象,其一表现为资本家阶级同劳动阶级的收入相对份额的差距扩大;其二表现为劳动阶级内部收入差距的扩大,即现代工业部门的工资高于传统农业部门中农民的收入。伴随着经济发展过程,现代部门吸收的劳动越来越多,工人的工资将逐步下降,劳动阶级和资本家阶级之间的收入差距将可能缩小或不变,社会中的总收入差距可能停止上升,处于稳定状态。

当经济发展到高级阶段,农业部门的剩余劳动力逐步消失,劳动从无限供给变为稀缺要素,而资本则处于相对充裕状态,此时工资上升并带来劳动阶级的收益上升,而资本家阶级的收益则下降,整个社会总收入差距将呈现逐步缩小的趋势。

(三)内生经济增长理论中的收入分配与经济增长理论

20世纪80年代中期以来,戴维·罗默首先把技术进步视为经济的内生变

量和知识积累的结果,提出了一个与收益递减的传统增长模型不同的收益递增型的增长模型,强调人力资本是经济增长的主要因素,即新经济增长理论。随着内生经济增长理论的提出,收入分配对经济增长影响的内生机制也日渐进入经济学家的视野。

三、非经济学视角下的经济增长与收入分配观点

(一)社会学界的观点

约翰·罗尔斯、罗伯特·诺齐克等社会学家和政治哲学家也对分配问题进行了深入而卓有成效的研究,并且已得到经济学家的认可。这为后人多视角、多方位、多学科地综合研究经济增长中的收入分配问题创造了良好的条件。

罗尔斯相信,对于正义的社会基本结构问题,原初状态的人们会共同选择如下两个原则:第一个原则,罗尔斯称之为“最大平等自由原则”,学术界简称为“自由原则”;第二个原则,学术界简称为“平等原则”,这个原则与收入分配密切相关,它包括两个子原则:“差别原则”和“机会公平平等原则”。[12]

(二)法学界的观点

我国法学界目前对收入分配问题研究的热点主要集中在与垄断性企业相关的问题上。中国政法大学副校长马怀德提出,资源配置没有形成有效的市场竞争环境和机制,所以自然就会形成所谓的垄断或特殊部门的特殊利益。公共部门作为配置资源的主体,又缺乏有效的市场竞争环境和体制,自然就形成了垄断和特殊部门的特殊地位。

(三)社会民众和政界的观点

新华社《半月谈》杂志社于2012年在东西部八省市就民众关心的社会问题实施了问卷调查。收到的5 000份有效答卷显示,我国民众最关心的十大社会热点问题中,收入差距扩大高居首位。从近20个候选项目中投票选出他们感受最强烈的和谐社会十大热点问题,位居前三位的问题正是:收入差距扩大,看病贵、上学贵、买房贵,就业难、劳动者维权难。而这三个问题事实上都与收入分配问题有着密切的关系。

通过以上分析可以看出,无论是从西方经济理论自身的演变来看,还是从经济学与其他学科的相互融合来看,经济增长中的收入分配问题的研究都越来越受到关注。伴随着我国改革、开放与发展的推进,协调和处理好经济增长、结构变动、体制改革与居民收入分配调整及变动之间的关系,已日益显现出其重要性。

第二节　经济增长对收入分配的作用

如果将经济增长简单地描述为产出增加，那么在市场经济中，这些增加的产出将会通过市场进行初次分配。在初次分配的基础上，政府将会为其特定的经济、政治和社会目标进行再分配。经过对经济增长成果的初次分配和再分配，将会形成最终的分配格局。

一、经济增长中的初次分配

在市场经济为主导的经济体系中，经济增长的成果首先通过市场机制进行初次分配，而初次分配格局将会在很大程度上影响最终分配的格局。同样是在市场机制下获得收入，在现实中取得收入的形式可能非常类似，但事实上存在着两种不同的初次收入分配模式：完全市场中的初次分配和非完全市场中的初次分配。

(一)完全市场中的初次分配

所谓完全市场中的初次分配是指在完全竞争的产品市场和要素市场(主要指资本市场和劳动力市场)的条件下进行的初次分配，如家用电器市场、汽车市场、电话市场等。

1. 决定收入分配的因素——占有资源的数量和质量

在完全市场中的初次分配，要素价格和使用量是决定居民收入水平的重要因素，与居民收入和居民拥有的财富存量之间有着密切的关系。居民的收入分配受其已经拥有的财富数量的影响，还可能通过影响居民的劳动要素的质量进而影响居民收入。

在决定收入分配的因素中，占有资源的数量和质量起着关键作用。居民初次收入分配的结构由 4 部分构成，分别为转移性收入、工薪收入、财产性收入和经营净收入。在收入的 4 个构成部分中，转移性收入属于再分配范畴，工薪收入属于劳动力收入的范畴，财产性收入属于资本收入的范畴，经营净收入主要指个体经营劳动者经营净收入。

2. 要素的需求、供给和供求均衡

要素需求是派生需求，即从由它们生产的产品的需求中派生出来的。要素需求相互依赖，即使用者不能判断出单独一种生产要素的具体贡献是多少，这种生产要素究竟生产了多少产品。不同市场的使用者对要素有不同的决策，其主要从以下两方面影响该要素的价格和使用量：

（1）要素的供给是居民在效用最大化的前提下形成生产要素的市场供给，不同种类生产要素的市场供给有不同的特点。一般来说，自然资源在社会一定时期内的供给量可以看作是固定不变的，但长期的自然资源的供给还是有一定弹性的；资本的供给量会随着利率的上升而增加；劳动的供给量也会随着工资的上升而增加。

（2）要素的供求均衡是经济增长对某种要素的需求增加，将会使这种要素的价格提高，从而使拥有该要素的居民收入相应提高。如果要素的供给增加，要素价格提高会带来要素供给的增加，从而使得要素价格下降。最终要素价格的上升或是下降取决于供给和需求变化的幅度。

（二）非完全市场中的初次分配

非完全市场中的初次分配是指在非竞争的产品市场和要素市场（主要指资本市场和劳动力市场）中进行的初次分配。非竞争性市场的产生可能基于垄断、市场分割、不完全信息、公有产权与私有产权的区别、政府权力对市场的干预等。不完全市场的存在使得收入初次分配的过程和规则更为多样，经济增长对收入分配的影响也更加复杂。

1. 不完全的产品市场与初次分配

不完全的产品市场一般是指完全垄断或寡头垄断市场。由于要素使用者在产品市场中处于特殊地位，所以对要素支付的价格在特定情况下造成收入分配的差距。根据垄断的形成原因，可以把垄断分为以下3类：

（1）自然垄断，是指一个厂商的平均成本随着产量的增加，在市场上容纳的产量范围内不断下降，是规模报酬递增的一个表现。

（2）行政性垄断，是政府出于某些特定的目的，以政策、法律、法规等方式只允许一家或少数几家厂商经营某种产品或服务。

（3）一般性垄断，是指除了上述两种原因之外形成的垄断，一般是因为技术、信息、市场策略和对生产要素的控制等原因形成的。

2. 不完全的劳动力市场与初次分配

不完全的劳动力市场对收入差距的影响主要体现在劳动力市场的分割上。市场分割是指产品或要素的自由流动受到限制，形成如下差距：

（1）完全流动的劳动力市场与收入差距。当劳动力可以在不同的劳动力市场自由流动时，可以认为劳动力市场不存在分割的情况。通过对完全流动的劳动力市场的分析可以看出，劳动力的完全流动可以使同质的劳动力获得相同的工资，即达到同工同酬。当劳动力市场出现分割时，素质相同的劳动力就可能获得不同的报酬，从而出现不同于完全市场中的收入差距。

(2)区域劳动力市场分割与收入差距。假设不同区域的劳动力市场,分别是A地区的劳动力市场和B地区劳动力市场;两个劳动力市场中的劳动力是同质的;在初始阶段两个市场劳动力的供给和需求相同,由于某些原因,A市场的需求增加较慢;两个地区的劳动力市场分割,劳动力无法自由流动,两个市场的工资差距将一直保持下去,其差距可能进一步扩大。

(3)城乡劳动力市场分割与收入差距。假设存在两个不同区域的劳动力市场,分别为农村劳动力市场和城市劳动力市场;两个劳动力市场中的劳动力是同质的;在初始阶段两个市场劳动力的供给和需求相同,如果城市劳动力市场需求增加较快,便形成了城乡间的收入差距。

(4)行业劳动力市场分割与收入差距。行业劳动力市场分割主要表现为垄断性行业的劳动力市场与竞争性行业的劳动力市场的分割。行业劳动力市场分割的表现是垄断行业的劳动力市场相对封闭,其他行业的劳动力不能进入垄断行业以获取更高的工资。垄断性行业的劳动力收入为劳动力正常收入与内部人收益之和,因此形成了行业间收入差距。由于劳动力市场分割而产生的收入差距是具有明确偏向性的,可以肯定,如果目前劳动力市场分割情况不变,那么经济发达地区、垄断性行业的劳动力报酬必定高于农村、经济不发达地区和竞争性行业的劳动力报酬。

3. 其他不完全市场与初次分配

其他不完全市场包括资本、土地、自然资源、社会资源等。这些要素引起的收入差距的绝对程度是相当巨大的,具体表现在以下几方面:

(1)证券市场上,不同投资者之间的地位是不平等的,这种不平等主要表现在投资者拥有信息的差异上。不完全信息是每一个市场都可能出现的,主要是由信息及信息传递本身的特点造成的。但对于证券市场,信息不完全的主要问题却在于信息不对称:上市公司与投资者的信息不对称,大投资者与中小投资者的信息不对称,进而影响了来源于资本要素的收入分配。

(2)土地市场上,不完全的土地市场也会对收入分配产生影响。土地市场可分为垄断、不完全信息、非经济力量的影响,尽管土地的供给也有较小幅度的增加,但土地的价格还是一直处于上升的态势。在土地市场上,当地方政府作为买方时,存在着一种典型的行政性垄断行为——国家征地。导致被征地方处于绝对不利的位置,基本没有讨价还价的能力。在这个市场上的价格有利于强势一方,从而拓展了第二个层次的土地市场的利润空间,也使土地作为基本投入物的第三个层次的房地产市场的利润空间得以拓展。

(3)自然资源市场上,随着经济的快速发展,对自然资源的需求也不断增加,尽管自然资源的供给也有较小幅度的增加,但自然资源的价格处于上升的态势。资源市场可以分为3个层次:第一个层次是以国家(现实生活中往往是地方政府)为主体的自然资源市场;第二个层次是企业之间的自然资源市场;第三个层次是企业和(加工后的)自然资源消费者之间的自然资源市场。对于第二、第三个层次的自然资源市场,市场的主要表现为垄断力量对市场的影响。

(4)非法、非正常收入是指在目前法律规定条件下不合法的收入,如偷税漏税、腐败、走私、诈骗等,或貌似合法但有悖于道德规范的非正常的收入,如集团消费转化成个人消费等。从性质上看,非法、非正常收入就是社会总收入中被一部分人以非法、非正常手段占有的部分。也有人把非法收入比较形象地概括为"红、黄、蓝、白、黑"五色收入。其中,红色收入是利用职权的腐败所得;黄色收入为淫秽收入;蓝色收入指走私收入;白色收入指贩毒收入;黑色收入指黑社会团伙的收入。由于通常所说的完全市场和不完全市场、初次分配和再分配都是默认为在正常、合法的状态下,非法、非正常收入很难归入完全市场或不完全市场,也很难归入初次分配或再分配。[13]

(三)技术进步情况下的初次分配

按照现实经济中的技术进步路径来研究技术进步的分配效应,中性和偏向性技术进步主要研究的是国民收入的宏观分配和微观分配。

1.技术进步对资本收入和劳动收入的影响

对于单个居民来讲,资本价格和劳动力价格的变化将会对其总收入产生影响,而技术进步则会改变资本和劳动力的相对价格,引起居民收入的变化。对于拥有不同数量要素的居民而言,在发生技术进步之后,他们的收入分配差距将产生变化。如果高收入者的资本劳动比较高,相对收入差距将扩大;如果低收入者的资本劳动比较高,相对收入差距将缩小。

2.技术进步对不同人群收入的影响

技术进步会影响拥有资本要素居民和拥有劳动力要素的居民的相对收入。同时,技术进步也会对依靠提供劳动力要素而取得收入的居民的分配水平产生影响,这种影响主要体现在对技术劳动和非技术劳动取得的工资差异上。随着经济发展水平的提高和技术进步速度的加快,缺乏技术的工人一般无法完成与技术工人同样的工作。在这种情况下,两类劳动力不再符合同质的假设,两类劳动力的工资应该由不同的劳动力市场决定。

二、经济增长中的再分配

(一)政府再分配的政策思路

初次分配形成的收入格局并不是居民的最终收入分配格局,经过国家的收入再分配后,居民的收入分配格局最后被确定下来。再分配模式主要取决于由政治机制决定的政府行为,效果最为明显的是政府的各种再分配政策。在理论上,初次分配主要是研究要素参与市场分配的问题,再分配则主要研究政府在市场分配的基础上实现政策目标的问题。

1. 政府建立市场运行机制

再分配问题上,政府首先建立起在市场机制下的收入分配体系,着手调节市场机制下收入分配的问题。换句话说,如果初次分配格局是在完全市场中形成的,政府应对完全市场分配的结果而不是对过程进行再分配,从而最大限度地保证效率与公平的实现。政府要解决如何完善市场机制并使其顺利运行,要帮助建立市场,模拟市场机制运行。

2. 保证分配的效率与公平

如果初次分配格局是在不完全市场中形成的,不能仅仅只对不完全市场分配的结果进行类似于完全市场中的再分配调节。政府应该对不完全市场分配的过程进行调整,使调整后的收入分配格局接近完全市场中的结果,对这种结果进行再分配,最大限度地保证效率与公平的实现。

(二)政府再分配的政策效果

政府再分配的政策思路和政策工具的选择直接决定了政府进行再分配的政策效果。对这种结果进行再分配,才可以最大限度地保证分配的效率与公平的实现。衡量政府再分配效果的指标,采用的是居民总收入中的转移性收入。

1. 对于区域收入差距的政策效果

衡量政府初次分配后各区域收入差距的指标,采用的是各区域不含转移性收入的居民收入与全国不含转移性收入的居民收入的平均值之间的差距。如果该区域初次分配后的收入差距的绝对值大于再分配后的收入差距的绝对值,表明政府再分配取得了效果,反之则表明政府再分配政策没有取得效果,并加剧了区域间收入差距。

2. 对于城乡间收入差距的政策效果

衡量政府初次分配后城乡收入差距的指标采用的是城镇和农村不含转移性收入的居民收入之间的差距。如果初次分配后收入差距的绝对值大于再分配后的收入差距的绝对值,表明政府的再分配政策取得了效果,反之则表明政府再分配政策没有效果,并加剧了城乡收入差距。

第三节　收入分配对经济增长的影响

经济增长与收入分配的关系源于生产与分配的关系,生产与分配本身就是一种相互作用、相互影响的关系。经济增长是劳动者收入分配水平提高的前提,同时还通过带动就业规模的扩大和就业的增加,来提高劳动者的收入分配水平。收入分配同样对经济增长具有反作用,合理的、适度的收入分配差距,有利于资本的积累,促进人力资本投资,优化经济结构,对经济增长产生积极作用;而不合理的,过于悬殊的收入分配差距不利于扩大内需,不利于社会福利水平的提高,不利于社会安定,对经济增长产生消极作用。

一、收入分配对经济增长的作用

(一)收入分配差距对经济增长的积极作用

合理适度的收入差距,是建立在诚实劳动的基础上的、"让一部分人先富起来"的政策,极大地激发了广大劳动人民的热情,使得人们更加积极主动地投入到工作中去,大大提高了劳动效率,增加了经济产量。与此同时,各种新的思想不断迸发,涌现出不少新兴行业,推动了国民经济的繁荣与发展。

1. 收入分配差距扩大有助于物质资本的积累

随着收入的增加,消费也会增加,按照边际消费倾向递减规律,在经济发展水平提高的条件下,居民收入分配差距扩大有助于储蓄的增长,有助于投资和物质资本的积累。在我国,改革开放以来,经济高速增长在很大程度上得益于我国居民较高的储蓄率。在改革开放之初,我国经济基础还很薄弱,经济建设需要大量资本的注入,此时适当地拉开收入分配差距,有利于总储蓄量的提高,有利于国民经济的快速发展。

2. 提高人力资本水平促进收入差距

由于科学技术的进步、社会生产条件的发展,人力资本在生产中的地位发生了很大变化。经济增长的关键要素已经不再是资本、土地、厂房、设备、原材料等有形资产,而更加取决于人力资本所特有的知识、技术和创新能力。知识、技术和人力资本水平高的国家,其经济增长率和收入水平就高,反之亦然。当前世界经济增长中,各国的经济增长率和人均收入差距越来越大的主要原因是各国在知识、技术和人力资本积累方面的巨大差异。

3. 提高劳动力素质获取更高收入

随着收入分配越来越倾向于科技人才和经营者，提高劳动力素质越来越得到人们的重视。人们为了获取更高的收入，增加了对自己或子女的人力资本投资，越来越多的人进入大专院校接受高等教育，以便在今后的就业竞争中取得优势地位。这为未来提供更多合格的高素质科技人才和经营管理者，为生产技术的提高和经济的发展奠定了基础。

4. 优化资源配置与合理的收入差距

收入差距可以起到优化资源配置的作用，收入差距会激起人们对高收入的竞争，更多高素质的人才涌向高收入的部门，人们也会为了能获得更高的收入而去参加各种培训或接受更高等的教育，提高自己的竞争力，来赢得进入高收入部门的机会。要素收入的差别，将会引导生产要素向更高收入的地方流动，使之获得更高的收益率，这种流动不仅发生在地区、部门和企业之间，还发生在企业内部。劳动力和生产资料等生产要素的这种流动，使其无论在宏观上还是在微观上都会实现最优的配置。

（二）收入分配差距对经济增长的消极作用

由凯恩斯的有效需求不足理论可知，由于消费倾向存在差异，高收入者拥有更多的储蓄，在微观个体储蓄转化为投资的过程中，受消费需求的影响，微观个体形成的储蓄并不一定完全转化成投资，在投资需求中可能会遗留出不能转化成有效需求的部分。而在总收入既定的条件下，中高收入阶层的收入比例越大，全社会的平均消费倾向就越低，国家扩大投资、启动经济的举措就要大打折扣。

1. 收入分配差距导致居民消费差异

收入分配差距过小，会导致居民消费结构雷同，使消费结构的升级受到限制。收入分配差距过大，收入过度集中在少数高收入家庭手中，而高收入家庭倾向于购买高档品和奢侈品；低收入家庭的绝大部分收入则都用于购买生活必需品，这样就会造成消费断层，消费结构的升级也会受到影响。适度的收入差距最有利于消费结构的升级，消费结构会影响产业结构，而产业结构又进一步决定了经济增长能力。因此，过小或过大的收入分配差距都不利于消费结构的升级，进而影响产业结构的升级，阻碍经济增长。

2. 人力资本的积累与居民家庭的收入

人力资本的积累主要取决于居民家庭的收入水平，收入水平越高，所接受教育的年限和质量也就越高，积累的人力资本也就越多。收入分配差距过大，会造成低收入家庭无法负担对人力资本的投资，必将影响到这部分人的素质，进而降低整个社会的总体素质。对于整个社会而言，人力资本积累越多，越有利于经济增长。所以，收入分配差距过大，不利于人力资本的积累，不利于经济增长。

3. 社会稳定性影响收入分配

收入分配差距还会对社会稳定性造成影响，社会稳定是经济增长必需的重要条件。如果收入分配差距过大，低收入阶层无法分享到由经济增长所带来的好处，再加上收入分配领域存在的一些不合理现象，很容易使人们产生不满情绪，甚至导致社会的不稳定，不利于社会和谐和经济发展。

二、收入分配差距通过消费需求对经济增长的影响

（一）收入分配差距对消费需求的影响

居民的生活消费是最终消费，和居民的生活消费比较起来，投资只是中间消费或生产性消费。中间消费受制于最终消费，最终消费上不去，投资需求也不能长久地维持下去。自 1997 年亚洲金融危机爆发以来，人们普遍认为我国经济也面临着有效需求严重不足的问题。而收入分配差距扩大则是导致消费需求不足的重要原因。

1. 收入分配差距扩大导致居民消费下降

进入 21 世纪以来，我国城镇居民和农村居民的消费水平都得到了很大的提高，但随着我国居民的收入分配差距的逐步扩大，我国居民的消费倾向在不断下降，其中农村居民的消费倾向下降得更为迅速。农村消费状况令人担忧，农村居民消费支出增长缓慢是造成我国目前消费需求不足的一个重要原因。

2. 收入分配差距扩大使居民消费结构出现问题

收入分配差距过大，收入将过分集中在少数人手中，对于高收入阶层而言，较低档的普通消费品的消费已经趋于饱和，他们的消费对象已开始转向高档消费品，而低收入阶层的主要消费对象还是那些诸如食品、服装等生活必需品。在我国，收入分配差距过大对产业结构的消极影响表现在城乡收入分配差距过大所导致的消费断层，以及某些产品过剩和某些产业过度发展的问题上。

由于城乡收入分配差距不断增大，城乡居民的消费差距也大幅度加大，较大的城乡收入分配差距导致了城乡居民之间巨大的消费断层。当某些消费品在城镇居民中基本得到满足后，由于农村居民消费水平的严重滞后，使得相对狭小的农村市场难以吸纳过剩的消费品供给。这样，不仅抑制了消费需求的增长，而且阻碍了产业结构的转换升级。

(二)消费需求变化对经济增长的影响

消费与生产、交换、分配被视为社会生产总过程的4个环节，从再生产过程来看，消费既是一个生产过程的终点，又是下一个生产过程的起点，生产必须通过消费才能最终实现。

消费需求是总需求中所占份额最大的部分，在大多数国家，这一份额都达到了2/3以上。消费需求作为最终需求，其规模变动不仅直接制约着消费品生产的增长，也将制约着投资需求的增长。居民对不同产品的消费需求的变化，将影响我国产业结构调整和升级。在经济增长过程中，居民边际消费的变化通过对投资乘数的决定作用制约着政府宏观调控的效果。消费需求的变动对经济增长具有举足轻重的影响，增加消费需求是实现国民经济持续、快速、健康增长的重要途径。

三、收入分配差距通过人力资本对经济增长产生影响

(一)收入分配差距对教育的影响

人力资本是影响经济增长的一个重要因素，而教育则是人力资本形成的重要途径。收入分配可以通过教育来影响人力资本的积累，进而影响经济增长。

1. 我国教育发展的现状

改革开放以来，我国经济持续高速增长的同时，政府加大了对教育的投入力度，我国人口的受教育程度和人力资本积累得以明显提升，具体表现在以下两方面：

(1)我国基础教育发展得很快，适龄儿童基本上都接受了小学教育和初中教育，九年义务教育的普及大大提高了我国劳动力的基本素质。初中升学率也从2000年的40.6%上升到2014年的75.7%，上升了35.1个百分点。

(2)高等教育发展得也很快，我国高中的升学率由2000年的27.3%迅速攀升到2014年的75.1%，增长了47.8个百分点。虽然我国教育事业发展迅速，人力资本也增长较快，但是目前我国劳动力素质总体还是较低的。

2. 城乡教育发展和教育支出的差距

我国一直以来都很重视教育问题，政府对教育的投入一直保持着很高的增长水平。与此同时，我国的文盲率大幅度下降、九年义务教育逐步普及、平均受教育年限也有很大的提高。但是，目前出现的教育不公平现象日益引起人们的重视，突出表现为城乡教育的巨大差距。

3. 收入分配差距影响教育公平

教育发展的一个重要前提就是社会公平，如果社会公平被破坏，就会造成

教育资源在社会成员之间分配不公,就不能做到让每个人都能获得其所需要的、能充分发展其能力的教育机会。在一个收入分配严重不平等的社会里,无论教育是否收费,都不可能实现真正的教育公平。对于公平的理解一般包括以下3层意思:

(1)起点公平。即人们参与经济、社会活动过程中获得经济和社会权益的各种先决条件的平等。

(2)过程公平。即人们在参与经济、社会活动的过程中都应遵循相同的公平、公正原则,任何人不得例外。

(3)结果公平。由于地域、财产、禀赋等方面的差异,导致人们参与竞争的机会不可能完全均等,这就必然带来结果的差异。

收入分配差距对教育结果公平的影响:高收入家庭的子女,从小就获得比低收入家庭子女更良好的教育,这使他们在竞争中处于优势,因而更容易获得接受高层次教育的机会。低收入家庭子女要接受更高层次的教育,不仅意味着要付出更高昂的学费和更高的机会成本,面对生存的压力,很多低收入家庭的子女,即使有继续深造的能力,还是不得不放弃受教育的机会而进入劳动力市场。此外,高收入家庭的子女在就业竞争中比低收入家庭的子女更有优势,因为高收入家庭的子女拥有更多的信息以及社会关系,他们会获得更多就业、晋升及高薪的机会。

(二)教育对经济增长的影响

随着社会生产条件和科技的迅速发展,人力资本、知识和技术已取代资本、土地、设备等有形资产成为经济增长的关键要素。而教育则是人力资本形成的重要途径。教育可以提高劳动力的素质,不仅使人们获得从事生产活动的基本知识和技能,增强人的体质,发展人的智力,还可以使劳动力改变形态,由简单劳动力变成复杂劳动力,由不熟练劳动力变为熟练劳动力,由普通劳动力变为专门劳动力。劳动力素质和质量的这种提高,对一个国家或地区的经济增长和发展水平具有决定性作用。科学技术是第一生产力,科学技术一旦渗透到生产力诸要素中,就会转化为巨大的现实生产力,促进经济的发展,教育不仅通过为一个国家培养合格的劳动者而为本国的经济发展服务,而且通过培养高级研究人员为社会提供新的科学技术来推动经济的发展。

第四节 推动黑龙江省收入分配发展的对策建议

经济增长与收入分配之间存在着相互影响、相互作用的有机关系,并且这种关系随着时间的不断迁移和经济环境的不断变化而变化和发展。政府应在保持经济快速平稳增长的同时制定有效的政策调整收入分配差距,正确处理好居民收入差距持续扩大的问题,保持经济平衡运行。

一、统筹城乡发展,增加农民收入

城乡经济差异主要是由于我国过去一直实行城乡分割的户籍管理制度,从而导致劳动力流动受到限制,形成分割的农村劳动力市场和城市劳动力市场。这极大地限制了农村剩余劳动力向城市的转移,也造成了诸多不平等。适当地调整户籍管理制度,放开劳动力市场,是增加农民收入的有效途径之一。

城乡居民收入分配差距较大的另一个重要原因是,我国农业生产水平较低。优化农村资源配置,必须转变农业的增长方式,调整农业生产结构,提高农业劳动生产率;抓好种植业的结构调整,因地制宜,发展优势产业,培育特色产品,尤其是要发展成本低、见效快、质量优的农产品;推行"种、养、加""农、工、贸"一体化的新型农业战略,推进农业规模化、产业化进程。发展农村非农业经济也是影响我国农村居民收入的一个重要因素,因此应大力发展农村非农业经济,调整乡镇企业的产业和产品结构,带动产业升级,为农村的发展提供更广阔的空间,解决农民增收的问题。

二、规范行业收入分配

在我国行业差距主要是某些行业和部门具有垄断地位造成的。垄断行业的存在不仅阻碍了市场公平竞争秩序的建立,造成了效率损失,而且是滋生腐败的温床。因此,打破垄断、缩小行业间收入差距有利于维护社会稳定,促进经济增长。

要改革现行的部门行业管理体制,调整和转换管理职能,弱化利益关系。将自然垄断业务和非自然垄断业务分离,对自然垄断业务通过行业外部或内部不同环节的竞争以及经营权的调整最大限度地引入竞争,改变独家经营的局面。政府应从一些竞争性领域退出,取消对一些行业的行政性保护,对必须由国家垄断经营的行业,要强化财务监督,采取一定措施将垄断利润归为国有。还应尽快出台反垄断方面的法律,打破垄断,创造公平竞争的市场环境。

三、加快发展农村基础教育,加大对贫困人口的教育投资力度

教育是人力资本的重要积累手段,受到投入不足的严重困扰。初等和中等教育程度的人力资本积累对经济增长有显著的促进作用,同时还能减小收入分

配的差距。加大初等和中等教育的公共投资,有利于实现在促进增长的同时兼顾公平。要建立健全农村义务教育经费保障机制,进一步改善农村办学条件,逐步提高农村中小学公用经费的保障水平;同时加强农村教师队伍建设,促进城乡教育均衡发展。贫困人口往往是低收入者,加大对这个群体的教育投资,将会使教育的促进作用更为有效。农村基础教育又是我国教育中最薄弱的环节,政府应加大对农村基础教育的投入,进一步改善农村办学条件,逐步提高农村中小学公用经费的保障水平,促进城乡教育均衡发展。

四、加大再分配政策力度,提高平均消费倾向

收入差距的扩大严重影响了居民消费倾向,提高低收入者的收入水平,有利于提高我国居民总体的消费倾向。宏观政策的重点是通过转移支付和税收政策为主要内容的再分配政策,有效地发挥政府对社会成员收入的再调节功能。

政府应适当提高财政收入在初次分配中的比例,加强政府转移支付能力。应该改善财政支出结构,特别是要加大对贫困地区和低收入阶层的转移支付以及东部地区向中西部地区的转移支付力度。税收是政府进行再分配的有效手段,提高个税起征点,收入低于某一水平者可以免交所得税,这等于相对提高了低收入者的收入水平,缩小了名义差距。实行累进税率而非比例税率,这意味着收入越高者必须缴纳越多的税;开始征收遗产税、赠予税、特别消费税等,这些都将有效防止财富过多地向高收入群体聚集。

五、健全现代社会保障体系

现代社会保障主要由政府保障和家庭保障(包括家庭个人储蓄积累保障、家庭个人投保的社会保险等)组成,并包括一些零散性的政府救济与补充性的社会救助。建立健全现代社会保障体系,是有效实施国家分配政策、维护国家稳定发展和社会正常运行的重要保证。由于我国农村人口比重较大,其收入差距的大小对我国居民收入差距的大小有重要影响,因此更应重视农村社会保障事业的发展。国家还应重视对贫困群体的直接救助与扶持力度,加强对贫困地区和贫困人口的财政转移支付,开展多元化的最低生活保障制度和更为有效的救助救济制度。

第五章　产业政策调整与黑龙江省经济增长

第一节　产业政策的基本理论

一、产业政策的内涵

(一) 产业政策的概念

产业政策是政府为了实现一定的经济和社会目标对产业的形成和发展进行干预的各种政策的总和。产业政策的功能主要是弥补市场缺陷,有效配置资源;保护幼小民族产业的成长,增强其适应能力。产业政策由于研究的角度不同,在国际上尚没有统一的定义,有以下几种解释:

(1)将其理解为是各种指向产业的特定政策,即政府有关产业的一切政策的总和,如“产业政策是与产业有关的一切国家法令和政策”。

(2)将其理解为是弥补市场缺陷的政策,即当市场调节发生障碍时,由政府采取的一系列补救的政策。如日本学者认为:“产业政策是政府为改变产业间的资源分配和各种产业中私营企业的某种经营活动而采取的政策。”

(3)将其理解为产业赶超政策,即工业发展中国家为赶超工业先进国家而采取的政策总和。如我国有些学者将其定义为“当一国产业处于比其他国家产业落后状态,或者可能落后于其他国家时,为加强本国产业所采取的各种政策”。

可以看出,各种定义的差别主要在于定义的角度不同。但是,无论什么形式的产业政策,有一点是共同的,即政策的作用对象都是产业。

(二)产业政策研究的主要内容

产业政策研究的主要内容是:根据经济发展的内在联系,揭示一定时期内产业结构的变化趋势及其过程,并按照产业结构的发展规律保证产业结构顺利发展,推动国民经济的发展。

1. 产业结构

通过对产业结构的调整来调整供给结构,从而协调需求结构与供给结构之间的矛盾。调整产业结构包括调控产业结构、产业组织结构、产业区域布局结构,使社会资源在各产业、地区之间得到合理配置,逐步实现产业结构的优化。实现产业结构的优化,促进经济的增长,必须经过长期的努力。

2. 产业组织

通过选择高效益的,资源有效使用、合理配置的产业组织形式,保证供给的有效增加,使供求总量的矛盾得以协调的产业组织政策,可以实现产业组织合理化,为形成有效公平的市场竞争创造条件。调节供给,即通过促进或限制某些产业的发展,改造产业结构,调整各产业之间的相互关系,使供给总量和结构都能满足需求,实现供给需求的总量、结构平衡。

3. 产业政策布局

产业政策布局主要解决如何利用生产的相对集中所引起的"积聚效益",尽可能缩小由于各区域间经济活动的密度和产业结构不同所引起的各区域间经济发展水平的差距。产业政策布局表现为"集合"政策,每一种具体政策都以市场机制的调节为依据,对市场起着直接调控、对企业起着间接调控的宏观作用。

(三)制定产业政策原则

产业政策是根据长远与当前结合的原则,在治理整顿过程中,视经济发展情况对产业政策做出相应调整。产业政策是一个多方面、多层次的政策体系,在其制定和实施过程中,要依据整体观念和思维,各个方面相互配套和相互协调。

1. 以政策为导向保证总量平衡

以产业政策为导向,加强宏观控制,指导市场发育,协调各方面行动,逐步缓解总需求与总供给、消费结构与产业结构的矛盾。鼓励和促进需要发展的产业,尽快限制不需要发展的产业,促使其缩小或向其他产业转产,以保证总量的平衡。压缩和控制长线产品的生产和建设,增加和扩大短线产品的生产和建设,集中力量把市场紧俏产品的生产搞上去。

2. 协调产业发展制定相关政策

按照市场需求、技术进步、创汇作用、经济效益等因素,安排好产业发展序列并制定相关的各项政策,明确支持什么、限制什么。同时,妥善处理好重点产业与一般产业协调发展的关系,处理好生产要素存量调整与增量配置的关系,处理好产业总体配置与发挥地区优势的关系。运用经济、行政、法律和纪律的手段实施产业政策,加强思想政治工作。计划、财政、金融、税务等部门必须目标一致,协同治理。

二、产业结构优化的基本理论

(一)产业结构优化的含义

产业结构优化是指推动产业结构合理化和产业结构高级化发展的过程,是实现产业结构与资源供给结构、技术结构、需求结构相适应的状态。它遵循产业结构演化规律,通过技术进步,使产业整体素质和效率向更高层次不断演进。通过政府的有关产业政策调整,影响产业结构变化的供给结构和需求结构,实现资源优化配置,推进产业结构的合理化和高级化发展。

(二)产业结构优化研究的内容

1. 供给结构

供给结构是指在一定价格条件下,作为生产要素的资本、劳动力、技术、自然资源等在国民经济各产业间可以供应的比例,以及以这种供给关系为纽带的产业关联。

2. 需求结构

需求结构是指在一定的收入水平条件下,政府、企业、家庭或个人所能承担的对各产业产品或服务的需求比例,以及以这种需求为纽带的产业关联。需求结构包括政府需求结构、企业需求结构、家庭需求结构或个人需求结构以及以上各种需求的比例。

3. 国际贸易结构

国际贸易结构是指国民经济各产业产品或服务的进出口比例,以及以这种进出口关系为纽带的产业关联。国际贸易结构包括不同产业间的进口结构、出口结构和同一产业间的进出口结构。

4. 国际投资结构

国际投资结构是指对外投资与外国投资的比例结构,以及对外投资在不同产业之间的比例和外国投资在本国不同产业之间的比例及其各种派生的结构指标。产业结构优化也要对国际投资结构进行优化。

国际投资包括本国资本的流出,即本国企业在外国的投资,以及外国资本的流入,即外国企业在本国的投资。对外投资会导致本国产业的对外转移,外国投资则促使国外产业对内转移。这两方面都会引起国内产业结构的变化。

(三)产业结构优化效应

产业结构优化是产业结构高级化的前提条件,产业结构高级化是产业结构从一种合理化状态上升到更高层次合理化状态的发展过程。因此,产业结构优化的目标是资源配置最优化和宏观经济收益最大化。产业结构高级化是产业结构合理化的必然结果。

1. 产业结构的关联效应

产业结构的关联效应是指某一产业由于自身的发展而引起相关产业发展的作用效果,实质是各产业相互之间的供给与需求的关系。其主要涉及以下两方面含义:

(1)产业后向关联效应。后向关联效应是指主导产业在进行生产之后,其产品成为许多产业的原料、燃料或生产设备,或直接进入消费部门而产生的部门关联效应。

(2)产业前向关联效应。前向关联效应指某一产业的发展引起其下游企业发展的作用效果。前向关联效应的大小可以通过感应度或感应度系数来衡量,表示本部门增加一单位产量对其他部门的直接推动力。

2. 产业的扩散效应

产业的扩散效应是指某些产业部门在各个历史间歇的增长中,对其他关联产业产生的影响。具体表现在以下 3 个方面:

(1)回顾效应,是指主导部门的增长对上游产业产生的影响。在主导部门处于高速增长阶段,对原材料和机器设备等产生新的投入要求,以带动上游产业的发展。

(2)前向效应,是指主导部门的成长诱导下游产业,改善自己供应给其他产业产品的质量,开发新产品和服务的条件,由此主导部门产生了一种刺激力,促进下游产业的发展。

(3)旁侧效应,是指主导部门的成长引起周围经济和社会的一系列变化,推进工业化进程,提供更多的就业机会,城市人口增加,需要更多的服务,甚至促进各种制度的变革。

(四)产业结构优化升级

产业结构的优化升级是社会生产技术更新引发的产业结构的改进,即由于新技术的开发、引进、应用、扩散,引起高新技术产业发展和传统产业的更替、改造,产业结构的优化升级是以技术创新为前提的。

1. 产业结构优化升级是加快产业结构的转换

在社会再生产过程中,产业结构协调是促进产业结构不断更新并形成新的组合,增强传统产业向现代产业转换的能力、长线产业向短线产业转换的能力、技术含量较低的产业向技术含量较高的产业转换的能力,引起社会生产力发生质的飞跃，实现产业结构优化升级。

2. 产业结构优化升级提高资源有效配置

产业结构优化升级是提高经济资源配置的客观要求，现代经济增长过程主要取决于产业结构的聚合效益，即产业间和产业内各部门间通过合理关联和组合，使组合后的整体功能大于单个产业或单个部门的功能之和。产业结构优化升级是增强产业聚合效应的重要手段，经济增长为产业结构优化升级提供了相应的物质基础，实现产业结构优化升级与经济增长的良性循环。

三、产业结构优化促进经济增长

（一）产业结构合理化促进产业结构高度化

产业结构高度化的坚实基础来自于产业结构合理化，产业结构合理化是产业结构高度化的首要保证。以产业结构合理化促进产业结构高度化，以高度化推动产业结构在更高层次上实现协调。

1. 调整产业政策的方式

调整产业政策是进一步完善环境保护的法律和制度，加强知识产权的保护，创造良好的创新环境；加大对基础性产业研究的支持，强化教育与专业人才培养，为产业转型提供优良的人力资本；完善行业信息、技术发展及趋势，为行业信息交流和研讨提供公共平台。

2. 推进生产要素市场化

从产业优化升级的角度出发，发挥市场在资源配置中的决定性作用，推进要素市场化；加快实现劳动力的市场化，为劳动力自由流动和劳动力效率提升创造条件；打破劳动力市场的制度性分割，减少劳动力流动的成本，提高就业质量，使人们的就业更体面，更有保障；稳步推进利率市场化，为资本有效配置创造良好的制度安排；建立市场利率定价自律机制，对金融机构自主确定的货币市场、信贷市场的市场利率进行自律管理；同时，进一步丰富金融机构市场化负债产品，为稳妥有序地推进存款利率市场化创造条件。[14]

3. 逐步培育自主创新能力

通过创新增强产业的吸收能力，更好地吸收国外的引进技术，以国内技术创新促进我国整体产业竞争力的提升。促进技术引进与技术创新两种方式融合推进，把引进技术和开发创新结合起来，强化技术引进与消化吸收的有效衔接，注重引进技术的消化吸收和再创新。要把发展高新技术产业和改造传统产业结合起来，实现传统产业结构优化和技术升级；把整体推进和重点扶持结合起来，培育技术引进和消化创新的企业主体；把提高引进外资质量和国内产业发展结合起来,鼓励外商投资高新技术企业发展配套产业,延伸其在我国的产业链。

(二)建立以政府为中心的创新技术综合平台

建立以政府为中心的创新投入体系,通过多种体系建设适应技术创新的综合性平台,改进和完善评价体系,规范基础研究的评价工作,在国家层面上统一规划、协调科研基地和基础设施的地域分布。

1. 培养具有创新精神和创新能力的人才

根据国家科技发展规划,按地区、行业制定人才培养战略规划。灵活驾驭知识和具备较强社会适应能力的新型人才培养;发现人才、培养人才、吸引人才和稳定人才,为他们充分发挥才能创造宽松的条件,大力提倡创新教育,构筑以基础研究为核心的创新平台。

2. 构建产学研相结合的科技创新体系

构建产学研相结合的科技创新体系,不断完善促进产学研相结合的政策环境,研究制定促进产学研相结合的税收优惠政策,形成以市场为导向的科技创新成果转化系统。

(三)积极引导居民消费升级

通过消费升级推动产业结构优化,发挥国内市场需求的导向作用,通过引导居民消费升级推动国内产业结构优化调整。确保居民收入增加,重视研究适应消费需求的扩大和升级。建议提高个人所得税起征点,调整和完善收入分配政策。

调整消费倾向和消费方式,大力提倡文化教育、旅游、娱乐、保健等消费,不断扩大消费领域,推动信贷消费的发展,提高信贷消费的比重。要完善社会保障制度,加大健全农村保障制度的力度。高度重视农村市场,改善农村消费环境,建立健全农村市场的商业网点,全面搞活农村市场流通,让工业消费品能够更灵活顺畅地进入农村市场。

第二节　黑龙江省产业结构调整存在的问题及原因

一、加强六大产业群与产业结构升级的矛盾

(一)振兴东北老工业基地战略的机遇

东北地区是我国近代工业起步较早的地区之一,经过新中国成立以后特别

是"一五""二五"时期的大规模经济建设，基本形成了以钢铁、机械、石油、化工、建材、煤炭等重工业为主体的基础设施比较完善的工业基地，为经济的发展做出过巨大贡献。然而改革开放以来，尤其是实行社会主义市场经济以来，东北老工业基地的经济发展却遇到了前所未有的困难。

党的十六大做出了"支持东北老工业基地的调整和改造，支持以资源开采为主的城市和地区持续发展"的重大战略部署，是我国"新世纪新的发展阶段中重大而紧迫的任务"等。一系列政策与措施的出台为东北老工业基地的调整改造创造了千载难逢的历史机遇，东北经济发展面临着有利的发展机遇。

1. 从国际环境看

东北地区地处东北亚经济圈的中部，不仅具有得天独厚的地理位置，而且具有丰富的自然资源、雄厚的工业基础和密切的内部联系，还与东北亚各国在历史上形成了广泛的经贸合作关系。当前经济全球化趋势深入发展，世界经济持续复苏。从总体上判断，世界经济已经走出了近年来增速放缓的阶段，开始步入新一轮增长期。这为老工业基地经济发展、改革开放创造了良好的外部环境，有利于东北地区更大范围地利用国际市场和国际资本、人才、技术和市场等资源，调整优化产业结构，推进产业重组，实现经济的更快发展。

2. 从国内环境看

我国正处在工业发展中期阶段，工业化开始向深度加工化阶段转换。"十二五"时期我国工业化呈现总量上的规模扩张和份额提高，结构上的"重工业化"和"深度加工化"，发展路径上的传统工业化和新型工业化并存等特征。东北老工业基地的优势产业既符合国家宏观调控政策，又与全国新一轮经济增长点相一致，面临着广阔的市场需求空间。建设社会主义新农村、大力发展现代农业、全面深化农村改革、千方百计增加农民收入等一系列政策的出台也为我们这样的农业大省提供了难得的发展机遇。

3. 从宏观政策看

国家在完善社会保障体系、解决历史遗留问题、改造重点企业、建设重大基础设施和发展现代农业等方面给予了东北大力的支持。支持东北老工业基地振兴的政策相继实施，支持重大装备制造业发展，加大石油、煤炭等行业技术改造的投入，选择煤炭、森工、石油等陷入困境的资源型城市进行，并建立资源开发补偿机制和衰退产业援助机制试点。

4. 从东北地区内部发展环境看

东北老工业基地振兴开局良好，东北地区经济增长速度加快，经济效益明显提高。消费结构和产业结构升级，工业化和城镇化进程加快，经济社会发展具有很大的增长潜力，社会主义市场经济体制逐步完善。为加快发展营造更好的体制环境，国有企业改革不断深化，非公有制经济进一步发展，为经济增长注入了新的活力。固定资产投入大幅度增加，开放程度扩大、水平提高，对经济增长的支撑力增强。

（二）黑龙江省六大产业群

黑龙江省振兴老工业基地的重点是装备、石化、能源、食品、医药和林木加工六大产业基地，而这六大产业基地发展的基本上都是传统产业。虽然六大产业基地是黑龙江省的传统优势，也的确存在一定的发展空间，而且对全国的经济发展确实很重要。但是，振兴东北老工业基地不能单纯地理解为重新振兴东北的传统产业，应该注意到这些传统的优势产业正日益成为黑龙江省经济发展的障碍。随着高新技术产业和服务业的迅猛发展，黑龙江省的大多数传统产业已经进入成熟期或衰退期，其发展空间已经越来越小，经济效益也越来越低。

1. 传统资源型产业已经丧失了比较优势

由于多年的粗放开采和使用，黑龙江省煤炭、森林、石油资源储量大大减少，开采成本逐年上升、资源枯竭压力大，使得这种建立在资源基础上的采掘业的发展举步维艰，采伐只能继续大量地耗费能源和资源，并产生大量的污染和对生态环境的破坏，获得微薄的经济收益。

2. 传统优势产业市场份额日益萎缩

传统优势产业竞争力低下，市场份额日益萎缩。在市场经济体制下，产业的发展关键就在于其竞争力的大小，具有竞争力的产品是提高市场占有率的保证。目前黑龙江省市场占有率高的仅有石油天然气采选业。

3. 技术老化，产品科技含量低

不少工业企业的产品品种和品质都严重与市场脱轨，无法满足市场需求，造成了亏损和积压严重。多数国有企业的技术装备老化，产品的科技含量低，初级加工的产品多，精深加工的产品少。高附加值、高技术含量的产品比重低，质量难以保证。这些因素使得黑龙江省具有优势的传统产业优势逐步丧失，原来颇具市场的产品也正在逐步地失去市场份额。

（三）振兴东北老工业基地战略的挑战

率先在黑龙江、吉林两省实行全面免征农业税政策，扩大东北地区粮食生产补贴范围和规模，加大对东北老工业基地国有企业政策性破产的支持力度，率先在东北三省试行了增值税转型试点和企业所得税优惠政策。对东北地区八大重点行业企业购进、租赁固定资产等所含增值税实行抵扣，降低资源税税额标准等。这些优惠政策将对东北地区吸引国内外投资，集聚域外资本、人才、技术，攻克体制性问题，突破结构性矛盾，加快发展振兴步伐起到积极的促进作用。

1. 环境压力大，资源趋于枯竭

对资源的长期开发导致东北老工业基地采掘和原材料工业的优势逐渐消失，环境问题日益严峻，许多资源开发性城市面临转型的困难。由于老工业基地的区域经济结构是以农业、自然经济、森林和矿产资源开发为依托的，自身的工业生产基本上是靠生产要素的高投入、资源与能源高消耗、废弃物的高排放的重工业型结构，随着资源的不断开发，东北地区的煤炭资源、石油资源、木材资源等优势已经大为减弱。

2. 经济增长缺乏动力支撑

改革开放以来，尤其是实行社会主义市场经济以来，东北老工业基地原有的经济发展模式成为其经济发展的障碍，经济增长速度远远落后于东部沿海地区。从东北地区 GDP 占全国的份额来看，东北地区 GDP 由改革初期占全国的 14.3% 下降到 2001 年的 11.25%，2012 年这一指标降为 8.3%，2013 年和 2014 年均为 7.6%，东北地区 GDP 占全国的比重与改革开放前相比存在很大差距。

3. 所有制结构不合理，经济效益低

由于长期搞资源开发和产品的初加工这些传统产业，老工业基地的工业经济形成了复杂产品制造与初级产品加工并重、最终产品少而中间产品多的局面。体制与产业两方面问题的结合，更加限制了市场经济成分的成长和壮大。

从所有制结构上看，老工业基地国有经济比重过高，公有制实现形式单一，国有企业人员冗余，非公有制经济比重偏低，民营经济发展相对落后。从产业结构上看，东三省地区的一个普遍特点是重工业偏重，轻工业偏轻，传统产业所占的比重较高，而具有广阔前景和巨大发展潜力的第三产业特别是现代服务业以及高新技术产业却发展缓慢，缺乏对经济增长的带动作用。

4. 技术更新缓慢限制自主创新

东北地区工业企业的设备老化，技术陈旧，长期以来未得到系统改造。大部分行业技术开发能力普遍薄弱，在先进生产工艺开发和高新技术产品研制方面严重落后，原始创新能力和集成创新能力不强，缺乏核心技术和自主知识产权。生产主要依靠传统工艺技术，先进的专业技术装备依然需要引进。这样落后的技术装备已经很难再生产出现代市场需要的产品。多数国有大中型企业生产的产品以初级产品为主，而技术含量高、附加值高的精深加工的产品少。

5. 企业负担沉重

企业社会负担过重，各种非生产性支出，如职工住房、医疗等，占据流动资产现象十分普遍。“企业办社会”是老工业基地普遍存在的体制上和机制上的通病,这不仅使企业背上了沉重的经济负担,直接影响和制约了企业的生存和发展,而且使职工生活保障负担沉重。在市场竞争与结构调整的双重压力下,过去隐性失业的矛盾逐渐凸现。下岗、失业人数大量增加,社会保障任务艰巨,地方财政压力大,很难承担。企业不得不负担这个压力,这在很大程度上限制了企业的发展。

(四)产业结构升级与六大产业群的矛盾分析

产业结构升级,也称产业结构高度化,是指产业结构从较低级形式向较高级形式的转换过程。产业结构的演变是一个有规律的经济发展过程,它从低级到高级的发展是经济发展的客观要求。产业结构升级不仅能培育出一批新的经济增长点和具有高增长潜力的新产业,而且可以为现有的产业创造新的需求。产业结构升级主要表现在以下几个方面:

1.产业结构的高度加工化

产业结构的发展是从工业结构中以加工程度比较低的轻纺工业、原材料工业为重心向以加工程度比较精深的制造业为中心的方向发展的,也可称之为产业结构的高度加工化。这是工业化发展到一定阶段出现的一种普遍趋势。制造业一般具有产业前后向关联度大、带动性强、市场前景好、增长潜力大等优点。制造业是现代技术的载体和转化的中介,是国民经济的重要支柱和带动经济迅速增长的重要动力,是推进产业结构升级的重要手段,是支持我国实现工业化、现代化的原动力。

2.产品的纵深化和优质多样化

产业结构是随着附加价值更大以及需求收入弹性更大的产业在产业结构中越来越占优势地位而发展的。随着社会经济的不断发展,市场需求的不断变化,产品结构也将由低档、粗放、单一的形态向高档、精深、多样的形态发展,即实现产品的纵深化、优质化以及多样化。

3.科学技术的发展推动产业结构升级

随着产业结构的高度化,产业结构的技术水平也越来越高,技术密集型、技术基础先进的产业越来越成为主导产业的发展方向。科学技术的发展是推动产业结构升级的重要因素之一,高新技术产业是提高国际竞争力、增强本国实力的重要支撑,也为传统产业的改造与升级提供了技术保证。随着产业结构的高度化发展,三次产业的发展趋势是第一、二产业的比重逐步下降,而以服务行业为主的第三产业的比重则越来越大。从产业的发展规律来看,各国经济发展基本是沿着“农业—轻工业—重工业—高新技术产业—服务业”的模式发展的。[15]

二、黑龙江省产业衰退的调整和治理

（一）产业衰退的现状

黑龙江省作为国家的老工业基地之一，作为全国商品粮基地、重工业基地、林业基地，曾拥有过辉煌，创造过奇迹，被誉为“共和国长子”。采掘业在黑龙江省的经济增长中占据着举足轻重的作用。经过半个世纪的开发，在计划经济向市场经济转轨的过程中，黑龙江省的经济效益下滑、工业生产步履维艰，部分产业工人离开原有工作岗位，林业、煤炭、石油等资源开始直面“高度衰退”和“严重匮乏”。林业、煤炭产业等资源型产业已经进入产业发展的衰退阶段。黑龙江省产业衰退区域存在的主要问题主要有以下几个方面：

1. 支柱产业单一，缺少替代产业

黑龙江省的矿业城市都是依托于当地独特的煤炭、森林等资源状况兴起和建成的，其产业结构整体框架的最初形成也是根据当地资源情况建立的。采掘业在其产业结构中占据主导或支柱产业的地位，产业结构单一。产业链条短，原字号产品多，中高端产品少。有的资源性城市虽然发展了资源的延伸产业，但是这些产业大多数规模小、布局分散、技术水平较低、产品档次不高、经济效益差、缺乏市场竞争力，难以弥补采掘业下降带来的增长缺口。由于这些城市过分地依赖采掘业，经济稳定性一般比较差，一旦资源枯竭就会对城市产生破坏性的影响。

2. 后续资源严重不足

由于长期的大规模开采、超负荷承担国家煤炭、木材生产和调出任务，目前，许多的矿业城市所拥有的可供开发的后备煤炭、林木资源已经不多，有的甚至已经接近枯竭。以我国最大的森林工业基地伊春为例，总蓄积量和可采蓄积量由开发初期的4.28亿立方米和3.2亿立方米下降到2.1亿立方米和610万立方米，总蓄积量下降了51%，可采蓄积量下降了98%，下属16个林业局已经有12个林业局无林可采。四大煤城浅部煤层大多开采完毕，资源面临枯竭。

3. 企业经济效益低，竞争能力不强

企业社会负担沉重。“企业办社会”一直是资源型城市存在的体制上和机制上的通病，矿业企业既要承担生产、建设任务，同时又要承担社会建设任务，成为集生产、经营、文教、卫生等职能为一体的综合性行业，销售利润很难抵消营业外支出。“企业办社会”成为企业沉重的经济包袱，会严重制约企业竞争力的提高。

4. 生态环境压力难以实现可持续发展

许多资源型城市,由于不合理的开采方式和治理滞后,诱发了一系列环境问题,并有逐年加剧的趋势。过度依赖开采煤炭、森林资源,导致资源枯竭的压力日益加大。乱砍滥伐造成水土流失面积增加、沙漠土地化扩大、林木蓄积量减少,可采森林资源枯竭,森林生态功能严重衰退。“先破坏再治理”的不合理开采方式,造成了部分煤城生态环境被严重破坏,如开采沉陷、抽排水、排放瓦斯等有害气体和固体废弃物,占用和破坏耕地林地等。部分工农业资源濒临衰竭,若不采取有效的环境保护措施,将严重威胁到这些城市的生存和发展。

(二)产业衰退形成的原因

随着科学技术的进步,产业的替代性越来越强,技术创新落后的产业将被技术创新先进的产业淘汰。一般来说,技术进步快、创新能力强的产业,往往比技术进步缓慢、创新能力弱的产业的产品具有优势,也更具市场竞争力。技术进步慢、创新能力弱的产业将发生衰退,逐渐退出市场。

1. 产业结构的演变规律

工业基地在发展一定阶段后,出现相对衰退,这是普遍存在的现象。一些主要发达国家的老工业基地,在经济发展阶段都出现过类似的经济衰退的情况,表现出极为相似的共性,反映了工业化进程的一般规律。技术进步或技术创新产生了替代产业。消费结构的变化是产业衰退的重要原因,需求是供给目标的拉动力,消费需求是社会总需求中份额最大的部分,是产业演进的主要推动力。随着人们收入水平的提高,人们的消费结构发生了变化,享受资料和发展资料的需求增多,老工业基地的供给结构无法适应新需求结构的变化,必然逐步衰退。

2. 产业比较优势的丧失

产业比较优势的丧失是随着该地区自然禀赋条件的下降产生的,如采矿业和冶炼业,由于资源品质下降或资源枯竭使产业失去原有的优势,趋于衰退。自然禀赋是区域分工和地区产业结构的自然基础,在计划经济时期,初级品生产区域是要素流出区,以加工为主的区域是要素流入区。

黑龙江省的煤炭产业、森工产业就面临这类衰退。初级产品的附加值低而加工产品的附加值高,因此加工产品区域形成发达区域,而初级品生产区域因资源衰竭而形成落后区域。尤其是新兴的产业纷纷向新工业基地聚集,形成新的工业基地,老工业基地与之相比,必然出现逐步衰退的趋势。

3. 所有制结构单一,国有企业比重偏高

国有经济在社会总资本中的比重过大,在衰退区域经济总量中占有较大比重。大部分企业为国有独资的性质,企业管理机制没有从根本上摆脱计划经济体制的束缚,企业条块分割,政企不分,所有权与经营权不清晰,缺乏经营自主权,存在着平均主义、大锅饭现象,缺乏有效的激励约束机制,严重影响企业经营者和生产者的积极性,制约了企业的发展。国有资本运行效率低下,从行业的整体情况来看,国有企业的资产负债率普遍高于行业平均水平,国有工业企业增加值与净资产的比值低于行业平均水平。

4. 传统经济体制束缚产品结构调整

黑龙江省是最早进入计划经济、最晚退出计划经济的地区之一,是受计划经济影响最大的地区。在传统的计划经济体制下,由于企业缺乏自我更新的发展能力,其发展和改造主要靠国家投入,一旦国家投资倾斜的重点转移,原有的工业基础必然会产生损耗,势必日益走向老化。

黑龙江省的煤炭、森工产业结构单一化。同时企业缺少自己的产品开发和技术创新能力,整体上又没有形成促进产学研相结合的机制,没有形成自己的核心技术,项目建设与产品开发依赖于分头引进和模仿。企业技术改造跟不上,生产装备和技术落后,产品质量既未达到优质名牌,又难以生产低成本、高档次的产品,多为中间档次和缺少科技含量的初级产品,产品结构单一,缺乏市场竞争力。

第三节　黑龙江省产业结构配置与优化

一、黑龙江省在区域经济中的地位与分工

(一)俄、日、韩对黑龙江省产业结构的影响

俄罗斯一直是黑龙江省对外经济贸易的重点地区。“十二五”期间,黑龙江省对俄贸易由2000年的13.7亿美元上升到2014年的140亿美元左右,同时,中俄两国高层互访不断,双方确定到2010年双边贸易额达到600亿~800亿美元。而“十一五”开局之年即被两国定为中国俄罗斯年,这些都为黑龙江省对俄经贸科技合作战略升级、实现“十二五”发展目标提供了现实基础。黑龙江省抓住对俄改变贸易结构的有利时机,对黑龙江省产业结构、产品结构调整的影响主要体现在以下几方面:

1. 有利于发展现代农业

俄罗斯第一产业的特点有利于发挥黑龙江省的比较优势,推进农业和农村经济结构调整,促进优质粮食、绿色农产品和畜牧养殖业的发展生产,加强农业

基础设施的建设,加快农业科技的进步,促进农业产业化经营,发展外向型农业,提高农业综合生产能力和可持续发展能力。以俄市场需求为导向,加快建设对俄农产品出口基地,切实增强对俄市场占有率。加快以边境口岸地区为主的区域型对俄农产品出口基地、以内陆市县为主的对俄农产品加工基地和境外农业综合开发基地建设步伐。重点抓好绿色、有机和无公害粮食、蔬菜、瓜果、肉、蛋、奶等生产基地建设。

2. 有利于快速发展轻工业

俄罗斯轻重工业发展比例失衡,因此,结合黑龙江省老工业基地调整改造,加快以轻纺产品、家电、农副产品为主,产业优势突出的对俄出口加工基地建设,建立与俄森林资源开发利用长期合作关系。以木材贸易为先导,以森林资源开发为中心,以双边、多边合作为基本方式,重点发展林产工业对外合作,开展林产工业对俄合作,实现境内外林、浆、纸及木制品产业化。

3. 韩国对黑龙江省产业结构的影响

从韩国与黑龙江省的生产要素分布和产业结构动态发展趋势来看,形成了垂直分工的状态,具有互补性。从产业结构看,韩国高于黑龙江省,也高于我国全国水平。韩国对黑龙江省产业结构的影响主要体现在两个方面:

(1)在贸易方面,近年来韩国已成为黑龙江省最重要的贸易伙伴之一,就黑龙江省产业结构分布而言,韩资主要分布在第二产业,其次是服务业。投资前几位的产业有制造业、建筑业、批发和零售贸易及餐饮业等。韩国对黑龙江省增加了直接投资,从而带动了贸易结构的变化。

(2)黑龙江省产业结构得到优化,资源和其他生产要素的生产得到开发,就业增加,工业化水平得到提高,从增加要素出口中获取比较利益。韩国则可以进口更廉价的生产要素,出口更多的技术和设备,增加就业,也由此得到比较利益。

4. 日本对黑龙江省产业结构的影响

日本是东北亚地区唯一的世界经济大国,工业和国民生产总值均居世界前列。日本服务业发达,第三产业产值占国民生产总值的70%以上。其工业体系完整,工业结构为知识、技术密集型。近年来,日本企业对黑龙江省进行的直接投资,有利于黑龙江省改造升级传统优势产业,延长产业链,承接日本的产业、资金和技术转移,加快现代装备制造业、医药、能源、化工等工业基地的形成。另外,日本的资金和技术优势可以通过并购等方式参与我国国有企业的改造,优化所有制结构,为黑龙江省产业结构进一步调整升级奠定基础。

(二)黑龙江省在东北老工业基地中的地位与分工

黑龙江省在东北老工业基地中的角色主要体现在,黑龙江省是石油化工、煤炭等能源的生产、集散和储备基地,是绿色食品和有机食品的原料供应基地,是发展对俄边境贸易的前沿阵地,引进并利用能源、技术和人才是调节东北地区生态环境的重要保障。

1. 黑龙江省在振兴东北老工业基地中具备的有利条件

黑龙江省城市化水平在全国居第二位,人口压力相对较小,据 2014 年统计,全省常住人口 3 800 万左右。黑龙江省自然资源丰富,耕地面积、林地面积和石油储量居全国首位,煤炭、水资源等自然资源丰富,深度开发潜力巨大。生态环境良好,具有发展生态旅游、绿色食品产业的良好基础。黑龙江省与俄罗斯边境线长达 3 038 千米,国家一类开放口岸 25 个,发展对俄经济技术合作的优势明显。综合经济实力强。黑龙江省具有得天独厚的农业生产条件,粮食综合生产能力 300 亿千克左右,商品率 60% 以上,是我国重要的商品粮生产基地。产业基础雄厚,机械、石化、食品三大传统支柱产业不断壮大,能源、森工、医药等产业集群初具规模,电子信息、生物技术、新材料三大新兴产业发展较快。

2. 黑龙江省在振兴东北老工业基地中的角色与分工

发展装备制造业产业群,建设现代化装备制造基地。以重大项目为依托,采用高新技术和先进适用技术改造大型骨干企业,加快重点产业专业配套协作生产体系建设,增强自主开发和创新能力,实现以哈尔滨、齐齐哈尔为重点的装备制造产业集聚。发展石化工业产业群,建设国家一流的石化工业基地。充分利用石油、天然气、粮食、煤炭等资源优势,加快科技创新体系建设,积极开发在国内外具有竞争力的核心技术、核心产品。加强与中石油公司合作,实施"以化补油"战略,延长产业链,发展精细化工,加速构建以大庆为龙头的哈尔滨、大庆、齐齐哈尔、牡丹江石化产业带,将大庆建成国内一流、国际上占有重要地位的大型石化基地。

3. 发展能源和绿色食品工业产业群

发展能源工业产业群,建设东北地区能源基地。加大原油勘探力度,寻找外围油气资源,研究推广采油新技术,提高原油采收率,努力增加原油产量。发展绿色、特色食品工业产业群,建设全国重要的食品工业基地。发挥生态资源优势,加快食品工业产业升级步伐,大力发展农产品深加工产业,延长产业链,提高农产品转化程度和精深加工比重。健全以有机食品、无公害农产品等绿色、特色食品为主导的新型食品工业体系和食品安全检验检测体系,建设全国最大的绿色、特色食品工业基地。

4. 发展森林工业和医药产业群

发展森林工业产业群，建设我国重要的森林工业基地。加快林业管理体制改革，培育林业生态和林业产业两大体系，调减天然林资源采伐量，大力发展以纸浆原料林、大径级用材林为主的速生丰产林。加大市场开发力度，壮大优势企业，培育知名品牌，加快发展林区接续产业和替代产业，重点发展林板、林纸一体化和家具制造。发展医药工业产业群，建设我国“北药”生产基地。以哈药集团为龙头，以医药园区为重点，推进医药企业规模化、集群化发展。加大“北药”开发力度，增强自主开发能力，强化知识产权保护，把黑龙江省建成医药强省。

二、黑龙江省产业结构优化方案

（一）建设以先进装备制造业为主的工业基地

积极发挥黑龙江省的比较优势，应用高新技术和适用技术改造和升级传统产业，延长产业链条，改善产品结构，提高产品附加值，重点发展装备制造、能源、医药等产业群。通过政府制定中长期的发展规划，明确制定并实施知识、技术密集的先进装备制造业战略，制定有利于装备制造业发展的政策体系和激励措施。以电站成套设备制造、重型机械设备与数控机床、轿车与飞机及其发动机、军事装备、精密复杂刀具和高速重载轴承、大型农机和工程机械等重大技术改造项目和工程项目为依托，强调产业配套协作生产体系的建设，鼓励国内外企业和科研院所合作，逐步形成较强的国际竞争优势和竞争力，在应用高新技术和适用性技术改造、升级国有大中型企业的基础上，鼓励民营企业进入装备制造业领域与国有企业公平竞争，发挥市场机制的基础性作用。

（二）大力发展现代服务业，促进服务业结构升级

黑龙江省应该大力发展生产型服务业，促进服务业部门结构的优化、升级和整体水平的提高，进一步提升服务业的竞争力，进而与第一、第二产业形成良性互动，这是黑龙江省产业结构调整的一个关键点。

1. 建立现代化服务体系

黑龙江省政府应该明确提出现代生产型服务业发展规划，肯定现代服务业在黑龙江省经济持续发展中的重要地位。以市场为导向，以企业为载体，以知识与技术密集、高附加价值为原则，重点发展具有龙江特色的旅游业，加强景点和旅游基础设施建设，改造交通运输、邮政通信和商贸流通等传统物流业。加强物流、仓储体系建设，发展社区服务业，金融保险、房地产、咨询等中介服务业。

2. 制定现代化服务标准

加大对服务业的制度创新，打破服务业部门的行政垄断经营格局，去除各种政策和体制障碍，降低非公有制企业进入壁垒。依据服务企业的资质和服务标准，建立规范、统一、公平的进入与退出制度。保证公有制和非公有制企业的公平待遇，引入市场机制，一方面加快公有制企业的改革，另一方面逐渐向非公有制企业全面开放，协调产业内部部门之间、产业之间的发展速度，增强产业内部部门之间、产业之间的联系。

（三）加强农业的战略地位，调整农产品结构

农业一直是黑龙江省具有一定特色的优势产业，黑龙江省是全国重要的商品粮基地。黑龙江省农业自然资源和生产基础较好，应在此基础上，加大对农业的投入，加快科教兴农的步伐。

1. 制定保护和扶持农业发展的政策

政府应制定保护和扶持农业发展的政策，优先保证农业信贷投资的数量，拓宽资金投入的渠道，弥补农业生产所需资金的不足。优化投资方向，加大科技投入，利用科技改造传统农业，实现农业现代化。延伸农业产业链，使农产品在农业领域反复增值，大幅度提高农业经营者的经济效益，提高农业劳动生产率。

2. 调整农业产业结构，提高产品的附加值

农业产业结构始终是黑龙江省产业结构调整的重点领域。应调整农业产业结构，围绕主导产业，重点扶持农业产业化龙头企业发展。为进一步支持农业产业化发展，农村金融部门对主导产业中的龙头企业，加大资金支持力度，努力扩大农户小额信用贷款和农户联保贷款。同时，适应农业、农村经济结构调整的要求和农民的实际需要，不断创新支农服务方式。调整产品结构，大力培育具有比较优势的、高科技含量、高附加值的农产品。创造农产品的品牌价值，实施名牌战略，提高产品的附加值。

3. 调整农民收入结构，积极拓展农民收入来源

将农民的收入来源从单纯的第一产业向第二、三产业转移，从单纯的粮食生产向经济作物和副业转移。积极培育和发展农村工业企业，实现第一、第二产业的结合，发挥农业是工业的重要原料来源的优势，有效地降低成本，提高企业的经济效益。

（四）推动区域合作，实现可持续发展

黑龙江省在区域市场竞争的基础上，进行广泛密切的经济合作。优势互补，鼓励各产业中的企业跨地区进行联合、兼并等多种形式的合作方式。在产

业分工的基础上，减少重复建设与资源浪费，获得产业发展的规模经济，实现黑龙江省产业结构在区域经济一体化中的动态调整、优化和升级。

1. 重点发挥国务院振兴东北办的指导协调作用

国务院振兴东北办成立的目的就是为振兴东北老工业基地服务，其主要工作职责就是研究并提出有利于东北振兴的政策建议，协调整个东北地区的经济发展。既保证黑龙江省经济的健康、可持续发展，又保证东北地区协调发展的目标，符合国家的经济发展政策。

2. 成立东北三省自助协调部门

东北地区经济发展离不开地区间的经济协作，只有通过经济协作才能不断促进区域间的产业分工、合理交换和联合协作，建立起统一、开放的市场体系，形成真正意义上的物流、人流、资金流，实现老工业基地区域经济一体化，增强区域经济的竞争力。

第四节　基于可持续发展的黑龙江省产业结构调整的建议

黑龙江省产业政策主要由产业结构政策、产业组织政策、产业技术政策和产业布局政策组成，各类政策之间相互关联、相互促进。应进一步调整产业结构，以产业组织优化保证产业结构优化，以产业技术政策带动产业结构优化，以产业布局政策促进产业结构优化。

一、产业结构政策引导产业结构合理化

黑龙江省产业结构存在大量的突出矛盾和待解决的问题，东北老工业基地的改造与振兴战略又给黑龙江省产业结构的调整和优化带来了机遇，在区域经济一体化的大趋势下，这种产业结构调整的必要性和可行性并存为我们制定产业结构政策奠定了基础。

（一）推动工业化是产业结构政策的重心

黑龙江省的工业经济经历了从辉煌到衰退的历史沿革。作为全国著名的工业基地之一，黑龙江省在计划经济时代曾有过辉煌的过去，改革开放以来，黑龙江省经济也有了快速发展，但与发达省区相比则明显落后，一些结构性矛盾日益严重。但是，工业始终是黑龙江省的优势产业。

1. 加快国有企业改革,建立科学的产权制度

黑龙江省的经济行政化程度高,观念落后,体制和机制创新能力不足。在走新型工业化道路的各项措施中,制度创新是关键。如果不建立起与市场经济体制相适应的各种制度和规范,即使国家投入再多的资金,上再多的项目,也难以启动黑龙江省经济发展的引擎并取得预期效果。我们要重点加快国有企业的改革,弥补原有制度的缺陷,消除制约黑龙江省经济发展的因素。加快产权制度改革,建立健全国有企业出资人制度,同时加快政府职能转换,与机构改革同步推进。

2. 充分发挥黑龙江省的比较优势,大力发展现代装备工业

黑龙江省要认清并利用好自身优势,大力发展优势产业,走出一条有黑龙江省特色的新型工业化道路。首先要发展优势产业。黑龙江省的优势产业是重工业,在重工业中,又以装备工业为重中之重。装备工业被称为整个工业的母机,是国家工业现代化的基础和经济实力的集中表现。但是,由于国有大型装备工业企业存在着机制落后、设备陈旧、债务沉重等诸多问题,使得黑龙江省的装备工业并未真正体现出自身的优势。黑龙江省立足改革,加大装备工业投入,明确提出要把黑龙江省建成国家重要的现代装备制造业基地。优先发展新型农业装备、新型多用途飞机和直升机、环保设备、精密轴承 4 种优势装备,积极发展和培育新型工业电池等高新技术装备。

(二)有重点地加强服务业的发展

黑龙江省具备竞争优势的第三产业主要包括批发零售、交通运输、餐饮、旅馆等传统的服务业。这些行业能够较强地吸纳劳动力,市场化程度较高,竞争充分,自主发展能力强,是第三产业发展的主力军。

1. 重点发展旅游业,扩大辐射带动能力

黑龙江省应把旅游业作为支柱产业加快发展。围绕建设夏季清凉世界、冬季冰雪世界,打造精品旅游线路,发展特色鲜明的冰雪旅游、休闲避暑度假旅游、边境旅游、温泉旅游、工农业旅游、会展旅游和"红色旅游"。实施区域旅游合作,与吉林延吉、长白山、图们及内蒙古东部等景区共同成为东北地区夏季避暑生态旅游集合区,实现区域旅游业共同发展。

2. 大力发展现代服务业

黑龙江省服务业的发展必须严格按照加入 WTO 的承诺对外开放,不仅包括金融、保险、贸易、零售商业、房地产等外资已经进入较多的行业,而且包括通信、会展、旅游、专业商业服务等众多以往开放程度较低的行业。一方面,我们要做好对外的应对准备,另一方面,要使对外开放与省内经济发展很好地协调

起来,促进黑龙江省服务业的发展。

(三)加快金融体系改革,促进民营经济的发展

民营经济是我国未来市场经济的主体,民营金融将是我国未来金融业的主体,黑龙江省政府管理部门要未雨绸缪,定准方向,制定出在现有的金融监管格局下发展本地区民营金融机构的战略和步骤。

1. 吸收民间资金入股非银行金融

国家允许民间资本进出的金融机构,一定程度上能够缓解黑龙江省个体私营经济及中小企业融资难的困境。应积极争取引导外资金融机构入股黑龙江省的城市商业银行,引进先进的管理技术和人才,抓住民间资金可入股非银行金融机构的时机。

2. 依靠金融改革完善民营金融服务水平

依靠金融改革促进民营经济发展,完善金融服务水平,有利于民营经济的金融组织体系发展。建立民营经济信贷部门,相应调整信贷结构,确定合理的民营经济增量指导计划,稳步加大对民营经济的信贷投放。规范民间借贷活动,使其在健康有序的运行中为民营企业特别是个体工商户提供全面优质的金融服务。

二、产业组织优化带动产业结构优化

针对黑龙江省的情况,调整产业组织政策,深化国有企业和国有资产管理体制改革,以产业组织优化保证产业结构优化,形成各产业之间以及产业内部的合理、有秩序的竞争,建立规范的现代市场经济体系,提高黑龙江省经济增长的效率,促进经济的稳定、持续发展。

(一)引导产业结构的合理化

黑龙江省的市场结构是多重的,市场的产业集中度普遍偏低。一些该集中的产业没有得到真正的集中,同一行业的企业数量多、规模小、市场占有率低,产品差别不大,加上转轨期间市场发育不成熟、市场规则不健全、市场竞争秩序不规范等原因,企业之间难以形成有效的竞争,造成了过度竞争和无序竞争。优化黑龙江省的市场结构应该从以下几个方面入手:

1. 转变政府职能,加强宏观调控

地方政府不再直接干预经济发展,应该对黑龙江省产业集中化给予充分的政策扶持,并提供一个良好的竞争环境,政府的投资范围应严格限制在基础产业,退出一般性竞争产业。通过制定市场规则,加强监管,消除竞争秩序的非稳定性、竞争环境的不完善性及竞争规则的不确定性,从而实现有效竞争。

2. 整合市场资源,提高市场组织化程度

大力发展和完善市场中介组织。随着市场经济的发展和市场对非公有制经济的全面开放,私人投资的比例将逐渐提高。但由于缺乏投资决策引导、信息咨询和正常的市场保护,不利于形成合理的市场结构。分散、小型、低组织化是制约商品市场发展的重要因素。在开放的市场环境下,面对省外和国外商业资本竞争的挑战,必须加强对市场资源进行整合,提高市场竞争力,把深化体制改革与建立现代企业制度、现代产权制度有机结合起来。

(二)完善国有企业退出机制

由于黑龙江省市场体系不完善,要素市场培育和发展严重滞后,国有企业产权制度不明晰,适应市场经济要求的国有企业退出机制还没有完全建立,也不完善。国有企业在退出过程中,不仅存在经济性的巨大障碍,更主要的是面临体制性的严重约束,缺乏完善的适应市场经济要求的国有企业退出机制。

1. 明晰企业产权,实现政企分开

深化国有企业资产管理体制改革,明晰企业产权,实现政企分开。只有明晰产权,才能以追求利润最大化为企业目标。根据市场需求的变化、市场竞争的环境、所在产业的发展态势和企业的经营状况,及时主动地做出是否退出的决策。

2. 规范资本市场, 完善社会保障体系

发达的资本市场、规范的产权交易市场是国有企业退出机制得以有效运行的社会支持条件和保证。完善的社会化服务体系,功能齐全的法律、法规,规范的社会保障制度和市场交易行为,是建立统一完善的劳动力市场的重要组成部分。

(三)改革政府管制

黑龙江省提出了"着力推进行政管理体制改革,推进政府职能转变,健全政府决策机制"的政府管制改革战略,为黑龙江省未来的经济发展提供了制度保证。

1. 放松政府管制

实现政府职能由管制型政府向服务型政府转变,从投资型的经济发展型政府走向公共服务型的经济促进型政府,主要工作不是通过直接投资来发展经济,而是通过提供公共服务,制定公共政策,来为市场经济发展服务。

2. 健全管制法规,提高管制绩效

健全管制法规和管理体制,规范管制行为,提高管制绩效,加强人大审查能力、扩大社会参与。将行业管制立法的制定与立法的执行彻底分开,将主持立法的责任交给其他机构。真正做到“执法有保障,有权必有责,用权受监督,违法受追究,侵权须赔偿”。

3. 建立完善的社会信用管理机制

建立完善的社会信用管理机制,建立社会信用监督管理机制、失信惩戒机制,加快社会信用体系建设方面的立法,解决社会信用无法可依的问题。同时,还应加强全社会的社会诚信教育。

三、以产业技术政策带动产业结构优化

建立以企业为主体的技术创新体系,增强和提高原始创新能力、集成创新能力和引进消化吸收再创新能力,走新型工业化道路。以信息化带动工业化,应用高新技术和先进适用技术改造传统产业,推进工业结构优化升级。这是黑龙江省经济发展和产业结构调整战略中对产业技术政策的集中体现。

(一)以技术跨越实现产业技术进步

从长期来看,采取技术跨越战略,增强自我研发能力,使产业真正具有技术进步的动力和能力,逐步摆脱依靠引进产业技术进步和产业升级的被动局面。

1. 建立完善的技术创新体系

黑龙江省在经济、地理、环境、资源、文化、历史以及科技水平等方面的特殊性,形成了对科技需求上的地方性特点。黑龙江省当前存在的主要问题是,企业的科技资源严重不足,而尤为突出的是科技人才的缺乏。要将智力开发和人才管理作为一项十分重要的战略任务来抓,改变现行的把科研计划和人才培养计划分割开来的管理模式。采取对科研工作出成果、出人才这两大任务等同对待的办法,以改变过去只重成果、不重人才的片面做法。把完成既定科研任务和人才培养紧密结合在一起,有利于从更广阔的范围和流动发展的动态中,去发现人才和选拔人才。

2. 开拓多元化的投资渠道

开拓多元化的投资渠道,为高新技术产业发展提供基本保障,实施技术跨越式发展战略,加大政府在高新技术产业发展方面的政策引导作用。花大力气改善包括管理服务在内的各项投资软环境,大力引进省外的风险资金,并鼓励省内企业以合作制创办各类投资机构,按照资本市场的国际惯例进行高新技术的投融资运作。解决高新技术产业发展资金短缺而社会上闲散资金却很充足、高新技术企业资金不足而投资者却又找不到优秀项目的矛盾, 形成高新技术产业发展的多元化投资格局。

（二）以信息化带动工业化，促进高新技术产业的发展

黑龙江省的高新技术产业是以电子信息产品制造业为先导，以高新技术产业开发为背景的，高新技术产业开发区发展势态良好。但是，信息化人才缺乏，创新意识薄弱，科技与经济相互脱节，政府缺乏对信息资源网络的统一规划与管理，信息化程度较低。我们要以信息化带动工业化促进黑龙江省高新技术产业的发展。

1. 加快信息产业发展

信息产业是国民经济和社会信息化的支撑和保障。加快发展信息产业要建立全新的科技创新体制，推进信息技术的产业化步伐，加快培育从事信息技术研究、开发和产业化生产的企业，通过发展具有自主知识产权和品牌的通信、网络产品，提高黑龙江省企业信息化装备的能力。积极发展企业信息服务业，特别是发展信息网络服务业。

2. 推进信息技术的应用

积极推进信息技术在传统工业领域的广泛应用。黑龙江省的能源、原材料、农业特色加工、装备制造等工业企业应当率先利用信息技术进行改造，使资源优势转化为市场竞争优势。各工业企业要高度重视提高信息采集传输和利用的能力，发展网上采购、网上电子商务，提高黑龙江省整个工业系统运行的效率。

3. 培育和优化信息发展的外部环境

注重培育和优化与信息化推进和信息产业发展相关的外部环境。优化黑龙江省以信息化带动工业化战略实施的外部综合环境问题，需要国家加快信息化领域的法律法规建设，理顺各方面的关系，使黑龙江信息化推进和信息产业发展有法可依、依法推进、健康发展。

（三）处理好传统产业同高新技术的关系

大力发展、改造传统产业的目的是最终走向技术集约的高技术产业化阶段。推进产业升级不仅要在现有产业中培植具有竞争优势的产品，而且要进行产业创新，依靠技术进步，发展技术密集型的新兴产业。从区域经济整体发展战略的角度考虑，在现代高新技术迅猛发展的时代，使自己的经济模式和产业结构更加适应知识经济的要求，如果不充分重视高科技产业，很难在未来的国内、国际竞争中获得自己应有的地位。

1. 加快发展电子信息产业

创建黑龙江省电子信息产业集团军，克服体制和地区分割的束缚，跨越基础落后的障碍。改造生产、服务、经营、管理，实现跳跃发展。实现传统产业同

高新技术产业相互支撑、相互融合。依靠高新技术来改造和发展传统产业,使传统产业和高新技术产业互动式发展。

2. 寻找筹资渠道,加大科技创新的投入

资金短缺是黑龙江省老工业基地利用高新技术改造传统产业不可逾越的难题。应运用银行贷款解决国有企业改造资金,加强高新技术产业园区建设,促进传统产业的改造。高新技术园区的建设是黑龙江省传统产业改造的重要条件,对于整个园区来说就是招商引资,让外国的项目、资本、产品和企业直接进入园区。

(四)调整产业布局政策,促进产业结构优化

在一个经济区域内,产业梯度转移可以拓展辐射范围,增进产业结构的调整与优化。产业的适时转移,是高梯度发达地区产业结构调整的需要,有利于黑龙江省合理规划产业布局,推动本省经济的整体发展。

1. 通过城市化推动工业化

依托城市产业聚集优势,搭建工业发展平台,强化管理创优意识,建立和完善"条块结合,以块为主"的城管体制。着重整治占道经营、乱停乱靠等问题。实施"美化、绿化、亮化、净化"工程,全面加强对市民的文明素质教育,争取创建"全国优秀旅游城市",使城市发展环境日益优化,为推进工业化筑起良好的发展平台。

2. 通过工业带的发展带动全省经济发展

坚持改革、改组、改造相结合,推进企业整合重组,发展大企业集团,加快大企业适合社会化内部分工的社会化进程。积极培育和发展中小企业,抓好哈大齐工业走廊的支撑体系建设,合理开发利用水资源、土地资源和人力资源,搞好交通、能源等配套基础设施建设和生态环境建设。

把哈大齐工业走廊建成一个以高新技术为引领,多种产业相互协调配套,结构合理,集约发展,新体制、高科技、生态化、外向型的新型工业为主体的经济区域,增加就业和吸纳转移人口的空间载体,使其成为黑龙江省最大的经济和人口密集区,以带动全省经济社会的发展。

3. 处理好重点地区优先发展和各地区协调发展的关系

黑龙江省的经济发展应遵循协调、可持续发展的要求,实施以城市为中心和以工业带为推动力的重点地区优先发展策略。同时也不能忽视落后地区的发展,特别是对生态环境具有较大影响的地区,要在政策、资金等方面加以支持。既不能盲目地发展重点地区,使区域经济差距越拉越大,也不能搞平均主义,更不能为了实现落后地区的经济腾飞而破坏生态环境。

第六章　资源利用环保政策与黑龙江省经济增长

第一节　自然资源利用与环境保护的重要性

2015年3月6日，习近平总书记在参加全国两会江西代表团审议时指出，自然环境就是民生，青山就是美丽，蓝天也是幸福。要着力推动自然生态环境保护，像保护眼睛一样保护自然生态环境，像对待生命一样对待自然生态环境。对破坏自然生态环境的行为，不能手软，不能下不为例。2015年3月7日，习近平总书记参加黑龙江代表团审议时又指出：要加强生态文明建设，划定生态保护红线，为可持续发展留足空间，为子孙后代留下天蓝地绿水清的家园。绿水青山是金山银山，黑龙江的冰天雪地也是金山银山。

一、自然资源的内涵和利用

（一）自然资源的内涵

自然资源是自然物质经过人类的发现，被输入生产过程，或直接进入消耗过程，变成有用途的，或能给人以舒适感，从而产生经济价值以提高人类当前和未来福利的物质与能量的总称。

1. 自然资源的定义

狭义的自然资源只包括实物资源，即在一定社会经济技术条件下能够产生生态价值或经济价值，从而提高人类当前或可预见未来生存质量的天然物质和自然能量的总和。

广义的自然资源则包括实物性自然资源和舒适性自然资源。自然资源可分为：生物资源、农业资源、森林资源、国土资源、矿产资源、海洋资源、气候气象、水资源等。自然资源具有可用性、整体性、变化性、空间分布不均匀性和区域性等特点,是人类生存和发展的物质基础和社会物质财富的源泉,是可持续发展的重要依据之一。

2. 自然资源的内涵

自然资源是不需要人类劳动加工而自然存在的资源。传统经济学中作为生产要素之一的自然资源主要是土地,至多还包括地下的矿藏和地面上的森林、瀑布。所以第一个研究自然资源的经济学科是"土地资源经济学"。然而,随着科学技术的进步,大气、海洋与太阳都有取之不尽的财富,尤其是宇宙航天事业的发展打开了人们的视野,自然资源的范围已经远远超出了人类目前居住的地球,这预示着人类开发自然资源的无限光明的前景。因此,对自然资源的研究,不能局限于土地资源和人类目前居住的地球空间。

(二)自然资源的特性

自然资源的特性和其他生产要素的特性相比有本质区别,除了自然资源的再生相对比较困难外,还有如下明确的特征:

(1)数量的有限性指资源的数量,与人类社会不断增长的需求相矛盾,故必须强调资源的合理开发利用与保护。

(2)分布的不平衡性。自然资源存在数量或质量上的显著地域差异;某些可再生资源的分布具有明显的地域分异自然资源规律;不可再生的矿产资源分布具有地质规律。

(3)资源间的联系性。每个地区的自然资源要素彼此有生态上的联系,形成一个整体,必须强调综合研究与综合开发利用。

(4)利用的发展性。人类对自然资源的利用范围和利用途径将进一步拓展或对自然资源的利用率不断提高。

(三)自然资源的合理利用

自然资源与经济增长关系的研究是经济科学中的一个薄弱环节。自然资源具有相对稀缺、不容易再生和不可移动性,在经济增长中,应合理利用自然资源,避免破坏性利用、竭泽而渔,避免污染环境、破坏生态平衡。许多不合理的伐木造田、填海造田、开荒造田以及城市工业生产力配置失误所造成的恶果,是难以挽回,甚至是无法挽回的。

1. 自然资源的差别与天然条件有关

自然资源生产率的差别,与天然条件、生产要素、科学技术发展的水平有关,从历史上看,同等数量人口提供较高生活水平的能力不断提高,是因为科学技术是不断进步的,而科学技术水平的进步必然使自然资源的作用加大。从另一个角度看,自然资源的多少与经济增长的关系也有一定的因果联系,平均每人拥有的耕地面积多少往往与人均收入的高低无关，如中国香港、新加坡虽然人均耕地面积少，但人均收入很高。

2. 丰富的自然资源有利于经济增长

自然资源多而好，当然优于少而差。尽管充足的自然资源并非经济发展的充足条件，但是，丰富的自然资源不仅有利于经济增长的起步，而且有利于经济持续、深入地发展。在增长的初期，资本就是剩余的粮食，有初级产品出口才能换回资本、外汇、设备和技术。增长一旦开始，资源的有无、多少或质量高低必然会影响增长的速度和水平。合理、有效地利用好而多的资源，并且在利用的过程中不造成污染，不破坏生态平衡，才是经济发展中自然资源经济学理论中的核心问题。

二、自然资源市场化对经济增长的影响

长期以来，我国自然资源的产、供、销几乎完全在计划体制的控制下运行，资源的绝大部分被国家以指令性计划调拨的方式拿走，价格低于国际市场同类产品几成甚至更低。资源产地及其企业使产品进入市场的自主权和活动余地极小。

（一）自然资源市场化问题提出

近年来，市场经济的发展使资源型产品的价格显得越来越不合理。“资源无价、原料低价、制品高价”使加工型产业部门可以因原料低价而毫不费力地取得良好的效益，而资源型产业部门却负担着巨额的行政性亏损。于是，加工型产业部门毫不珍惜廉价的原料，资源型产业部门更无积极性去提高资源产品的产出率，从而导致我国长期以来经济增长依赖于资源的高投入。[15]

1. 传统经济学将自然资源的不可再生性绝对化

自然资源，特别是土地资源的稀缺，是经济学赖以建立的重要基础。实际上，这种观点本来就值得推敲，因为森林就是可以再生的。当然，传统经济学认为自然资源具有不可再生性，主要是指土地和地下矿藏。这种观点是同以农业为主、技术构成含量低的传统社会的历史背景相联系的，自古就有荷兰人填海造陆的说法。在沙漠地区建设灌溉设施和投入肥料可以创造出原来并不存在的经济上可以利用的良田。

2. 自然资源稀缺是传统经济发展理论的基础

在这种认识的基础上，再加上当时的生产力水平低以及劳动者的收入主要用于来自农牧渔业的粮食和衣着，使经济学家得出了自然资源收益递减的规律，以及劳动者只能获得维持生存的工资的结论，甚至由此推导出人类社会终

将完全停滞的悲观前景。这类悲观的论断至今仍然在很大程度上禁锢着人们的思想。例如，不少人一再将自然资源的不可再生性绝对化，说石油等矿产能源的枯竭必将导致现代文明的衰亡。但是，在日益增长的石油消费的刺激下，世界石油并未枯竭，新发现的储油构造反而不断增加，探明的石油蕴藏量在继续增长。

（二）自然资源市场化对经济增长的影响

据统计，我国能源投入系数在全世界100多个国家中高居首位，资源的浪费十分惊人。另外，资源的计划配给还造成了隐性的浪费：资源产品被国家指令性计划调出产地，而产地的资源加工型产业部门又被迫去资源非产地购回这些产品（例如黑龙江省的原木被源源不断地调往省外，省内造纸等行业每年必须花费大量的人力、物力去省外购买原木），这对于运输部门的压力无疑是巨大的，而且造成了资源产品的损耗及人、财、物的浪费。

1. 自然资源市场化对资源型产业经济增长的影响

自然资源进入市场之后，由于需求大于供给，各需求者竞争的结果必然使资源产品的价格上升。摆脱了长期以来计划体制制约的资源型产业部门的经济效益将在短期内显著提高，困扰我国资源型产业部门的“经济危机”将得到缓解。经济状况的改善使资源型产业部门的积极性有所提高，自然资源的产品产出率也随之有所提高。但是为了追求更大的效益，自然资源的开采强度也必然会上升，在我国许多地区的自然资源已处于超强度开采的情况，如何避免自然资源的过度开采成为自然资源市场化所面临的首要问题。

2. 自然资源过度开采是需求大于供给的必然结果

自然资源过度开采的问题在计划体制之下已经存在，是需求大于供给的必然结果，并非市场经济的产物。计划体制下的过度开采，一方面是由于管理部门为满足加工产业部门对自然资源的需求而对资源产业部门下达超强度开采的指令性计划，另一方面是由于资源产业部门为补贴计划内产品的政策性亏损而自行加大开采强度，使企业能够获得以高于计划价格出售的超额收入。

3. 采取法律手段避免自然资源的超强开采

计划体制的约束使自然资源不能在市场机制下达到供需平衡，造成了自然资源的低产出和过度开采。解决自然资源过度开采问题的合理途径是自然资源立法，市场经济是法制经济，只有健全的法制才能使市场经济得到健康发展。自然资源立法中解决问题的最主要方式仍然是经济手段。利用经济手段和法律手段避免自然资源的超强度开采无疑比单纯的行政手段要有力得多。资源型产业受到法律的限制和市场中价格升高对需求的限制，必然会把着眼点放在

自然资源的产品产出率上,这对于自然资源充分利用和节约是十分必要的。

(三)自然资源市场化对加工业经济增长的影响

我国的许多企业,尤其是国有大中型企业,在长期受到计划体制约束的同时,还受到许多保护,廉价的自然资源产品的供给便是其中之一。在目前原材料价格很低而成品价格相对较高的情况下,许多企业仍存在亏损,一旦自然资源进入市场,资源产品价格上升,企业所面临的困境是可想而知的。

1. 自然资源市场化,加工业直接参与国际市场竞争

我国各产业部门所面临的竞争不仅来自国外。市场经济的发展将使我国的经济运行与世界经济接轨,并融入世界性的经济竞争之中。"入关"之后,能够接受保护的产业部门是很少的。大部分产业部门必须直接参与国际市场竞争,加工产业必须要以质优、价廉而取胜。目前,廉价的原料来源使企业缺乏提高原料利用率的积极性,于是出现了加工产品成本虽低而原料消耗却很高的奇怪现象。自然资源进入市场是必然的,一旦失去了廉价原料的供应,加工型产品的成本便会随之升高,竞争力会被极大地削弱。现在世界上技术进步飞快,自然资源市场化越晚,加工型产业部门所拥有的对市场原料价格的适应期也就越短,所面临的冲击也就越大。如果在与世界市场接轨之后才能放开对自然资源的计划管理,脆弱的加工型产业的生存将更加艰难。因此,我们必须尽快按照国际惯例,用市场经济手段管理加工业的原材料价格和产成品价格。

2. 自然资源市场化将促进资源节约型产业结构的形成

自然资源市场化可以使资源型产业部门加深对自然资源的开发,可以使加工型产业部门减少对自然资源的需求,还可以使其他产业部门增强珍惜自然资源的意识。这些作用的结果,是自然资源的充分利用。自然资源的有效需求量在经过新旧体制交替时期必然出现的波动之后稳定下来,这一需求量将低于目前自然资源的有效需求量。可见,自然资源市场化对于抑制产业对自然资源的需求,提高其产出率及减少浪费,具有十分积极的影响。自然资源市场化对于建立资源节约型产业结构有十分重要的作用。换言之,要建立资源节约型产业结构,必须将自然资源推向市场。

三、黑龙江省自然资源利用与环境保护研究的意义

黑龙江省位于我国东北地区,拥有肥沃的土地,丰富的矿产资源,雄厚的工业基础;它毗邻多国,具有巨大的发展潜力和经济优势。在资源开发、经济发展和环境保护方面,协调经济与环境的关系尤为关键,具有重要的现实意义。

充分发挥生态资源的优势和潜力，因地制宜地确定主导产业和优势产品，促进产业结构优化、产品结构升级，重点发展生态产业、绿色技术，把资源环境优势转变为现实生产力。

5. 坚持经济效益、生态效益和社会效益协调统一的原则

促进黑龙江省经济发展与环境保护相协调，是一个长期的过程，必须坚持经济效益、生态效益和社会效益协调统一的原则，要求经济效益、生态效益和社会效益不断得到提高。注重经济效益和社会效益，忽视生态效益，是不可持续的发展。只强调生态效益，而忽视经济效益和社会效益是不现实的。在协调经济发展与环境保护过程中，要按照"发展是硬道理"的指导思想，以经济建设为中心，在经济发展过程中强化污染治理和生态保护建设，不断提高人民生活水平，全面改善人居条件，促进精神文明和物质文明建设共同发展，在保持经济持续稳定增长的同时，取得良好的生态和社会效益。

6. 坚持污染者付费的原则

污染者付费原则，在我国的环境保护法中称为"谁开发，谁保护""谁污染，谁治理"的原则。自然资源涉及面广，因此，开发利用自然资源的经济主体对森林、草原、土地、水体、大气等资源，不但有依法开发利用的权利，而且负有依法管理和保护的责任。同样，凡是对环境造成污染，对资源造成破坏的经济主体，都应该根据法律的有关规定，承担防治污染、保护环境的责任，都应支付防治污染、保护资源所需的费用。只有这样，才能有效地保护自然环境和自然资源，防止生态系统的失调和破坏，才能做到合理开发利用自然资源，促进经济与环境的协调发展。[16]

7. 坚持政府调控与市场机制相结合的原则

黑龙江省要通过制度和政策创新，建立起政府主导、市场推进、公众参与的经济与环境协调发展的新机制。在社会主义市场经济条件下，政府在经济与环境协调中的作用是规范、监督和保障，为市场竞争提供公平的政策环境和执法监督。同时，要求企业根据市场规则，在生产和经营过程中，通过各种措施和资金投入，达到国家和黑龙江省制定的污染物排放标准和污染物排放总量控制要求，生产的商品达到相应的产品质量、安全、健康和环境等标准，最大限度地实现产品全过程和产品生命周期的环境友好目标。社会公众也应自觉地遵守各项环境法规，通过绿色消费行为选择引导企业的生产和经营。同时，社会公众也是监督企业遵守环境法规的重要力量。

第二节　黑龙江省自然资源的合理使用与经济增长

一、自然资源的优势和特点

（一）黑龙江省的自然优势

1. 土地资源优势

黑龙江省地处世界三大黑土带之一，有耕地面积近 1 400 万公顷，居全国首位，黑土、草甸土占 70%，土质肥沃，有机质含量高，集中连片，且水土资源配置较为均衡，耕作条件十分优越。全省农业后备资源面积 479.3 万公顷，占全省土地总面积的 10.5%，土地待开发面积仅次于新疆、内蒙古和四川，居全国第 4 位。黑龙江省草原面积约 433 万公顷，草质优良、营养价值高，适于发展畜牧业。其中松嫩草原是世界三大羊草地之一。

2. 矿产资源优势

黑龙江省矿藏品种齐全、储量丰富。已发现各类矿产 132 种，探明储量 81 种，石油、天然气、煤炭等战略性资源在全国都位居前列。大庆油田为全国最大的油田，曾连续 27 年稳产高产5 000万吨以上，目前仍保持年产4 000万吨。天然气探明储量2 800多亿立方米，煤炭探明储量近 220 亿吨。铁矿、金矿、石灰岩矿等都有一定的储量，有很高的开采利用价值。

3. 林木资源优势

黑龙江省大森林茫茫无际、繁茂葱郁，有林地面积2 053万公顷，居全国首位。森林覆盖率 45.2%，活立木总蓄体积 16.5 亿立方米。大小兴安岭是国家重点林区，也是祖国东北乃至华北的重要生态屏障。

4. 水利资源优势

全省年平均水资源量 800 亿立方米，人均 2 160 立方米。江河湖泊众多，黑龙江作为世界上最长的界江，中俄段就达1 890千米。几千年来，这里没有被大规模开发，两岸植被完好，江水纯净，是世界上为数不多的无污染河流。此外还有松花江、乌苏里江、嫩江等大小江河 1 918 条，松花江是全国七大江河之一，有兴凯湖、镜泊湖等大小湖泊 640 多个。

5. 生态资源优势

黑龙江省有许多全国乃至全世界之最，它是我国位置最北、纬度最高、太阳最早升起的省份。黑龙江省有全国面积最大的湿地、全国最大的高山堰塞湖、全国最大的火山地貌景观、亚洲最大的界湖、世界上最长的界江。具体分布如下：

(1)黑龙江省的漠河，被称为“中国的北极”，在这里可以看到极昼和极夜现象。抚远的乌苏镇，是我国太阳升起最早的地方，有“中国的东极”之称。

(2)乌裕尔河流域的齐齐哈尔扎龙自然保护区湿地面积达21万公顷，是全国最著名的湿地，有鸟类296种，被称为“鸟的天堂”“丹顶鹤的故乡”。

(3)镜泊湖是全国最大的高山堰塞湖。镜泊湖位于黑龙江省牡丹江市的西南面。距离牡丹江市区仅百余公里。“镜泊”意为“清平如镜”。镜泊湖是5 000年前经多次火山喷发，熔岩阻塞牡丹江古河床而成的火山熔岩堰塞湖。镜泊湖是世界最大火山熔岩堰塞湖、中国最大、世界第二大高山堰塞湖，著名旅游、避暑和疗养胜地，中国十佳休闲旅游胜地、国家级重点风景名胜区，国际生态旅游度假避暑胜地，世界地质公园，2011年被评为5A级旅游景区。许多伟人的行踪墨宝也给名湖增色不少。邓小平有“镜泊胜景”，叶剑英有“高山平湖，风光胜江南”的赞誉。

(4)五大连池是我国最大的火山地貌景观。五大连池的地名由来是因为5个如串珠的堰塞湖(池)而得名，被称为“火山博物馆”，也是我国唯一的矿泉城。2011年被评为国家5A级景区。五大连池已荣获2项世界级桂冠和14项国家级荣誉。2项世界级桂冠是：世界地质公园、世界人与生物圈保护区；14项国家级荣誉是：国家自然保护区、中国矿泉水之乡、最具潜力的中国十大风景名胜区、中国旅游胜地四十佳、中国著名火山之乡、中国生物圈保护区、国家自然遗产、国家重点风景名胜区、国家森林公园、国家地质公园、国家4A级风景旅游区、国家5A级风景旅游区、中国矿泉城、国土资源科普基地。现已开发十二大观光区、八大奇观、400多个景点。

(5)作为世界上最长的界江，黑龙江中俄段就达1 890千米。几千年来，这里没有被大规模开发，两岸植被完好，江水纯净，是世界上为数不多的无污染河流。

(6)兴凯湖，亚洲最大的界湖，有“北方绿宝石”美誉，原为中国内湖，1860年中俄《北京条约》签订后，变成了中俄界湖。在黑龙江省东南部，北部属中国，南部属俄罗斯。它是度假、养生、旅游胜地，素有“东方夏威夷”的美称。罕见的原生态湿地环境已成为摄影人心中的理想之地及影视剧外景拍摄基地，旅游区面积达4 380平方千米。

(7)抚远县的乌苏镇位于黑龙江和乌苏里江的汇合处，是祖国版图上经度最东的城镇。这里是祖国大陆最早见到日出的地方，有“东方第一镇”之称，每年夏至(6 月 21 日或 6 月 22 日,凌晨 2 时 10 分),太阳的光芒就福临这“东极小镇”了。乌苏镇虽小,却很富饶,因为它是我国最大的大马哈鱼渔场,是中外闻名的渔村。乌苏镇附近的乌苏里江水域是我国著名的大马哈鱼渔场,被称为“金色的网滩”。

(二)自然资源的分类

自然资源的内涵,随时代而变化,随社会生产力的提高和科学技术的进步而扩展。自然资源具有两重性,既是人类生存和发展的基础,又是环境要素。已经被利用的自然物质和能量称为“资源”,将来可能被利用的物质和能量称为“潜在资源”。按照自然资源的分布量和被人类利用时间的长短,自然资源可分为有限资源和无限资源两大类,其中有限资源又可分为可更新资源和不可更新资源。通常按自然资源的增值性能分为以下 3 类:

1. 可再生资源

可再生资源可反复利用,如气候资源(太阳辐射、风)、水资源、地热资源(地热与温泉)、水力、海潮。

2. 可更新资源

可更新资源可生长,其更新速度受自身繁殖能力和自然环境条件的制约,如生物资源,是能生长繁殖的生命有机体,其更新速度取决于自身繁殖能力和外界环境条件,应有计划、有限制地加以开发利用。

3. 不可更新资源

不可更新资源包括地质资源和半地质资源。前者如矿产资源中的金属矿、非金属矿、核燃料、化石燃料等,其成矿周期往往以数百万年计;后者如土壤资源,其形成周期虽较矿产资源短,但与消费速度相比,也是十分缓慢的。对于这类自然资源,应尽可能综合利用,注意节约,避免浪费和破坏。这类资源形成周期漫长或不可再生。

(三)自然资源属性

联合国环境规划署将自然资源属性定义为:在一定的时间、地点条件下,能够产生经济价值,以提高人类当前和未来福利的自然环境因素和条件,通常包括矿物资源、土地资源、水资源、气候资源与生物资源等。它同人类社会有着密切联系,既是人类赖以生存的重要基础,又是社会生产的原料、燃料来源和生产布局的必要条件与场所。人类通过生产活动,把自然资源加工成有价值的物质财富,从而使自然资源具有广泛的社会属性。

1. 自然资源产权关系和有偿使用制度

要改变目前那种“谁开发就归谁”的现象,真正地将自然资源所有权收归国有,使所有权与使用权完全分离。自然资源的使用者,要向代表自然资源所有权的国家管理部门交纳合理数量的税金。

2. 实行自然资源消耗补偿制度

根据自然资源的性能和数量等收取自然资源的消耗费用,以使自然资源的再生和环境的保护得到资金上的保障,这一费用的收取要随着资源开发程度的增加而递增,递增的速度要大于资源开发强度的冲加速度,以避免超强度开发;对破坏自然资源及无视自然资源法规者进行刑事追责和经济制裁。

二、经济增长与自然资源的合理配置

(一)自然资源的经济价值

自然资源是一切能为人类提供生存、发展、享受的物质条件。未经人类劳动加工开发的原生的自然资源,不存在人类抽象劳动所创造的价值。这种作为自然资源的商品价值构成是二元的,一方面,由自然资源部分构成无价值;另一方面,由经济资源构成部分有价值,因而自然资源的价值构成是部分无价值和部分有价值的统一。商品价格是价值的货币变现。自然经济资源的价格一部分是自然资源价值的表现,另一部分则是价值的表现,是所有权在经济上的实现。

1. 自然资源的价值体现

自然资源对人类的生存和发展、满足人类多方面的需求具有极其重要的功用价值。除经济价值外,还具有生态价值和社会价值,主要体现在以下几个方面:

(1)自然生态为人类提供最基本的生活与生存价值的“维生价值”。

(2)自然资源作为人类利用自然、改造自然的对象,为人类提供经济价值。

(3)自然资源在为人类提供经济作用的同时,还提供“生态价值”,尽管自然资源不能直接在市场上进行交换,但体现的是潜在价值和间接使用价值。

(4)自然为人类满足精神及文化上的享受而提供精神价值,体现的是存在价值或文化价值。

2. 自然资源的价值统一性

自然资源的经济价值、生态价值、社会价值是统一的不可分割的整体,如果单纯追求经济价值不顾及其他而不断地开发自然资源,必然会引起生态价值和社会价值的流失和缺损。自然资源的价值是其经济价值和服务价值的总和。自然资源的服务价值是其经济价值的基础,对经济价值起着制约作用。人类对于自然资源的利用是对其各种价值利用的叠加,当人类经历对自然资源经济价值的着重利用阶段之后,将会更加偏重于对自然资源服务价值的利用。

3. 利用投资来恢复和扩大自然资源存量

我国作为发展中国家，虽然劳动力资源廉价、丰富，但资源和能源相对缺乏，生态环境问题较为突出，必须吸取发达国家的经验教训，重视资源生产率革命。一方面，依托现有的最佳技术、淘汰落后技术、推动产业升级，实现技术进步与效率改善；另一方面，在绿色化技术开发、减物质化设计、精益制造、闭环制造等领域，寻求技术突破，以更大限度地提高资源生产率，真正实现技术发展。此外还要充分发挥自然资源的作用，通过向自然资源投资来恢复和扩大自然资源存量，运用生态学模式重新设计工业技术路线，开展服务和流通经济，改变原来的生产和消费方式。

（二）自然资源的合理配置

自然资源的配置是本代人与后代人之间的分配，这种代内分配与代际分配的关系涉及有限资源的公平分配与效率分配。资源配置的原则是指：资源（这里指的是生活必需的资源）按照本代所有人的需要平均分配给每一个人。资源代内分配的公平性体现于此。

1. 自然资源代内配置

自然资源代内配置的含义是：在某种资源总量有限的条件下，本代人与以后各代人根据各自的需要对该种资源进行了分配，在留给本代人的有限资源中，这一部分人耗费多了，可供另一部分人耗费的该种资源数量就少了，于是就出现了有限资源的代内分配问题。这里所指的有限资源代内分配，同样包括不可再生资源的代内分配和可再生资源的代内分配。

2. 资源代内分配与效率

资源在本代人较富裕的部分居民和较贫穷的部分居民之间的分配应当符合要求，即资源的配置有利于推动科学技术的进步，而科学技术的进步又有助于使本代人和以后各代人取得更多的资源。假定本代人之间的资源分配有利于实现科学技术较大幅度进步的目的，那么这样的资源分配要优于比较不利于实现科学技术较大幅度进步目的的资源分配，也就是说，资源分配是有效率的。

3. 资源代内公平分配

代内公平是指代内所有人，不论其国籍、种族、性别，经济发展和文化差异，对于利用自然资源和享受清洁、良好环境的人享有平等的权利。从公平的角度来考察自然资源的代内配置问题，把资源分为生活必需的资源与非生活必需的资源两类：

（1）生活必需的资源的代内分配，应当以平均原则为主，不应使任何人因缺乏生活必需的资源而陷入难以生存的境地。

(2)非生活必需的资源的代内分配,不必强调平均原则,而以主要按市场调节的方式来进行分配。

市场调节方式的资源代内分配是有偿分配,非生活必需的资源代内分配以市场调节的方式来进行分配,使用不当会造成资源使用效率的降低。因此,在本代人之间分配非生活必需的资源,要通过市场来进行分配。市场分配的公平性体现与机会的均等,即一切参加分配的人都站在同等的起跑线上。

三、自然资源的地位和使用代价

(一)自然资源的地位

经济学家舒马赫对自然资源的描述是:"工业体系赖以生存的是他得意的看成收益的不能替换的资本。"舒马赫在这里所说的"不能替换的资本"指的就是"自然资源"。

他认为:"现在我们的确已经努力创造了有助于我们进行生产的部分资本——大量科学、技术及其他知识,复杂的物质基础结构,无数种先进设备,等等。但所有这些只不过是我们正在使用的全部资本中的一小部分。更多的资本是自然界提供的。然而这一部分较大的资本目前正在以惊人的速度耗尽。"他说:"如果滥用我们的化石燃料,我们是在威胁文明;但如果滥用我们周围现有自然界这个资本,那我们就是威胁生存本身了。"

舒马赫的这些看法涉及对自然资源的认识上的许多重要问题,即自然资源是不是一种"不能替换的""无法用增长迅速的生产率来补偿的"资本,以及"现代工业体系"和"先进技术"正在"摧毁自己赖以建立起来的基础"。[17]

然而,从现实经济发展的角度看,自然资源的稀缺与丰富的程度以及其合理利用问题,对于一个国家或地区的经济增长是一个至关重要的条件。

(二)自然资源的使用代价

经济增长过程中必然要耗费一定的资源,一切可用于经济增长的资源都是有限的,被称作有限资源。在有限资源中,有些是可再生的资源,有些是不可再生的资源。不可再生的资源在经济增长中被耗费掉,该种资源可被使用的总量也就减少了。可再生的资源在经济增长中被耗费掉,该种资源可被使用的总量既有可能减少,也有可能增加,这主要取决于资源耗费量与资源再生数量的差额大小。

从资源提供的角度来看,可以按照不可再生资源的使用代价、可再生资源的使用代价和有限资源的使用代价分别进行考察。

1. 不可再生资源的使用代价

不可再生资源的使用代价，可以假定资源被发现的量和目前虽然不可能使用，但随着科学技术进步而可能被使用的数量作为增长率为一个既定的百分比，这就可以对不可再生资源的供给有所确定。然后，按照不可再生资源的供给状况以及对该种资源的使用状况进行比较，把不可再生资源区分为供给较充足的、供给较紧张的和供给最为紧张的 3 种类型。在对该种资源的使用状况进行估算时，应该把使用量的年增长率考虑在内。如果该种不可再生资源在现有科学技术条件下没有可以替代的资源，那么“用一点就少一点”这句话就可以被理解为：该种资源在经济增长过程中每耗费一点，就为后人少留下一点，后人可以使用的量就少一点，这在供给最为紧张的资源的使用上最为突出。换句话说，资源使用的代价，是指以减少后人对该种资源的使用作为代价。

2. 可再生资源的使用代价

可再生资源是可以再生的，只要资源耗费量与资源再生数量保持平衡，就不会发生“用一点就少一点”的情况，也就是不会发生“用一点就为后人少留下一点”的情况。除非可再生资源的耗费量大于资源再生数量，才会发生与不可再生资源相似之处。

3. 有限资源的使用代价

有限资源的使用代价指在经济增长过程中使用资源而造成了环境破坏、污染以及由此给人们带来的损失；使用资源而造成了某些物种的消失，由此给人们带来的损失等。

假定资源的使用只顾本代人的利益，而不顾后代人的利益，使后代人无资源可用；假定资源的使用只顾本代人近期的利益，忽略本代人的长期利益，使本代人若干年后无资源可用，一旦经济增长要为此付出如此巨大的代价，那就必须考虑资源的使用量。在使用资源的同时，不能不考虑本代人的长期利益与后代人的利益，牺牲本代人的长期利益与后代人的利益，就是为经济增长中使用有限资源所付出的代价。

四、资源使用与经济增长的关系

(一)对经济增长损失的弥补

由于社会上不同阶层和不用区域的人物质文化生活存在着差距，用社会平均物质文化生活水平的提高程度来表示经济增长的收益与经济增长的代价。经济增长的代价表现为有限资源使用的代价，有限资源使用的代价表现为本代人对有限资源的使用减少了后代人对该种资源的使用，从而给后代人带来的损

失。其主要有两种表达方式:

(1)就本代人而言,社会平均物质文化生活水平在近期内的提高,能否弥补本代人出于近期考虑,对有限资源的使用或减少了本代人长期对该种资源的使用,从而使本代人自身所蒙受的损失。

(2)对后代人而言,前代人社会平均物质文化生活水平的提高,能否弥补前代人对有限资源的使用给后代人带来的损失。

这两种方式表达的焦点都在于收益对损失的弥补状况,如果经济增长的收益足以弥补损失,就表明为经济增长所付出的代价是值得的。反之,如果经济增长的收益不足以弥补损失,就表明为经济增长所付出的代价是不值得的,从而必须重新考虑经济增长过程中有限资源使用量的多少。

(二)对经济增长收益的弥补

由于经济增长的收益用社会平均物质文化生活水平的提高来表示,所以要考虑经济增长使用代价后的弥补问题,既受益与损失能否相互抵消,是否适用。本代人近期的社会平均物质文化生活水平综合指数的绝对值及其变动率,是可以同本代人长期的社会平均物质文化生活水平综合指数的绝对值及其变动率进行比较的,也是可以和后代人的社会平均物质文化生活水平综合指数的绝对值及其变动率进行比较的。把经济增长的收益同经济增长的代价进行比较,可以从以下3个方面来分析:

1. 后代人或本代人属于同一社会成员

后代人或本代人因资源匮乏而蒙受的损失,表现为社会平均物质文化生活水平下降,属于同一层次、同一范围、同一性质的问题。比如说,我们为社会平均物质文化生活水平规定一个综合指标,其中包括收入、衣、食、住、行、教育程度、医疗卫生条件、文化娱乐条件、休息条件、闲暇时间等项内容。

2. 本代人与后代人并非同一社会成员

本代人是经济增长的受益者,后代人是经济增长代价的承受者。由于本代人的受益与后代人的受损失是不能抵消的,即以本代人自身来说,假定本代人已到老年,那么再过几十年,就由后代人来承担了。本代人近期内对有限资源的耗费影响几十年后本代人老年阶段的社会平均物质文化生活水平。尽管经济增长的受益者与经济增长的代价的承受者都是本代人,但受益的是处于中青年阶段的本代人,受损失的则是处于老年阶段的本代人,本代人近期的受益与本代人长期的受损不能抵消。

3. 本代人与后代人价值观念的变化

本代人与后代人相比,价值观念的变化是不可忽略的。本代人所珍视的不一定是后代人所珍视的。正因为如此,构成社会平均物质文化生活水平综合指数各项内容的权数,在各个不同时期不可能相同。除了本代人与后代人的价值观念不同以外,处于中青年阶段的本代人与处于老年阶段的本代人的价值观念也可能不一样。这都反映了经济增长收益与经济增长代价的不可抵消性。

(三)经济增长带来社会平均物质文化生活水平的变化

如果社会平均物质文化生活水平的提高程度较大,则可以弥补经济增长所造成的损失,即科学技术进步弥补经济增长造成的损失。

1. 直接弥补经济增长的代价

假定经济增长的收益体现于科学技术的进步,而科学技术的进步能为后代人提供较舒适的生活环境或生活条件,有限资源的匮乏就不会使后代人的社会平均物质文化生活水平停滞或下降,这样,经济增长的收益直接弥补经济增长的代价。

2. 间接弥补经济增长的代价

间接意义上的弥补是通过伴随着经济增长的科学进步而给后代人的弥补,使后代人的生活环境和生活条件较为舒适,而不至于因为本代人对有限资源的过度耗费而降低社会平均物质文化生活水平。

3. 科学技术是第一生产力

科学技术是生产力,而且是第一生产力。科学技术是取之不尽、用之不竭的资源,前代人的努力所带来的科学技术的进步,不仅为后代提供了丰富的资源,而且为后代人的社会平均物质文化生活水平的提高提供了可靠的保证。

不可再生的资源,一方面可以通过可行技术的进步而找到代用品,另一方面可以通过科学技术的进步而增加可使用的数量,这样,经济增长收益与经济增长代价的比较问题也就可以顺利得到解决。

第三节 环境保护协调发展机制与黑龙江省经济增长

一、黑龙江省环境保护状况分析

(一)环境保护现状分析

当前,黑龙江省部分地区和城市的环境得到了改善,但是环境质量总体恶化的趋势还没有从根本上得到控制,环境污染仍相当严重。生态环境形势依然严峻,生态破坏的现象时有发生。可利用的资源和能源正在逐步减少或消失。

老的环境问题尚未得到有效解决,新的环境问题又不断涌现,对环境安全造成威胁。环境污染和生态破坏已经危及人民的健康,并已严重制约了黑龙江省经济、社会的可持续健康发展。

1. 环境污染

黑龙江省城市低空大气污染日益突出,城市空气污染特征为典型的煤烟型污染,采暖期的城市环境空气质量明显劣于非采暖期。黑龙江省水体污染比较严重,地下水位下降。省内河流和湖库普遍存在有机污染现象,中小河流和城市下游江段尤为突出。通过调整工业结构和生产布局,全面开展技术改造,使防治工业污染的综合能力有所增强;制定并实施了一系列地方环境保护法规和规章制度;建立了环境保护工作党政一把手抓,"负总责、亲手抓"的制度;开展了"龙江环保世纪行活动"。

2. 生态环境

黑龙江省生态环境质量在国内相对较好,但与西方发达国家有较大差距。虽然经过长期的努力,生态环境建设和保护工作得到加强,取得了很大成绩,但问题依然十分严重,生态环境恶化的趋势还未得到有效遏制。部分地区生态破坏的程度还在加剧。例如,我国1/6城市严重缺水,全球十大空气污染城市中国占7个,七大水系1/5水质为劣V类,每年因经济发展所带来的环境污染代价已接近1万亿元。今年长时间大范围雾霾天气影响了国土面积的1/4,受影响人口达6亿。

(二)环境保护存在问题分析

黑龙江省环境保护工作虽然取得了很大成绩,然而在整治环境的同时,由于多种因素导致了环境保护存在不少问题,如存在政府的政策法规不健全、执法力度不够、资金及技术力量短缺、环境管理手段落后等问题。

1. 环境保护投入不足

环境保护投入不足一直是黑龙江省环境保护的主要问题之一。2014年环境保护投入占GDP比例为2.9%。虽然黑龙江省环境保护投入高于全国平均水平,但与有些较发达省份相比相差很远,环境保护投入仍显不足。例如,上海、天津在1999年用于环境保护的投入就已占到GDP的2%以上,北京更高达4%~5%。环境保护投入不足,资金缺乏,导致全省环保基础设施薄弱,不能满足防治污染的需求。尤其是水利投入不足,导致水资源开发控制率低。由于环保投入不足,环境质量总体恶化的趋势无法从根本上得到控制。[18]

2. 环境管理手段落后

黑龙江省环境管理手段落后,环境执法队伍数量不足,素质不高,保证体系薄弱,自身建设缺乏资金。执法难,执法受阻的状况没有得到根本改变。现有的环境监测能力难以全面反映全省环境质量状况，给环境管理和决策带来了一定的影响。环境信息系统的建设刚刚开始，尚未形成合理的网络，信息化水平低，影响环境监督管理工作的全面开展。

3. 环境保护技术力量缺乏

黑龙江省在环境保护方面技术力量薄弱，特别是产业化技术远不能适应环境保护的需要，致使能源和资源利用率低，污染严重。严格来讲，工业“三废”并不废，实际上是由于生产设备、科学技术落后所致，使一些有用的物质跑掉了，有的进入大气、有的进入水域，结果污染了环境，破坏了生态平衡。

4. 环境保护政策法规不健全，执法力度不够

黑龙江省近几年来制定并实施了一系列地方环境保护法规和规章制度。虽然环境保护立法和政策制定取得了很大进展，但仍存在不少问题。比如政策法规空白仍然存在、配套政策法规进展缓慢、一些法规草案调研论证不够，立法质量有待提高，政策法规的可操作性有待进一步加强等。

虽然黑龙江省环境保护法律法规条款繁多，但在实际工作中，仍然存在执法力度不够的现象，主要表现为：环保执法人员的法制意识有待进一步提高，执法水平不平衡，执法不严，环保法制机构不健全，有的还相当薄弱，难以适应严格依法行政工作的需要。

二、黑龙江省经济与环境协调发展存在的问题分析

（一）经济发展中边治理、边破坏的现象仍相当严重

黑龙江省拥有相对优越的自然资源和生态环境，近几年经济发展速度加快，但由于传统观念的束缚、干部知识结构的欠缺，以及决策层次上的不完善、管理上的不到位使经济发展中相当广的范围内不同程度地存在着边治理、边破坏的现象，甚至破坏性超过建设性，从而带来难以挽回的损失。

比如作为哈尔滨市重要水源的西泉眼水库已经建成，但近几年为了发展旅游业创收，紧靠水库周边已建起不少饭店旅馆，所有污水竟然直接排入库中。这种一面建设一面破坏已不是个别现象，其盲目性所造成的无序状态着实令人吃惊。

（二）经济发展面临资源数量减少、生态质量恶化的严峻挑战

黑龙江省是资源大省，但是长期以来，由于忽视了资源合理利用和环境保护，过度开发资源，经济发展走了一条“数量扩张型”的道路。矿产资源过量开采，某些资源濒于枯竭。森林过量采伐、质量下降、功能减退，草原超采过牧。“三化”严重，湿地面积及生物多样性减少，水资源利用率低，缺乏大型控制性水利枢纽。部

分地下水超采严重，使可利用的资源和能源逐步减少或消失，环境承载能力薄弱，严重制约了黑龙江省经济社会的可持续健康发展，形成了恶性循环。

（三）环境保护基本国策和可持续发展战略并未得到很好地落实

在总体上党和国家早已做出正确的选择，从早期的“三十二字方针”，到三大基本原则，以及环境影响评价制度、“三同时”制度、排污收费制度、环境保护目标责任制度、排放污染物许可制度、城市综合整治定量考核制度、污染物集中控制制度、限期治理制度和八项环保制度，确立了环境保护是基本国策的地位，确定了可持续发展战略。但是一直以来，基本国策和可持续发展战略并未得到很好地落实，存在许多问题，没有得到真正解决，国家和黑龙江省制定的一些措施很好，但在落实的时候，常常会出现有人检查时抓一抓，没人检查时“睁一只眼闭一只眼”的现象。

三、完善黑龙江省经济与环境协调发展的机制建设

（一）完善综合决策机制

经济发展与环境保护综合决策是指把政府的决策过程作为一个整体，决策中将经济发展与资源环境保护看作是两个同等重要的问题，进行综合考虑，综合平衡，科学决策，从政策源头上预防和控制环境问题的产生。可见，经济发展与环境保护的综合决策机制是实现经济与环境协调发展的重要环节。

1. 建立决策机制的必要性

黑龙江省的许多环境问题是由于政府宏观决策中忽视对环境问题的考虑和必要的科学环境论证造成的，因此有必要落实经济与环境综合决策，在各地市的发展战略和重要的工作计划中将改善环境质量、增强可持续发展能力作为一项重要内容，防止重大决策失误造成新的环境灾害。

2. 制定决策目标

在制定黑龙江省经济与社会发展规划时，要把环境与资源的承载力作为要素参与综合平衡、统筹规划。完善地方环保部门参与当地经济和社会发展重要决策的工作机制。在进行区域开发、行业发展、生产力布局等重大行动计划时，必须严格进行环境影响论证评估。

3. 强化环保目标责任制

要强化环保目标责任制，调整环保目标责任制的指标体系和考核措施，突出政府环保行为，进一步完善环保目标责任制考核奖惩制度，加大表彰和惩戒力度。在制定产业、投资、财政、信贷、价格、税收、进出口等各项经济政策时，要根据环境容量和排污总量的要求，对不利于环境保护的规定进行必要的政策性

调整并采取补救预防措施，将环境保护国策落到实处。

（二）完善激励机制

环境问题的新特点加大了“单纯环境政策”的难度。环境污染的面源化、分散化趋势使得单一部门的行政式集中管理模式无能为力。比如黑龙江省环保部门目前虽然经过努力控制了城市主要企业的污染，无法遏制整体水污染加重的趋势。

1. 实施有利于资源节约和环境保护的优惠政策

制定和实施有利于资源节约和环境保护的优惠政策，如对资源综合利用和污染防治项目在贷款利率、税收减免等方面给予适当倾斜，允许企业对环境保护设施实施加速折旧，对清洁原料或产品减免税收，环保企业开发新产品、新工艺的各项费用可以抵扣所得税等优惠政策。

2. 鼓励污染设施共建共享

把污染的防治工作，从原来的企业个体行为，转变为市场经济条件下的社会分工和供求关系，形成社会上的专业化环保企业乃至环保行业，向污染责任者提供商业性环保服务。从“谁污染谁治理”转变为“谁污染谁付费”“谁使用谁付费”。鼓励污染设施共建共享和污染治理设施实行专业化运行，鼓励有条件的非公有制环保企业进入环境治理市场。

3. 鼓励社会资金投向环保产业

积极开拓新的经济手段，使企业可以根据自身经营状况和费用效益分析的结果做出生产与环境保护之间的合理安排，达到既保护环境而又不损害经济效益的效果。不断完善各项法律、法规和政策，通过制定有利于环境保护的经济政策，鼓励各种经济成分参与发展环保产业，推动环保企业以多种经济成分改组改造，促进产权结构多元化。鼓励更多的社会资金投向环保产业，鼓励更多的各类企业进入环境污染治理的主战场，从而达到经济与环境的“双赢”。

（三）完善科技创新机制

从发达国家工业化过程中出现的环境公害，到亚洲各国在快速经济发展阶段出现的环境污染，说明目前世界上还缺乏与经济快速发展阶段相适应的技术，应将环境保护中迫切需要解决的，带有全局性、方向性和基础性的技术问题作为研究重点。

黑龙江省在环境保护方面技术力量薄弱，特别是产业化技术远不能适应环境保护的需要，致使能源和资源利用率低，污染严重，这已成为制约经济与环境协调发展的阻碍之一。各有关部门、企业要针对本地区、本行业存在的主要环境问题，有针对性地研究、开发或引进无废、少废、节水、节能的新技术、新工艺，筛选、评价和推广环境保护适用技术,加大科技的资金投入。

四、经济增长与环境协调发展的途径及建议

(一)增强经济发展与环境保护相协调的意识

统一思想是统一行动的前提,有什么样的意识就有什么样的行为。人为割裂经济发展与环境保护内在联系的传统落后的观念与意识是造成二者失衡的内在思想根源,应充分认识促进黑龙江省经济与环境协调发展的艰巨性和紧迫性,充分认识当前的环境状况与小康社会要求之间的巨大差距。

黑龙江省经济发展水平相对较低,由于结构性、体制性的原因使经济发展与环境保护之间矛盾突出,处理起来难度很大,老的环境问题还没解决,新的环境问题又已产生,环境问题已成为制约黑龙江省经济社会发展的重要因素。这些都说明要在思想上做好准备,充分认识到促进黑龙江省经济与环境协调发展的艰巨性和紧迫性。

(二)调整产业结构,发展环保产业

产业结构调整是解决当前经济发展与环境保护突出矛盾和深层次问题的根本措施。调整和优化黑龙江省产业结构的总体思路是围绕实现经济与环境协调发展这一核心目标,以市场为导向,以比较优势为基础,结合自然资源和生态环境的特征,充分利用各地区的资源优势,形成有竞争力的特色产业,以绿色产业为重点,延长资源型产业链,逐步淘汰污染浪费严重的产业,实现产业结构的优化升级。

(三)转变生产方式,推广清洁生产

传统工业发展模式的最大弊端是片面追求物质财富的增长,忽视社会其他方面的均衡发展,加速生态系统的破坏,引起环境污染、资源匮乏。

总体看来,黑龙江省过去基本上走的是外延式的发展道路,社会经济的快速发展是以资源的过度消耗和生态环境的破坏为代价的。黑龙江省正处于工业化中期向工业化后期过渡的阶段,为此要抓住经济结构调整的机遇,转变经济增长模式,提高经济效益,走新型工业化道路。

实现经济增长方式由"高消耗、高污染、低效益"向"低消耗、低污染、高效益"转变,走出一条科技含量高、经济效益好、资源消耗低、环境污染少的新型工业化和现代化道路。这是党中央在我国进入全面建设小康社会,加快推进社会主义现代化建设的发展道路上做出的重大决策,对于黑龙江省老工业基地来说尤为重要。

第七章　创新驱动政策与黑龙江省经济增长

第一节　创新驱动发展战略的内涵和意义

一、创新驱动的内涵

(一)创新的含义

创新是指以现有的知识和物质,在特定的环境中,改进或创造新的事物并能获得一定有益效果的行为,创新包括工作方法创新、学习创新、教育创新和科技创新。1912 年熊彼特《经济发展理论》,提出创新是一个链条,是一个系统,有技术,有科学发明和发现。创新必须与经济结合才能发挥效用,并把创新上升到国家战略的核心位置。熊彼特提出以下 5 种创新形式:

(1)引进一种新的产品或者提供产品的新质量,产业化。

(2)采用一种新的生产方法和新的工业过程。

(3)采用新的原材料。

(4)开辟新的市场。

(5)引入新的组织方法。

(二)创新驱动发展的含义

2012 年召开的"十八大"明确提出:科技创新是提高社会生产力和综合国力的战略支撑,必须摆在国家发展全局的核心位置。强调要坚持走中国特色自主创新道路、实施创新驱动发展战略。这是我们党放眼世界、立足全局、面向未来做出的重大决策。

创新驱动发展主要是依靠科技进步、劳动者素质提高和管理创新等高级要素,而不是主要依靠土地、资源、劳动力等初级要素规模扩张的发展模式。"创新驱动"发展战略有如下两层含义:

(1)我国未来的发展要靠科技创新驱动,而不是传统的劳动力以及资源能源驱动。

（2）创新是为了驱动发展，而不是为了发表高水平论文。

二、科技创新的内涵

科技创新是原创性科学研究和技术创新的总称，是指创造和应用新知识和新技术、新工艺，采用新的生产方式和经营管理模式，开发新产品，提高产品质量，提供新服务的过程。科技创新可以被分成 3 种类型：知识创新、技术创新和管理创新。

（一）科技创新的作用

科技创新对经济增长的作用可以归纳为创新应用、放大作用、加速作用和优化作用 4 个方面。

1. 创新应用

美国经济学家雄彼特对创新的应用揭示了以下 6 层含义：

（1）产品创新，通过技术人员的创造性活动，生产出在技术性能、结构、规格等方面有所改善的新产品、先进产品，它在国际和国内市场上能够保持优势，产品创新是技术引进的必然结果。

（2）方法创新，通过引进新的生产技术方法和经营管理技术方法，包括引进新工艺、新工序。

（3）市场创新，由于开发了新产品而开拓出新市场从而导致新需求和原市场扩张，扩大了产品销售。

（4）资源创新，指适应新技术的引进和消化，开辟出新的资源及其利用方式。

（5）管理创新，通过管理技术引进，开拓出更有效的管理方式。

（6）组织创新，通过组织管理技术引进，创造新的结构，完成新的职能。总之，创新作用是从技术引进到其消化全过程表现出来的。

2. 放大作用

技术进步的放大作用一方面表现为生产量的增长，另一方面又表现为对劳动量的减少，从而提高了劳动生产率。以往，人类的生产劳动主要是体力劳动，因此技术引进的放大作用也主要表现为对体力的放大，如果说以往的科学技术主要是发达和代替了人的体力，使人类完成了体力革命和进化，那么现代科学技术已开始了对人的智能的放大，这就是电子计算机，生命工程的出现，将使人类进入新的进化和革命阶段，即智能的进化和革命阶段。

3. 加速作用

根据新古典经济增长模型，经济增长不仅取决于资本增长率、劳动力增长率，而且取决于技术进步。技术进步既可以体现在资本存量上，也可以体现在劳动者技术水平的提高上。

4. 优化作用

技术的发展和引进，不断带动产业结构的变化。马克思曾经把科学技术看成是“最高意义上的革命力量”，指出“社会的劳动生产力，首先是科学的力量”。人类社会每一次产业节奏变化，都和科技革命分不开。蒸汽机的发明，促使社会发展产生了革命性变革，使单一的农业社会变为工业社会。新科学技术革命浪潮的涌动，又使第三产业信息业、服务业等兴起，使产业结构高级度明显增强。

（二）实施创新驱动发展战略的意义

科技创新是提高社会生产力和综合国力的战略支撑，应摆在国家发展全局的核心位置。坚持走中国特色自主创新道路，以全球视野推动和谋划创新驱动战略，深化科技体制改革，促进科技与经济紧密结合。实施创新驱动发展战略，对我国形成国际竞争新优势、增强发展的长期动力具有战略意义。

1. 发挥劳动力和资源环境成本优势

改革开放 30 多年来，我国经济快速发展主要源于发挥了劳动力和资源环境的低成本优势。进入发展新阶段，我国在国际上的低成本优势逐渐消失。与低成本优势相比，技术创新具有不易模仿、附加值高等突出特点，由此建立的创新优势持续时间长、竞争力强。实施创新驱动发展战略，加快实现由低成本优势向创新优势的转换，为我国持续发展提供强大动力。

2. 实现低成本向创新驱动优势的转换

实施创新驱动发展战略，加快实现由低成本优势向创新优势的转换，提高经济增长的质量和效益，加快转变经济增长方式。科技创新具有乘数效应，不仅可以直接转化为现实生产力，而且可以通过科技的渗透作用放大各生产要素的生产力，提高社会整体生产力水平。

3. 提升经济增长的质量和效益

实施创新驱动发展战略，加快产业技术创新，全面提升经济增长的质量和效益，用高新技术和先进适用技术改造提升传统产业，既可以降低消耗、减少污染，改变过度消耗资源、污染环境的发展模式，又可以提升产业竞争力。

第二节 协同创新与技术创新的关系

一、协同创新的内涵

1. 协同创新的含义

协同创新最基本的含义是知识创新和技术创新的结合,以此推动科技创新成果转化能力的提升。

2. 协同创新体系

协同创新体系是指不同行为者之间进行交流。服从于提高国家自主创新能力和原始创新产生具有自主知识产权的行为称为协同国家创新体系。

(一)知识创新和技术创新的关系

知识创新和技术创新相互依赖,知识创新即以大学生为主体的创新,其创新成果即科学新发现。技术创新则是企业为主体的创新。知识创新和技术创新的协同,就是科学家和企业家的协同。创新驱动需要注重协同创新,即知识创新和技术创新的协同。

1. 知识经济体系

科学家的知识创新瞄准前沿技术,企业家的技术创新瞄准市场需求。二者协同就可以既有能力抢占科技发展的制高点,又可以使研发的新技术有商业化和产业化价值,建立知识经济体,形成产业价值。

2. 国家创新体系

知识创新体系和技术创新体系构成国家创新体系,国家创新体系的核心问题就是解决好知识创新体系和技术创新体系的协同和集成。衡量地区和企业的科技创新能力不能只是看有多少研发投入,更要看有多少孵化器之类的创新平台。

(二)协同创新体系与知识创新体系建设

科学家追求的是学术价值,企业家追求的是商业价值和市场前景。二者共同进入高新技术孵化领域,目标和角色发生了转换,使创新成果既有高的科技含量,又有好的市场前景,彼此间形成创新的利益共同体。

1. 知识创新与技术创新衔接机制建设

创新要素的新组合不仅是企业对已有要素的组合,而且要对创新的 3 方面工作(科学发现工作、对发明成果进行转化工作、采用新技术)进行重新组合。它是对知识创新和技术创新的重新组合,加快科技成果向现实生产力的转化,形成产学研创新平台和机制，以有效推进协同创新。

2. 创新机制形成产业价值

当今时代，无论发达国家还是新兴经济体，都很重视国家创新战略，希望通过创新应对国际金融危机，进而化危为机，抢占未来竞争制高点。面对发达国家和新兴经济体追赶比拼，我们应大力提高自主创新能力，以形成产业发展新优势，赢得先机、赢得主动、赢得未来。知识创新体系建设涉及基础研究、前沿技术研究和社会公益技术研究。一方面要瞄准国际前沿的科学问题；另一方面要瞄准国民经济发展的现实，因此需要从科学思想上突破重大技术瓶颈，为技术创新提供科学思想。

（二）实施创新驱动发展战略，实现多种方式的转型

知识创新的成果进入高新技术孵化阶段需要以市场为导向，解决创新成果的商业价值，市场需要以技术的先进性为导向。实现产学研各方互利共赢的创新收益分配体制。

1. 以大学为主体的科学研究的转型

大学的知识创新延伸到孵化阶段，意味着大学的创新不限于创造知识（包括基础研究项目结项、发表学术论文、申请到国家专利等），将科学研究成果推向应用，参与孵化新技术。

2. 以企业为主体的技术创新的转型

企业的技术创新不能限于自身的研发力量，需要得到大学和科研机构开发的新技术。企业获取新技术的途径可以通过技术交易、购买技术等，企业将技术创新环节延伸到了大学提供的科研成果的孵化创新阶段。这样在孵化阶段知识创新主体和技术创新主体交汇，就形成了企业家和科学家的互动合作。

3. 建立合适的商业模式

协同创新不只是产学研的协同，还有科技创新和商业模式创新的协同。知识创新和技术创新是脱节的，科学家的研究停留在知识创新阶段，企业的技术创新限于企业内的自我研发，创新驱动不仅要靠领先的技术，而且要有出色的商业模式去推向市场，实现创新成果的价值。

三、建立适合经济增长的科技自主创新体系

纵观世界创新型国家，科技自主创新成为促进国家发展的主导战略，科技进步贡献率都在70%以上，对外技术的依存度都在30%以下（我国的对外技术依存度达50%以上）。因此，应建立国家科技自主创新体系，以推进经济建设，使社会发展迈上新的台阶。

(一)科技创新体系构成

科技创新体系由以科学研究为先导的知识创新、以标准化为轴心的技术创新和以信息化为载体的现代科技引领的管理创新三大体系构成,知识社会新环境下3个体系相互渗透,互为支撑,互为动力,推动着科学研究、技术研发、管理与制度创新的新形态。

1. 知识创新体系

知识创新的核心是科学研究,新的思想观念和公理体系的产生,其直接结果是新的概念范畴和理论学说的产生,为人类认识世界和改造世界提供新的世界观和方法论,知识创新是技术创新和管理创新的文化基础,没有新的理论学说和公理体系,不可能有技术创新和制度创新。

2. 技术创新体系

技术创新的核心内容是科学技术的发明和创造的价值实现,其直接结果是推动科学技术进步与应用创新的良性互动,提高社会生产力的发展水平,进而促进社会经济的增长,技术创新反过来又为知识创新和管理创新奠定了必要的物质基础;管理创新则为知识创新和技术创新提供必要的微观与宏观环境。技术创新是社会发展的"硬件"。

3. 管理创新体系

管理创新既包括宏观管理层面上的创新——社会政治、经济和管理等方面的制度创新,也包括微观管理层面上的创新,其核心内容是科技引领的管理变革,其直接结果是激发人们的创造性和积极性,促使所有社会资源的合理配置,最终推动社会的进步。知识创新和管理创新则是社会进步的"软件",它们对国家的发展和社会进步起着关键性的作用,是社会进步的动力源。[19]

(二)实施科技自主创新体系的必要性

实施科技创新体系发展战略,将科技创新摆在国家发展全局的核心位置,实现到2020年进入创新型国家行列的目标,必须充分认识实施创新驱动发展战略的重大意义,抓住重点,形成合力。

1. 转变经济发展方式的根本途径

根据资源禀赋和比较优势与我国发展阶段相适应的现实,选择了由投资带动科技创新的发展模式,并且在实践中取得了巨大成功,使我国进入了中等收入国家行列。然而,随着人口红利的逐步衰减和资源环境约束的强化,"高投入、高消耗、高污染、低质量、低效益"的经济发展模式已难以为继,不可能继续支撑我国向高收入国家迈进,因此,建立科技自主创新体系势在必行。

2. 应对新一轮产业变革的战略选择

国际金融危机后，为摆脱危机影响，西方主要国家加大了研发投入，着力发展信息、生物、数字制造、绿色能源等高端技术，科技创新出现新态势，技术融合呈现新特征，制造方式发生新变化，产业发展孕育新形态。谁能在科技创新方面占据优势，谁就能掌握发展的主动权。

3. 跨越中等收入国家陷阱的必由之路

所谓的"中等收入陷阱"是指当一个国家的人均收入达到中等水平后，由于不能顺利实现经济发展方式的转变，导致经济增长动力不足，最终出现经济停滞的一种状态。按照世界银行的标准，2012 年我国人均国内生产总值达到 6 100美元，已经进入中等收入偏上国家的行列。目前，我国从中等收入阶段向高收入阶段迈进，经济增长出现了阶段性变化。这种变化虽然有国际金融危机引发的外部环境变化的背景，更重要的则是经济发展的内在条件发生了变化。

4. 劳动人口数量减少，劳动力成本逆上升

劳动年龄人口数量减少，劳动力成本不可逆地上升，储蓄率和投资率下调，投资和出口对经济增长的驱动力开始减弱，潜在经济增长率趋于下降，正在转向 7% ~8% 的新常态。经济发展内外部环境的变化，使既有发展模式的弊端更加突出地暴露出来。收入分配差距扩大，发展成果共享不足；资源环境约束持续强化，发展代价过高。特别是产能过剩矛盾突出，劳动力成本低优势减弱，创新能力不足问题更加凸显，能源资源约束持续强化。对此，我们必须保持高度警惕。

第三节　创新驱动发展战略与促进黑龙江省经济增长的对策

党的十八大报告提出，到 2020 年我国进入创新型国家行列。国际上普遍认可的创新型国家，科技创新对经济发展的贡献率一般在 70% 以上，研发投入占 GDP 的比重超过 2% ，技术对外依存度低于 20% 。目前，应将我国建设创新型国家的目标进行分解和细化，建立完成目标的组织架构和任务体系，让各部门、各层面、各单位按照明确的目标任务推进。

一、创新驱动发展战略实施

（一）细化战略目标，实施发展战略

创新驱动的发展战略是一个系统工程，既涉及知识创新，又涉及技术创新，

也涉及相应经济体制的重大改革。需要各个系统形成合力,促进创新资源高效配置和转化集成,把全社会的智慧和力量凝聚到创新发展上来。

1. 提高自主创新能力促进经济增长

我国很多产业处于国际产业链的中低端,消耗大、利润低,受制于人。只有拥有强大的自主创新能力,才能在激烈的国际竞争中把握先机、赢得主动。

2. 优势资源整合建立创新模式

提高自主创新能力要瞄准国际创新趋势、新特点进行自主创新,使我国的自主创新站在国际技术发展前沿。要将优势资源整合聚集到战略目标上,力求在重点领域、关键技术上取得重大突破。进行多种模式的创新,既可以在优势领域进行原始创新,也可以对现有技术进行集成创新,还应加强引进技术的消化吸收再创新。

(二)构建以市场为导向的技术创新体系

确立企业的主体地位,让企业成为技术需求选择、技术项目确定的主体,成为技术创新投入和创新成果产业化的主体。高校、研发机构以及政府、金融机构等应与企业一起构建分工协作、有机结合的创新链,形成有中国特色的协同创新体系。

1. 企业家是创新的主体

创新驱动是让企业家在广阔的市场中去探索、去试验。政府退出市场,回归到能够发挥自己比较优势的领域,是创造良好竞争环境的关键所在。"更好地发挥政府作用"的政府必须是有限的政府。政府需要做的是创造能使企业平等竞争的环境,创造能有利于千万企业家脱颖而出的环境。

2. 企业是创新的主体

在创新链条中,企业既是创新的出发点,也是创新的落脚点,企业依靠科技进步提高产品竞争力,向创新要效益。引导企业加快产业转型升级,从根本上扭转产业核心技术严重依赖国外的局面。培育发展高技术产业和新兴产业,提高大中型企业核心竞争力。建立以企业为主体、市场为导向、产学研结合的技术创新体系,加强产、学、研协同创新,切实解决科技和经济"两张皮"的现象,实现科技创新引领支撑产业发展。加快技术创新服务平台建设,为企业特别是中小企业提供有效的技术支撑和服务,支持小微企业特别是科技型小微企业的发展。

(三)加快科技体制改革

1. 建立科技创新资源合理流动的机制

建立资源流动机制,促进创新资源高效配置和综合集成,充分发挥市场基础性调节作用,政府充分发挥引导、调控、支持等作用;以解决科技资源配置过度行政化、封闭低效、研发和成果转化效率不高等问题;建立科学的创新评价机制,使科技人员的积极性、主动性、创造性充分发挥出来。

2. 建立政府与市场有机结合的体制创新

实施创新驱动发展战略,政府必须发挥其宏观调控作用,创造良好环境,为科技创新提供保障。整合共享创新资源,积极推进体制机制改革,促进创新资源有效共享、高效利用,加强科技资源和科技产出调查,统筹创新资源配置,深化跨部门、跨区域和跨行业开放合作,完善公共科技资源共建共享机制。

3. 完善法律法规和政策

进一步完善促进国家自主创新能力建设的法律法规和政策,加强产业政策、财税政策、金融政策等与创新能力建设的衔接协调,主要包括财政激励政策、金融政策、政府采购政策等,在人力、资金和物质方面对创新企业给予支持。完善风险投资市场,发挥资本市场对创新型企业发展的引导、示范和带动作用,满足创新型企业对资金的需求。

二、积极落实"+互联网"行动计划

以"+互联网"促进黑龙江省创新创业和发展方式转变,促进互联网与经济社会各领域深度融合。

(一)"+互联网"带动产业发展

应用物联网技术发展精准农业,支持农畜产品电子商务平台、质量追溯平台和农技推广服务云平台建设,推动农畜产品从种得好、养得好向卖得好转变。

1."金融+互联网"

推动黑龙江省互联网企业与金融机构开展产品、技术、服务创新,培养一批互联网金融骨干企业,满足黑龙江省重点领域的融资需求。

2."制造业+互联网"

推动互联网与制造业融合,提升制造业数字化、网络化、智能化水平,加快传统产业智能化升级,开展智能工厂、数字车间建设,促进智能装备发展。

3."旅游+互联网"

建设完善旅游、商贸、物流等领域电子商务平台和公共服务平台,以改进服务促进产业发展。

4."养老+互联网"

以互联网手段改进养老、医疗、教育、社保、政务、交通以及公共安全服务,建设智慧城市,促进惠民服务便捷化。

(二)培育适合"+互联网"企业的经营管理人才队伍

适应黑龙江省产业结构转型升级需要,以提高经营管理水平和企业竞争力为核心,进一步完善现代企业制度,健全激励机制,改进政府服务,优化发展环境,畅通交流渠道,培育一批具有战略思维、创新能力、管理水平、开拓精神和社会责任感的优秀企业家和高素质企业经营管理人才队伍,适合"+互联网"企业发展对人才的需求。

三、实施科技创新,促进黑龙江省经济增长的对策建议

科技创新作为经济发展的内在动力,决定了能否实现经济的可持续发展。充分调动产学研结合的积极性,让企业在创新驱动的大环境下发挥作用,成为科技创新的主力军,将基础科学技术转化为现实生产力,更好地促进经济发展,为黑龙江省区域经济增长做出贡献。

(一)加快黑龙江省产业结构转型,发展技术密集型产业

科技创新能力与区域经济增长之间存在着非常密切的关系,科技创新已然成为保持经济长期稳定发展的重要保证,同时经济稳定增长也会促进科技创新长效持久的发展,科技创新与经济增长呈现良好互动、互相支撑的可持续发展。

1. 加快产业结构转型,形成集群发展

黑龙江省是一个劳动密集型产业占主导地位的城市,技术密集型产业对其经济增长的贡献率依然处于一个较低的水平。应采取适当措施加快产业结构转型,通过技术创新带动产业集群的发展。

2. 鼓励科技创新以及技术的再次开发

从黑龙江省科技创新投入的情况来看,科技投入占地区生产总值的比例明显偏低。增加科技投入的总量,是保证黑龙江省经济有效运行和持续发展的基本前提,是黑龙江省经济持续快速发展的原动力。

由于基础学科研究的投入周期长、见效慢,以黑龙江省目前的科技基础情况,很难将基础研究成果广泛运用到实际应用中。所以应该考虑适当减少投入到基础科学研究上的科研经费,增加对基础科学成果的再创新方式的投入,注重挖掘对科学技术消化再创新的能力,让已有的科技成果能够切实有效地转化为实际生产力,以带动城市经济的发展。

(二)加强产学研的结合,使企业发展成为科技创新的主体

目前黑龙江省的科技研究环境并不完善,企业与科研院所不能有机结合。企业主要是针对市场来运作,他们对于市场信息的把握、产品生产以及市场的

管理方面很有经验;而各大高校、科研院所在高科技研究人员培养、新技术开发能力以及捕捉新知识等方面比企业更具优势。

1. 搭建产学研合作网络平台

针对黑龙江省科技创新方面的发展现状,高校和研究机构的科技创新活动与实际生产活动脱节,而企业的创新能力又明显不足。产学研互动创新网络的建立可以弥补这个缺陷,搭建了一个合理的产学研合作平台,使高校与科研机构可以和企业相互协作,充分发挥各自的长处,以提高科研成果向生产力转化的效率。

2. 科技创新转化促进经济增长

面对黑龙江省现阶段的情况,应该尽快落实产学研工作的结合,充分调动科研院所与企业的积极性,充分发挥政府的政策引导作用,产学研相结合的机制既可以提升科技创新能力,又可以解决科技创新与市场对接的问题,更好地促进科技创新能力转化为实际生产力。应努力使产学研模式日趋合理化,产业机制不断创新,提高技术市场合同成交金额对经济增长的贡献率,使科技创新成为经济增长的核心动力。

第八章　黑龙江省绿色食品产业化问题实证研究

第一节　黑龙江省绿色食品产业发展的现状

一、黑龙江省绿色食品产业发展过程

黑龙江省有着良好的生态与资源优势，经过多年的绿色食品的开发与建设工作，在我国具有较高的优势地位。在新的时代背景下，应充分发挥优势和潜力，不断提升绿色食品产业发展水平，进一步提升区域竞争力，促进黑龙江省经济发展。

（一）农村经济结构的战略性调整

2013 年，为适应新形势的变化，黑龙江省政府及时调整工作思路，坚持以增加农民收入为中心，大力推进农业和农村经济结构的战略性调整，加快发展优势主导产业——绿色食品产业，进一步推进农业产业化经营，不断深化农村经济体制改革，农业和农村经济继续呈现良好的发展态势，农业经济结构调整取得明显成效。积极压缩低质滞销的粮食作物面积，大力发展优质高效的绿色食品原料作物，种植业结构进一步优化，绿色食品产业迅速壮大，认证品种、监控面积和产品产量均居全国首位。

（二）推进绿色食品产业战略升级

2013 年，黑龙江省把发展无公害食品、绿色食品和有机食品作为农业和农村经济结构调整的一个战略重点，全力推进绿色食品产业战略升级。全省绿色食品种植面积约 97 万公顷，比上年增长 40.3%，绿色食品基地发展到 302 个，其中国家级基地 6 个，获得绿色食品认证的产品 470 个，增长 67.3%，其中有机食品 40 个，增长 110.5%。

（三）绿色食品集群产业化经营取得突破性进展

2013 年，黑龙江省绿色食品产业化经营取得突破性进展，龙头企业群体规模迅速壮大，辐射基地、带动农户和开拓市场的能力进一步增强，成为结构调整重要的牵动力量。通过实施完达山、龙丹等奶业振兴计划，进一步优化了绿色产品区域布局，促进了绿色食品产业的发展壮大。黑龙江省绿色食品产业不但有“先天”优势，而且并没有急于求成，而是经过了长时间的市场调研和精心准备，实施稳扎稳打的战略，才发展到今天这一稳定局面。因此，黑龙江省绿色食品产业未来发展前景看好。

二、黑龙江省绿色食品产业发展现状

黑龙江省作为一个具有生态环境优势与农产资源优势的农业大省，要加速农村经济产业化的发展，就必须站在绿色食品产业化发展的前列，发挥自己的绿色食品资源优势，把绿色食品产业作为经济发展的核心，对绿色食品的开发、保护、流通、消费等环节都要做到安全监管，从而制定与实施绿色食品发展战略，以实现全省经济的全面增长。

（一）绿色食品产业持续发展

近年来，黑龙江省紧紧把握老工业基地调整改造的历史契机，充分利用自身的资源和生态优势，不断扩大绿色食品生产规模，优化产业结构，使全省绿色食品的生产总量和市场占有率稳步提高。

1. 绿色有机食品种植基地扩大

2013 年，黑龙江省在遭受严重灾害的情况下，全省绿色有机食品种植基地在受灾 43.4 万公顷、绝产 10 万公顷的情况下，种植面积仍达 121 万公顷，提前实现了当年的种植面积标准，并超出 0.66 万公顷。绿色食品产业发展速度持续加快，对农业结构调整和农民增收发挥了较强的牵动作用。

2. 绿色食品市场占有率加大

2013 年，黑龙江省绿色食品种植面积达到 160 万公顷，认证产品数量发展到 787 个，总产量1 110万吨，同比分别增长 31.5%、29.1% 和 56.3%。黑龙江省的绿色食品规模、市场占有率销售收入均居全国首位，绿色食品种植面积占全国的 23.4%，居领先地位。

（二）“打绿色牌”加快绿色食品产业战略升级

1. 发展生产基地开拓国际市场

2013 年，黑龙江省在龙头企业带动下，绿色食品出口额达到 21 亿元，创历史最高水平。绿色食品省外销售额超过80亿元,覆盖全国27个省、市,并远销欧美日、东南亚等26个国家和地区。一个覆盖全国大多数省市和世界部分国家、地区的绿色食品市场销售体系初步形成。

此外,黑龙江省还安排专项资金,用于无公害农产品产地环境检测评估、产品质量检测及产品认证补贴,力争使无公害农产品认证数量达到300个,面积发展到170万公顷。围绕开发俄、日、韩等国际市场,大力发展了绿色蔬菜、食用菌和杂粮等生产基地,积极开拓了国际市场。

2. 抓好绿色食品原料基地建设

2013年,黑龙江省以16个县市、国家级水稻、大豆和玉米三大绿色作物产业带建设为重点,推进绿色食品重点生产基地建设。加大对获得认证的乳品加工企业奶源基地的支持力度,积极发展特色畜禽饲养和名特优水产品养殖。黑龙江省以规模化、标准化、精细化为目标,积极抓好绿色食品原料生产基地建设水平的提高,全省获得绿色食品认证的产品已经达到839个。黑龙江省各地继续深入实施绿色食品发展战略,绿色食品产业规模和市场效益明显提升。

三、黑龙江省绿色食品产业发展优势

黑龙江省绿色食品产业坚持以增加农民收入为核心,以提高农产品市场竞争力为主题,紧紧围绕扩大规模、增加总量,扶壮龙头、叫响品牌,开拓市场、提高效益,强化监管、确保质量这四大产业发展关键点,促进了全省绿色食品产业发展速度不断加快。

经济优势主要指自然资源、生产、流通、市场、科技、人才以及对经济发展影响的地理位置或者区位等。由于经济发展受到体制、观念、指导思想、政策的制约,因而,经济优势存在现实的因素、潜在的因素、自控的因素和它控的因素,优势的发挥取决于多方面因素的集合。

(一)区位优势

黑龙江省地处北寒地带,拥有广阔的黑土地,有广长的边境线同俄接壤,并同蒙、韩、朝接近,共同构成“东北亚经贸圈”。这个国际经济东移后的国际经济开发中心,成为21世纪世界经济发展的一个新的增长点。

(1)沃而广的土地资源、特有大农业产品的优越品质,可谓当前我国的“财富之母”。

(2)宽而长的边境线是同邻国相互边贸和互通经贸关系的绝好外贸条件,对于黑龙江省尚未全面实现工业化来说,海外贸易产生的“顺差”,就现实的成为“财富”的重要来源。以上这两大优势,必将成为我们处于“原始积累”时期经济发展的“两大车轮”。问题是在于我们是否善于利用它们。

(二)绿色资源优势

黑龙江省地处北寒地带，广阔黑沃的土地，生长着特有品质农、林、牧、副业产品，蕴藏着特有品位的、种类繁多的优质矿产资源。

1. 打造黑龙江省特有的绿色食品战略

对黑龙江省特有产品、特有品质、特有生产技术加以发掘和配置，转化为市场优势。如具有特有品质的皮毛、鱼类、药材、野果、林木、牛羊、良蔬、花草等，就是一大优势。实行特产品牌化战略，由资源优势变成产品优势，最终形成市场优势。黑龙江省的绿色食品生产已经形成了粮、油、乳、肉、蛋、菜、药、山特产、啤酒、饮料等产品的开发格局。为提高绿色食品的市场竞争力，黑龙江省采取统一品牌、集团化经营等措施，创造了一批知名品牌。目前，黑龙江省仅有的3个全国驰名商标中就有2个是绿色食品，同时新创了绿山川系列山野菜水饺、珍珠山系列山特产品、镜泊湖大米等16个全国著名商标，红星、完达山等绿色食品还被评为全国名牌产品。

2. 发挥在产品深加工和高新技术的优势

以农业为本源，以工业求发展，更新观念，在产品深加工及现代高新技术产品方面，也有不少优势产业或产品，如亚麻纺织品、中药材、矿泉水、豆制品等都有著名特产品种，而机电产品中的某些品种也有黑龙江省自己的资源优势和特色。通过农产品商品化和农村要素市场化，改善生产、生活条件成为一个广泛的社会氛围。营造加速进入社会主义市场经济体制，向国内外市场进军。实行企业内部优化配置与社会优化配置相结合，有效地利用人才并发挥作用。

3. 广阔的农村大市场优势

黑龙江省经济发展滞后，全民平均收入低，但存在着潜力巨大的生产资料与消费资料需求市场。具有对省内工业产品、商品性农产品与多种劳务服务的消费吸收能力，形成不断优化的扩大再生产，并保持对外资、科技吸引的巨大活力，为此，依靠科技的进步，生产优质特产品，引导企业与农民大踏步地进入市场，提高省内产品的市场占有率，并占领广阔的省外、国外市场，寻找一条自我发展的出路。

第二节 黑龙江省绿色食品产业发展存在的问题

一、绿色食品产业化存在的问题

(一)生态与环境问题突出

以农业为本源,以工业求发展,通过农村要素市场化和农产品经济产业化,改善生产、生活条件,是推动区域经济发展的正确方针。

1. 水土流失导致土地营养损失

根据有关部门对东北黑土地地区的考察、测算,松辽流域124.5平方千米,已有30%以上存在水土流失,其中典型黑土地的流失面积已接近黑土地面积的40%。据测算,黑土区每年流失黑土2亿立方米,黑龙江省就流失1亿多立方米。水土流失导致了土地营养损失,增加了化肥使用量。

2. 化肥使用量超标造成农业生态环境污染

黑龙江省每年使用化肥上万吨,如果按利用率为30%计算,大约200万吨未被利用的化肥进入农业环境,造成农业生态环境污染,粮食等食物有害物质超标。农业环境污染加重,影响到绿色食品生产的扩大和升级,同时也严重影响黑龙江省农产品出口创汇。

(二)生产要素推广难

黑龙江省绿色食品的蓬勃发展,给黑龙江省绿色食品加工企业带来了巨大的经济效益。但是绿色食品生产的配套技术和所需生产要素问题严重,特别是推广难的问题制约了黑龙江省绿色食品的发展规模和速度。

1. 绿色食品生产过程限定严格

由于绿色食品生产过程中要求禁用和限用农药和化肥等合成物质,这样就对食物所施的化肥与农药有了特殊的要求,作为绿色食品的重要生产要素生物农药与微生物肥在绿色食品的发展中起到了重大作用。

2. 控制实用新技术的使用

目前微生物肥的推广、使用也存在问题。大多数新型肥料产品是实用新技术产品,在研究上没有得到足够的重视。国内专门从事新型肥料开发的很少,目前市场应用的许多新型肥料是"业余发明",或由非专业人士"开发",或由国外引进。许多产品技术含量不高,新产品开发更是匮乏。

(三)盲目扩大生产市场开发不均衡

由于黑龙江省绿色食品市场空间不断扩大,市场需求也快速增加,更重要的是从事这一行业具有较高的经济利益的驱动，急功近利的心态，使更多的企业投资于绿色食品产业，导致其生产规模急剧扩大。

1. 基础条件薄弱，无法形成特色产品

黑龙江省一些生产基地交通条件差，装卸运输不便，水利设施老化陈旧，排灌条件差，科技投入少。种植户既搞引种试验，又搞生产、经营和销售；既生产包装用具，又生产食品，顾此失彼，无法形成自己的特色和拳头产品，影响专业化的发展。目前，虽然生产规模出现了较大幅度的增加，但产值并不高，投入产出不成正比，甚至出现了边际收益递减的趋势。黑龙江省绿色食品开拓国际市场能力还很薄弱。

2. 生产方式落后，专业化程度不高

由于黑龙江省绿色食品生产是从单个农户基础上发展起来的，以分散经营、小农经济为主体的格局未能根本改变，生产组织形式普遍表现为“小而全”，生产专业化程度不高，生产设施和生产技术水平相对落后，大多以传统的生产方式，缺乏科技创新，发展受到影响。

（四）缺乏整体规划产业组合不配套

黑龙江省绿色食品产业发展由于时间短，还没有形成一定的影响力和知名度。多数企业以自产自销方式为主，依靠田头市场和马路市场，营销方式单一、原始，营销渠道不畅。

1. 提高绿色食品市场的规模化

黑龙江省绿色食品企业多数企业规模小，甚至是个体农户经营，产地分布广，经营单位分散，品种多而杂。这种状况不但影响了规模效益，而且给广大消费者对黑龙江省的绿色食品的识别和选择造成了一定的困难。因此，迫切需要按市场规则进行重组和整合，提高绿色食品市场营销的组织化和规模化程度。

2. 提高绿色食品的产业化

在黑龙江省有些地区生产绿色食品的企业基本是民间自行发展而形成的，市场调节作用明显；缺乏宏观的产业指导与调控，政府作用微弱，多数小型企业各自为战；信息闭塞，内部竞争激烈，不能形成整体合力。这既制约了先进生产技术和现代设施的推广运用，也使生产中产品结构性矛盾日益突出。

3. 提高绿色食品的市场占有率

由于黑龙江省绿色食品企业多数处于发展初级阶段，这些企业在确定营销目标时往往突出品种、产量、产值、成本和利润等短期性的目标，而对于市场占有率、产品形象和声誉、顾客满意度、忠诚度和巩固率等长期目标重视不够。因此必须加强相应管理，提高产品的顾客满意度。

(五)服务体系建设滞后

缺乏满足绿色食品产业发展的服务体系,专用物资配套供应与配套技术以及产后处理、运输、销售等方面,缺乏统一的社会化服务体系的支持;没有建立健全的绿色食品信息中心;生产企业不能掌握全面的市场信息,许多只能凭经验、感觉进行生产,这就加大了生产的盲目性、风险性,总体上也增加了产品的成本,影响了市场竞争力。应改善绿色食品经营方式,使生产绿色食品的经营观念转向市场营销。

二、根据黑龙江省绿色食品发展存在问题采取的措施

近年来,各地政府都把绿色食品开发作为现代农业发展和区域经济发展的重要内容,着眼于将生态资源优势转化为经济振兴动力、区域发展实力,坚持大手笔、大举措、大动作强力推进,不仅推动了黑龙江省绿色食品开发的迅猛发展,还全面营造了促进产业大发展、快发展的环境与氛围。

(一)坚持政府推动与市场运作相结合

作为新兴的绿色食品产业,政府的有力推动是必不可少的条件,只有通过政府行为才能为产业发展创造良好的条件。通过市场机制为产业增添新的活力,带动绿色食品产业持续健康发展。

1. 基地建设规模化

黑龙江省一直把基地建设的出发点和落脚点定位在高起点、高标准、高水平上,不断强化措施和推进手段,努力建设全国一流的大型标准化绿色食品基地。瞄准市场需求,不断调整绿色食品种植、养殖业结构,大力发展绿色食品规模化、专业化生产。为推进绿色食品原料标准化生产基地建设,以实施绿色食品全程标准化生产模式为主导,制订相应技术操作规程1 400多项,涵盖了粮食作物、经济作物、畜禽养殖、山特采集以及食用菌栽培等多个领域。

2. 利用哈洽会的契机

中国哈尔滨国际经济贸易洽谈会(简称哈洽会)是经中国政府批准举办的国家级、国际性大型经贸展览会。自创办以来,已经连续举办 12 届哈洽会绿色食品展,以其特有的方式,通过展品、企业及贸易合作的变化,将我省这一新兴支柱产业的开放式国际化发展姿态清晰呈现。

2013 年第 24 届哈洽会绿色食品展以“打造安全可靠大粮仓,建设优质绿色大厨房”为主题,意在通过展示、洽谈、推介等多种形式,充分展示黑龙江省安全“大粮仓”和绿色“大厨房”建设取得的成果,进一步叫响绿色食品品牌。黑龙江省资源丰富,环境优越,发展大型标准化绿色食品基地具有得天独厚的条件。

(二)加快国内外绿色食品市场的开发

积极开拓国外市场,充分发挥黑龙江省毗邻日、韩、俄的区位优势,组织引导绿色食品生产企业搞好出口贸易,此外,还应在巩固京津、长三角、珠三角三大区域市场的同时,积极开拓其他省级城市市场。以此建设销售网络,有计划地组织企业、聚集名牌产品、特色产品,到重点地区开展系列营销展洽谈活动。

1. 健全物流网络突破传统营销体系

利用品牌和资源优势,吸引国内外资金,加快各类市场建设,力争在较短时间内形成以哈尔滨为核心,齐齐哈尔、牡丹江、大庆等城市相配套的绿色食品市场物流网络。重点支持已具备规模和实力的"三品一标"企业。

2. 切实加强专业市场建设

发挥特色产品优势和原产地优势,建设起一批具有区域特色的专业物流市场,采取各种形式大力发展专营店、连锁店,在大中城市商场、超市设立专卖区、专卖柜等销售网点,不断扩大销售渠道,建设稳固和长久市场。

第三节 黑龙江省绿色食品产业发展对策

一、制定黑龙江绿色食品产业发展的战略依据

由于绿色食品的发展及其结构日趋合理,要求企业的经济活动涉及各个生产经营要素协调发展形成一个有机系统,并对其进行科学的系统工程设计和系统的工程施工。

(一)环境依据

制定与实施可持续发展战略已成为全世界绝大多数国家的共识与一致行动。1992 年 6 月,在巴西里约热内卢召开的联合国环境与发展大会上通过并公布了《21 世纪议程》,这是可持续发展从理论走向实践的标志,它把可持续发展确定为全球长期发展的战略,表明可持续发展已成为世界各国现代发展的主导潮流。《21 世纪议程》是全球推进可持续发展战略的行动准则。

1. 国际环境依据

从国家、区域、国际水平上更好地保护和管理环境,阻止人类赖以维持生命的生态系统进一步恶化,争取一个更为安全、更加繁荣的未来,为此各个国家必须联合起来走可持续发展的道路。将经济、社会与资源环境紧密地结合起来,构筑一个综合性、长期性、渐进性的可持续发展战略框架。在足够技术和资本投入的前提下,实施保护环境为主要目标的维持性发展战略,满足基本需求的

经济基础和生产能力、技术含量低的粗放型高能耗低产出及高污染的经济发展状态、在发展经济的同时,将环境污染控制在环境与生活最大承受力的边缘状态。

2. 国内环境依据

以经济建设为中心,充分利用国际经济要素与我国的经济要素进行优化组合,实现经济发展在世界范围的良性循环,增强可持续发展能力,促进人与自然的和谐,推动社会走向生产发展、生活富裕和生态良好的文明发展道路。坚持以信息化带动工业化,以工业化促进信息化,走出一条科技含量高、经济效益好、资源消耗低、环境污染少、人力资源优势得到充分发挥的新型工业化路子。坚持"引进来"和"走出去"相结合,全面提高对外开放水平。适应全球经济一体化的形式,充分利用国际和国内两个市场,优化资源配置,拓宽发展空间,促进绿色产品战略实施。

(二)黑龙江省开发绿色食品的必要性

黑龙江省作为一个具有生态环境优势与农产资源优势的农业大省,要加速农村经济产业化的发展,就必须站在绿色食品产业化发展的前列,发挥绿色食品资源的优势,把绿色食品产业作为本省经济发展的核心,对绿色食品的开发、保护、流通、消费等环节都要做到安全监管,从而制定与实施绿色食品发展战略,以实现全省经济的全面增长。

1. 稳定的生态体系

黑龙江省位于我国北部边陲,幅员辽阔,少有沙漠之地,土地特征是"五山一水一草三分田",即以广阔茂密的原始森林为主体,与辽阔的草原、纵横的河流、肥沃的土壤、丰富的动植物资源共同构成了一个有机的、相互支撑的、结构复杂、比较稳定的陆地生态体系。

2. 特定的自然环境

黑龙江省地处北纬 45 度,是世界三大寒地黑土带之一、世界黄金牧场和奶牛饲养带、世界黄金玉米种植带。黑龙江省森林众多,林木品种丰富,森林资源中防护林占比重很大,使抗旱抗涝能力增强,生态环境改善。农田水利建设,以治理风沙、盐碱、抗洪涝为重点,积极引水,改善自然环境,提高农业资源利用效率,促进农业可持续发展。

(三)绿色食品发展战略的基本要素

绿色食品发展战略是一个从依据、目标到实现措施的严密构想或系统设计方案,完整的战略方案如下:

(1)战略方针是制定绿色食品发展战略的指针和总纲,体现着规划战略方案的基本指导思想,绿色食品发展战略方案规定绿色食品产业经济活动的基本方向和基本道路,决定着绿色食品战略的成败。

(2)战略目标是绿色食品产业经济活动完成的基本要求,是战略的核心和首要问题。

(3)战略措施是实现战略目标的重点对策,包括政策、方法,是目标实现的保证。

二、黑龙江省绿色食品产业发展对策

(一)加快产业化建设的进程

根据黑龙江省各地资源基础出发,确定几个特色产业区。为使黑龙江省绿色食品产业能健康有序地发展,政府应加强宏观指导,防止一些企业盲目发展和低水平重复建设。发展绿色食品产业,关键在于精心组织,狠抓具体措施落实。

1. 提高思想认识

黑龙江省各级政府必须高度重视绿色食品工作,思想认识到位、组织领导到位、工作措施到位。增强工作的紧迫感和责任感,把发展绿色绿色食品产业作为当前及今后一个时期农业和农村经济工作的重点,作为农业与国民经济协调、持续、健康发展的重大举措,作为用工业思维谋划农业发展的有效实现形式,纳入日程,摆上位置。

2. 坚持政府推动与市场运作相结合

黑龙江省绿色食品产业起步于市场经济发展初期,在社会主义市场经济体制建立和完善的过程中,遵循市场经济规律,实行市场化运作,是产业发展的客观要求。作为一个新兴产业,在其起步阶段和发展壮大的过程中,黑龙江省政府的有力推动是必不可少的条件。从这一认识出发,我们在谋划绿色食品产业发展上,近几年始终坚持政府推动和市场运作的有机结合。通过政府行为,为产业发展创造良好的环境,通过市场机制为产业振兴黑龙江增添新的活力,从而带动产业的持续健康发展。

3. 走产加销一体化经营的道路

绿色食品执行的是土地到餐桌的全程质量监控,其内在要求是将生产、加工、销售作为一个整体来运作。黑龙江省的绿色食品产业发展,无论是基地建设还是产品销售,都较好地顺应了这一客观要求。以龙头加工企业为核心,上连市场、下连农户,产业化经营的优势得到了充分发挥。目前,产业化经营已成为黑龙江省农业的一大特点,各方面的条件日趋成熟,为绿色食品产业的壮大奠定了坚实的基础。黑龙江省绿色食品产业要迈向一个更高的层次,必须坚定不移地走产业化经营的路子,为提高黑龙江省农业产业化经营水平做出典范。

4. 突出品牌带动作用

绿色食品讲究的是采用先进的农业技术、先进的管理方式和先进的装备手段,使内在质量和外在形象统一起来,经过一系列生产流程的包装,孕育出叫得响的绿色优质品牌,靠优质品牌打开市场、带动产业,增加企业和农民的经济收入。从全省绿色食品产业走过的历程看,不论是基地规模的扩大、市场份额的提高,还是企业效益的提升,品牌孕育都起到了至关重要的作用。在开发品种上,实现由单一粮食作物向林特产品、多种经营产品、畜产品和水产品开发的转变;在开发的产业上,实现由第一产业向一、二产业并重的转变在开发的层次上,实现黑龙江省由初级农产品向精深加工产品、由绿色农产品向有机农产品开发的转变。

(二)实施科技创新战略提高市场竞争力

黑龙江省行业内的一些专家呼吁,要改变绿色食品生产要素推广难的尴尬境地,要加大宣传力度,让广大农民掌握产品的杀虫机理和使用技能。

1. 营造良好氛围让绿色农产品冲破壁垒

由政府部门牵头设立绿色食品生产要素推广基金,有针对性地对生产企业进行奖优罚劣。企业要着力提高产品在防病力、击倒力方面的效能,并且须运用科技手段,降低产品的生产成本。尽快建立无公害农产品的检测体系,让货真价实者得到实惠。只有这样,才能营造一种推广使用生物农药与微生物肥的良好氛围,让更多的绿色农产品冲破"绿色壁垒",跨出国门。

2. 制定标准建设示范性生产基地

从实际出发,抓紧制定生产标准,办好示范性生产基地。强化精品意识,对生产已有一定批量和市场的产品,要通过进一步提高质量,扩大规模,提高生产企业的整体水平,增强市场竞争力,树立科技创新意识,积极鼓励引导企业。企业申报产品注册商标,以保护产品品种和提高其知名度。作为政府部门,对黑龙江省绿色食品生产要素整体形象进行策划、包装,加大宣传力度,扩大黑龙江省绿色食品生产要素的影响力,使企业获得更多的外在经济。

三、加强黑龙江省绿色食品管理与服务体系建设

绿色食品管理与服务体系是农产品质量安全工作的重要组成部分,是促进绿色食品产业持续、健康发展的重要保障。

(一)加强绿色食品管理,促进农业结构调整

加强绿色食品管理与服务体系建设,促进农业结构调整、农民增收和农业可持续发展,保障城乡居民消费安全,提高农产品市场竞争力,具有十分重要的现实意义和深远的战略意义。在实际工作中,要树立大局观念、发展观念和服务观念,推进绿色食品管理与服务体系建设工作的开展。

1. 树立大局观念

把绿色食品工作纳入农业和农村经济工作的全局,争取有利于加快发展的工作条件和政策环境,进一步加强宏观指导,扩展绿色食品资源要素的配置空间,建立物质技术配套支持系统,不断弱化产业内部的“瓶颈”约束,从而实现绿色食品产业持续、稳定、快速发展。

2. 树立发展观念

从绿色食品产业发展阶段与基本情况分析,绿色食品是一项促进农业提高素质和效益、增进人民健康和保护生态环境的事业,从未来发展看,绿色食品发展将更多地依靠市场需求的拉动,而现阶段,由于城乡居民收入水平还不高,质量安全意识还不够强,发挥政府职能予以推动至关重要,也十分必要。要从偏重市场运作转变为政府引导与市场拉动相结合。

3. 树立服务观念

体系建设要从紧紧围绕服务各级农业管理部门,服务绿色食品企业,服务绿色食品基地和广大农户出发,以保护城乡消费者权益,促进绿色食品产业发展,提高农产品市场竞争力为目标,有效整合资源,创新机制,建立健全绿色食品管理与服务体系,在产业规划、生产指导、绿标申报、市场开发、质量监督、产品检测等方面提供更加有效的服务。

(二)树立服务意识营造良好环境

绿色食品产业是活跃黑龙江省经济,增加农民收入的支柱产业,政府及相关职能部门要进一步加强规划、政策、技术、信息和培训等方面的服务工作,为黑龙江省绿色食品业创造良好的发展条件和空间。

1. 给予优惠支持引进社会资本

在土地流转、信贷支持、用水用电等方面给予优惠和鼓励,引导社会资本进入绿色食品产业。加强行业管理,加大依法行政力度,杜绝制假售假行为,保护农户合法利益,为黑龙江省绿色食品产业的发展营造良好的环境。

2. 建立绿色食品保证体系

根据绿色食品产业发展的实际情况,现阶段要重点做好认证管理体系、行业服务体系、科技支撑体系、信息服务体系、法制保障体系建设工作,通过政府

管理、公共服务、行业自律和市场引导、信息化推动等途径，把绿色食品产前、产中、产后各环节有机结合起来，形成专业化生产、区域化布局、一体化经营、社会化服务、企业化管理的绿色食品产业生产经营格局。

3. 完善绿色食品组织架构

建立健全管理机构，切实抓好工作体系建设，成立行业协会，完善绿色食品行业组织体系。建立专家咨询组，强化绿色食品产业的科技支撑体系。推进信息工作，完善信息服务体系，加强法制建设，完善绿色食品法制保障体系。

4. 加强知识培训提高整体素质

适应市场经济的发展要求，提高农户和企业员工的知识水平，注重企业员工整体素质形象非常重要。应加强对农户和企业员工知识培训，增强其市场经济意识，提高科技文化素质。从以往独门独户小生产经营向公司化经营转变，从不正当竞争向文明竞争转变，从产业优势向市场优势转变，从单纯地求数量向全面地求质量转变，从只重视求短期经济效益向重视求长期经济效益转变。

第九章　黑龙江省冰雪旅游产业价值实证研究

第一节　黑龙江省冰雪产业发展概况

一、黑龙江省冰雪产业经济的现状

（一）冰雪资源现状

按照习总书记“绿水青山就是金山银山，冰天雪地也是金山银山”的思路，加快建设生态文明龙江，持续打造“避暑胜地，畅爽龙江”的夏季旅游品牌和冬季冰雪旅游品牌。

冰雪资源是黑龙江省发展冰雪产业的基础，是进一步进行产业升级的重要保障。从冰雪产业层面说，开发冰雪资源主要在气候与地形上有一些限制条件，主要包括地形条件、气温条件、风力大小、雪期长短等。从这点上看，黑龙江省具有丰富的冰雪资源，在全国范围内独一无二。

1. 冰天雪地也是金山银山

“冰天雪地也是金山银山”，习总书记用简短的话语给黑龙江省的发展指明了发挥资源优势的捷径，黑龙江省是我国位置最北、纬度最高的省份。它的地理位置为东经 121°11′～135°05′，北纬 43°26′～53°33′，是发展冰雪产业、开展冰雪运动的绝佳位置，冰雪资源十分丰富，具有“林海雪原”的称号。

例如，哈尔滨、齐齐哈尔、牡丹江、佳木斯等主要地区具有 3～4 个月的积雪期，而北部的大兴安岭地区的积雪期可能长达 5～6 个月，部分地区降雪厚度能达 1.5 米。由于特殊的地理位置，黑龙江省的降雪期较长且雪量较大，许多区域具有适宜冰雪产业发展的温度与环境。许多山地坡度适中、雪量恒定、雪质优良，降雪期有半年之久，雪量丰富时间长达 3 个月，是发展冰雪旅游产业、开展冰雪运动得天独厚的场所。

2. 冰雪产业具有天然资源优势

黑龙江省是我国最具地理特色的省份之一,位于我国最北方,幅员辽阔,地理环境十分复杂,有平原、高山和谷地。

黑龙江省内多为山地,森林覆盖率高。黑龙江省山区面积占全省面积的60%以上,境内分布着大小兴安岭、长白山等高大山体,森林覆盖率在40%以上,是全国森林覆盖率最高的省份,能够达到建造滑雪场要求的山峰就有100多座。目前已建雪场绝大部分是旅游型滑雪场,在我国滑雪资源分布上首屈一指,同时以亚布力滑雪场为首的一批高级雪场已达到国际赛事的标准,举办过许多大型雪上赛事。

3. 冰雪文化具有影响力

寒冷的气候也造就了黑龙江省的冰上资源优势,省内的大小河流使得冬季黑龙江省冰源丰富,从而使黑龙江省成为我国最早开展冰雪文化、冰雕艺术的地区,是我国冰雪艺术规模最大、历史最长、最具影响力的市场。

(二)黑龙江省冰雪产业发展现状

黑龙江省冰雪产业主要依托于冰雪旅游业,近年来,黑龙江省逐步意识到冰雪产业的关键作用,通过申请及承办一些国际性活动与赛事,充分发掘黑龙江省冰雪资源,利用自身资源优势,使黑龙江省的知名度逐步提升,进而使黑龙江省冰雪产业获得了大批外部资金支持,冰雪产业得到了极大发展。同时,冰雪产业也给黑龙江省带来了巨大的经济利润。

1. 冰雪旅游业

从业人数多达5万人,以哈尔滨为例,冰雪大世界、太阳岛雪博会与兆麟公园冰灯游园会,每年就有2万人参与施工建设。从游客数量上看,2015年我省旅游接待总人数为4亿人次,冰雪旅游人数占总人数的50%以上。以2015年黑龙江省国际滑雪节为例,在开幕一个月的时间里,省内各雪场所接待的游客人次就同比增长近30%,仅滑雪旅游收入在此期间就突破了50亿元。表9.1以春节黄金周情况为例给出了冰雪旅游收入情况。

表 9.1　2011～2015 年黑龙江省春节黄金周冰雪旅游收入

年份	旅游人数/万人	同比增长/%	旅游总收入/亿元	同比增长/%
2011	269.04	11.9	24.4	17.99
2012	285.9	15.8	37.5	27.6
2013	310.7	19.2	46.8	33.1
2014	378.6	23.2	50.7	36.4
2015	400.5	27.9	55.4	47.6

2. 冰雪器材制造业

目前,黑龙江省冰雪制造业水平较低。以冰刀、冰鞋生产为例,高端产品生产与研发主要集中在欧美国家,主要以低端产品为主,每年的冰刀产量在万双左右,产值仅为几千万元。冰刀生产方式基本上是以散件组装为主,国内能全系列生产的厂家只有齐齐哈尔的黑龙冰刀厂,其生产线基本处于停产状态。

(三)黑龙江省冰雪产业的其他相关情况

冰雪产业不仅给黑龙江省经济发展带来了巨大的利润收益,而且对城市文化建设、群众健身生活也起到了积极的影响。黑龙江省举办的"百万青少年上冰雪"活动吸引了大批年轻人,使越来越多的青少年对冰雪运动产生了极大的兴趣与热情,使冰雪运动在黑龙江省建立了广泛的群众基础,丰富了群众的业余文化生活。

1. 国际性冰雪运动赛事促进了龙江发展

黑龙江省同时举办了多个国际性冰雪运动赛事,提高了黑龙江省冬季运动项目的整体水平,也使黑龙江省对外合作与交流提高了一个层次,促进了黑龙江省冰雪产业与西方的交流与融合。

2009 年,黑龙江省成功举办了世界大学生冬季运动会,极大地促进了冰雪运动在黑龙江省的开展与普及,拉近了群众与冰雪运动的关系。同时,大冬会的举办也使黑龙江省的社会环境、人文环境与经济水平得到了全面提升。

2. 群众普及程度和竞技训练水平有待提高

虽然黑龙江省着力发展冰雪产业、普及冰雪运动,但从冰雪项目的普及程度上看,与冰雪运动强国相比,差距十分明显。无论是老百姓的参与程度,还是竞技体育队伍的训练水平,和欧美国家相比,我们还需要若干年的努力,才能达到他们的水平。

3. 黑龙江省缺少生产高端雪上用品的企业

黑龙江省并无一家生产企业生产相对高端的雪上用品,滑雪场以及滑雪爱好者只能购买南方企业或国外企业生产的滑雪装备,而这些装备的价格相对较高,这在一定程度上导致了滑雪者的减少。黑龙江省冰雪器材制造业的薄弱有多方面的原因。黑龙江省虽然是冰雪运动强省,但与欧美等发达国家相比,冰雪运动普及程度并不高,从而导致冰雪运动器材需求量匮乏。

4. 冰雪器材制造技术落后

就产业本身来说,黑龙江省并不是运动器材制造强省,由于地理与资源等多方面的原因,黑龙江省冰雪器材制造业并不具有比较优势,生产成本较高,冰雪器材制造技术仍然停留在20世纪50年代的水平,较为落后,随着生活水平的提高,大众对冰雪运动器材的要求越来越高,旧的生产技术已不能满足人民的需求。

二、黑龙江省冰雪产业的理论分析

黑龙江省冰雪产业的产业链并不完整,产业规模处于成长期。多数业界人士的冰雪产业理念仍然模糊不清,孤立地发展冰雪旅游,忽视它所带动的相关产业的发展。

(一)黑龙江省冰雪产业集群

冰雪产业集群有着产业集群的基本特点,但因其资源的特殊性,冰雪产业集群也有着自身独有的特征。

1. 得天独厚的冰雪资源凸显产业集群特有优势

从时间和空间来看,黑龙江省得天独厚的冰雪资源凸显构成集群产业所特有的地理位置上的相近性和聚集性,因而成本效率及能源效率具有很强的竞争优势。在黑龙江省冰雪产业集群中滑雪企业是当之无愧的龙头。目前,黑龙江省冰雪产业主要就是冰雪旅游,在滑雪产业的开发方面,盲目地扩大化,导致了大量人力、物力和财力的浪费。

2. 利用资源优势相互关联企业集合发展

冰雪产业集群指的是以冰雪资源为基础,围绕其开发而形成的以具有相互关联的企业集合形成的一种经济文化综合体,构建低耗高效的黑龙江省滑雪产业集群是黑龙江省冰雪产业集群的重要内容,是优化产业结构、增强产业核心竞争力的重中之重。

(三)黑龙江省冰雪产业的产业链

1. 黑龙江省冰雪产业的生命周期

目前,黑龙江省的滑雪旅游业发展迅速,但滑雪用具生产、滑雪服生产等相关部门的发展水平极低,全省没有自己的雪具品牌,主要依靠进口,致使滑雪旅游业的发展在很大程度上受到限制;就冰雪旅游业本身来说,相关产业发展并不协调,旅游业、娱乐业、服务业等相关产业并没有协调形成一条生态经济综合体。

2. 形成黑龙江省冰雪经济产业链

冰雪经济产业是一个经济综合体,其以冰雪旅游为核心,其他相关产业紧密围绕冰雪旅游产业,形成一个规模庞大的产业链。冰雪经济包括冰雪旅游业、冰雪器材制造业、冰雪体育、冰雪娱乐等多个产业。

冰雪经济产业链的终端在冰雪旅游产品与服务,通过满足不同消费者各种类型层次的需要,使得冰雪产业得到经济利益。冰雪经济产业通过产业内不同部门之间的分工合作,与其相关的各个部门相结合成为一个动态的链接。因而,冰雪产业的特殊性使冰雪产业链比传统产业链复杂。冰雪产业链涵盖于冰雪活动的各个领域,其核心动力来自冰雪旅游,以此拉动冰雪制造业、冰雪娱乐业、冰雪培训业、冰雪服务业、冰雪旅游业等多行业共同发展。黑龙江省冰雪产业的产业链如图 9.1 所示。

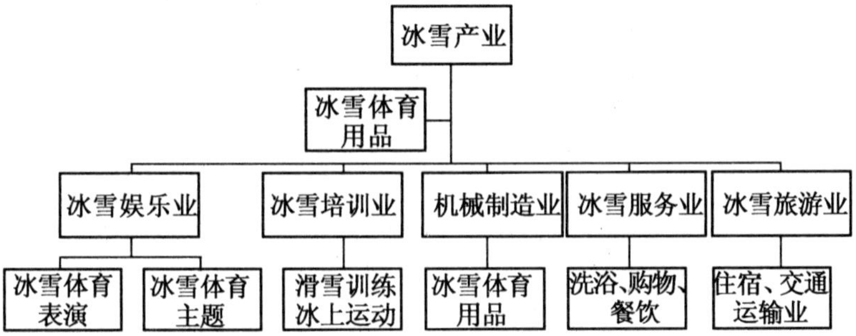

图 9.1　黑龙江省冰雪产业的产业链

第二节　黑龙江省冰雪旅游资源价值体系构建

一、冰雪旅游资源价值的含义及特点

(一)冰雪旅游资源价值的含义

各种资源的价值本身具有多功用性,旅游价值只是其中一种附属用途而产生的附加值。这种价值首先是因少数人追求一种舒适性的选择而体现出来,然后又随着这种资源的稀缺性增强,资源的这种附加值从而不断提升并被更多的人所认识和选择。这一资源价值的选择过程,也就决定了旅游资源价值的创造与实现过程。旅游资源价值的最初体现是满足人们在观赏、游历的过程中获得的一种消遣放松和对异域风情的了解。

1.旅游资源的价值是一种支付意愿

旅游资源的价值更本质地体现在人们为得到环境舒适性、视觉享受或文化感染而进行的一种支付意愿。因此,对旅游资源价值的认识和构成必须强调资源本质属性的价值构成,而不仅仅是资源的附加值。在旅游资源的价值构成当中,使用价值是指当旅游资源被旅游者消费时,满足旅游者旅游需求的作用和功能。

2.旅游资源是满足消费需求的价值

旅游资源直接满足旅游者消费需求的价值,也就是现在的旅游资源通过旅游商品和服务的形式为旅游者提供的福利。按照是否与旅游者直接接触,旅游资源可以分为两个部分:第一是直接使用价值,指旅游资源直接满足人们旅游活动的需要的各种功能或效用的价值;第二是间接使用价值,指旅游资源提供的非直接的,用来支持直接使用价值的各种功能或效用的价值。

(二)旅游资源功能和效用

相对于旅游资源的使用价值而言,旅游资源的非使用价值是指目前人们没有利用,但可以供自己未来和子孙后代利用的旅游资源功能和效用。非使用价值具有选择价值、存在价值和遗赠价值。

1.旅游资源的选择价值

旅游资源的选择价值指人们不仅愿意支付一定的费用以获得对旅游资源的消费,而且愿意为自己的未来消费支付一定的费用,保留对这种资源的选择权,以便自己能够在将来有机会消费该旅游资源。

2. 旅游资源的存在价值

旅游资源的存在价值指人类没有任何功利目的，只是因为旅游资源的存在而体现出的支付意愿，即存在价值是人们对旅游资源经济价值的一种道德上的评判，包括人类对其他物种的同情和关注。

3. 旅游资源的遗赠价值

旅游资源的遗赠价值指人们为了保护旅游资源而愿意进行支付，这种支付不是为了自己，而是为了把它留给后代人来进行享受其使用价值和非使用价值。

（三）冰雪旅游资源价值的特点

从分类上看，冰雪旅游资源包括自然旅游资源和人文旅游资源，因而兼有自然旅游资源价值和人文旅游资源价值的特点。与一般商品的价值相比，冰雪旅游资源价值有其自身的特点：

（1）稀缺性源自大部分冰雪旅游资源是有限的，人类对它们的开发保护成本不断递增和人类的需求没有止境等因素。

（2）整体有用性是冰雪旅游资源有些功能是整体地发挥作用，不可能在改变冰雪资源系统中某一项成分的同时又使其他因素保持不变。

（3）共享性表现为旅游者要共同享受冰雪旅游资源所形成的景观，这种属性使得人们在冰雪观光旅游时，不能排斥他人对其进行观光欣赏。

（4）外部性包括外部经济性和外部不经济性。外部经济性表明了旅游活动使他人或社会受益，而受益者并不需要为此付费，如促进该地的经济的发展、带动基础设施的完善、改善环境的质量，提高该地的知名度等。外部不经济性显示了旅游活动使他人或社会损失，而造成外部不经济的人却没有为此承担成本。如带来文化上的冲突、造成人们生活的不便、污染环境等。

（5）不可分割性是冰雪旅游资源从物质形态上是不可割裂的，它的消费只能在保持完整性的前提下，由众多的旅游者共同享受。

（6）无须转移所有权是指一般商品通过交换、所有权的转移来实现其交换价值，而冰雪旅游资源交换价值的实现往往通过使用权或提供服务等形式实现，而所有权不一定需要转移。

二、冰雪旅游资源价值体系构建

冰雪旅游资源价值的构成要素主要包括经济要素、文化要素和生态要素。依据冰雪旅游资源价值的构成体系，冰雪旅游资源的经济价值、生态价值和文化价值是统一的、相互联系的整体，取走任何一种价值必然会造成其他价值的流失和消亡。

(一)经济价值

冰雪旅游的经济价值体现在如下3个方面:

1. 冰雪产业价值

冰雪旅游资源作为一种自然旅游资源,是一种天然之物,在特定的区域内和特定的季节里,可以自然地更新、再生、恢复和增值。但随着冰雪旅游活动的强化,自然再生产已不能满足人们的需要。

2. 冰雪文化价值

冰雪旅游者不仅要欣赏冰雪自然景观,而且要欣赏人文景观,要从事冰雪休闲娱乐活动。这时冰雪旅游资源开发者必须付出劳动,设计建设新的冰雪景观,如冰灯、冰雕、雪雕等;要建设冰雪游乐设施,提供冰雪娱乐服务,开发旅游产品等,这些都使得冰雪旅游资源具有了社会再生产的性质,因而产生了经济价值。

3. 冰雪旅游资源的现实价值

冰雪旅游资源的经济价值就表现为在冰雪旅游资源的自然再生产能力之上,人们为保护、恢复、增值冰雪再生产所应付出的必要劳动时间,反映的是社会对此投入的价值。如对冰雪旅游资源加以开发、保护、管理;对冰雪旅游资源进行调查、评价;依托冰雪旅游资源的景区进行交通设施的建设、景点的修饰;对冰雪旅游市场的宣传、促销等。冰雪旅游资源的这部分价值即现实价值。

(二)生态价值

生态价值也是冰雪旅游资源的“潜在的价值”,体现的是间接使用价值,这种潜在价值也是由冰雪旅游资源的效用性和稀缺性所决定的。

1. 冰雪旅游资源的地域性特征

冰雪旅游资源具有很强的地域性特征,即只有在适宜的地理位置条件下,才会具有合适的环境温度、气候条件、适度的山形地貌,因此也就决定了冰雪旅游的物质基础。此外,冰雪旅游资源具有很强的季节性特征,冰雪旅游资源因其特殊的资源依托——冰与雪,决定了“半年闲”的旅游淡季的客观事实,其对客观环境具有较强的依赖性。

2. 冰雪旅游资源的稀缺性

冰雪旅游资源的稀缺性决定了资源不能无限地被旅游业所利用,为了实现旅游业的可持续发展,必须在认识其稀缺性的基础上明确其相应的价值。

(1)冰雪旅游资源的开发与维护,有利于保持生态资源的完整性,有利于改善空气质量,达到保护环境的目的。

(2)冰雪在景观设计方面注重保持生态的原始性,而冰雪旅游本身结合了自然旅游资源和人文旅游资源两个方面,可以在景观设计时很好地体现与景观和谐、与主题文化协调的生态氛围,这些都有助于提高生态环境的协调性。以上这些都反映了冰雪旅游资源在生态方面的效用性。

(三)文化价值

文化价值是指能满足人类精神文化和道德需求的资源价值,体现的是一种科学文化价值,如美学观赏价值、文化艺术价值、科研学术价值等。冰雪旅游资源具有非常丰富的文化内涵,包含了冰雪艺术、冰雪节庆文化、冰雪建筑文化、冰雪交通文化、冰雪服饰文化、冰雪饮食文化、冰雪娱乐休闲文化以及冰雪科技文化等方面的内容。

1. 冰雪旅游的潜在价值

冰雪旅游资源的文化价值是以冰雪旅游文化为载体来满足人类精神文化和道德需求时表现出来的价值。文化价值是冰雪旅游资源的“潜在价值”。这部分价值也是由冰雪旅游资源的效用性和稀缺性所决定的。冰雪旅游资源的效用性是指冰雪旅游资源的有用性。

2. 以资源为依托的旅游生活方式

冰雪旅游文化是指以冰雪与气候旅游资源为依托的旅游地在自然和社会发展进程中所形成的生活方式系统,是旅游者这一旅游主体借助旅游媒介等外部条件,通过对旅游客体的能动活动而产生的各种旅游文化现象的总和。

3. 冰雪旅游起着桥梁和调节作用

在冰雪旅游主客体文化交流中,冰雪旅游中介与文化起着桥梁和调节的作用。冰雪旅游文化从形式上存在3个层面:

(1)冰雪民俗,即生活在冰雪自然环境下的各民族所自发形成适应冰雪环境的日常生活习俗。

(2)冰雪艺术,即生活在冰雪生态环境下的各民族在审美意识的领悟中,对冰雪民俗的加工、提炼后取得的结果,源于民俗,又高于民俗。

(3)生态和文化的结合中自觉意识到冰雪文化的客观存在并加以利用与发挥。

第三节 黑龙江省冰雪旅游资源价值的实现机制分析

冰雪旅游资源价值的形成受到它所依托的环境和资源的影响。在动力、协同和耦合机制作用下形成系统的资源价值体系,将其所依附的环境、时间和空间资源价值有效地结合起来。但是,冰雪旅游资源价值是基于主体的需要而存在的,因此,在冰雪旅游资源主客体的能动认识和实践活动中,其价值才能得以实现。

一、价值实现的要素投入分析

(一)资金要素

冰雪旅游资源价值实现离不开资金的投入,资金要素是冰雪旅游资源价值实现的重要助推器。资金要素的推动作用,本身就是开放理念重塑的过程,在这个过程中,地区、行业、所有制的界限被打破,社会上的非公有经济、非文化企业和境外资金被吸纳进入冰雪旅游资源价值的实现过程中,最终形成政府投入与社会投入相结合的多元化投资机制的格局。

(1)宏观方面主要涉及旅游开发资金投向方面的宏观问题,包括促进旅游开发的投资政策导向、投资结构、布局、时序、规模、模式、机制、方式与主体、投资效益问题。

(2)微观方面主要涉及对旅游开发主体投资具体旅游开发项目的研究,包括旅游投资政策的利用、旅游产业领域、旅游开发项目的可行性、投资领域组合及投资风险、旅游规律对旅游投资的影响进行的全面研究。冰雪旅游投资的领域主要有旅游饭店、旅游度假区、旅游基础设施、旅游景区景点、旅行社、人造旅游景观等。

(二)人力要素

人力要素是冰雪旅游资源价值实现最直接与最终的环节和力量。人力要素对冰雪旅游资源价值实现的作用过程,是冰雪旅游人才资源被吸纳进入冰雪旅游资源价值实现的过程。

1.管理型人才

管理型人才主要来自于传统的冰灯游园会、雪雕游园会主办单位。在与冰雪的长期接触中,他们既懂得冰雪旅游经济运作、冰雪旅游产业流程,能够开发冰雪旅游产业商机,负责冰雪景区开发、策划,又能进行单体设计,并能指导和组织施工。他们对冰雪景区、景观建设的全部流程都了如指掌,能够独自指挥将规划付诸实施。

2.艺术和建筑类人才

艺术人才是冰雪艺术的“大工匠”,擅长精雕细刻,精于传统艺术,能够独立完成某一冰雪景观单体的设计及雕刻,各冰雪景区的艺术雕刻精品多出自他们之手。气势磅礴的大型冰雪建筑是冰雪景区的骨架,它们与艺术雕刻精品一起,缔造了冰雪旅游资源的刚柔并济之美。而指挥制造这些大型冰雪建筑的建筑类人才,懂建筑结构,会看图纸,可以建成令人惊叹的冰建筑。

(三)技术要素

技术为冰雪旅游资源价值的实现提供有效的保障,但对于冰雪旅游而言,更多需要的是冰雪旅游资源的技术,在一定程度上制作技术增加了冰雪旅游资源的吸引力,极大地促进了其价值实现。

1. 特殊专业的技术型人才

以滑雪为例,从滑雪器材、服装的生产和使用维护方面需要大量的研发人员,而滑雪设施的技术含量较高,造雪机、索道、压雪机设施的操作与维修及雪具的管理和维护也需要专业技术人员和维修维护人员,否则直接影响雪场的正常运营。此外,伴随着大众滑雪运动的开展,无论从专业技术、安全,还是激发兴趣方面,请一位专业的教练进行指导,对于初学者来说都是一件好事。这有利于迅速掌握动作要领,还不至于走弯路,避免发生意外,因此高水平的滑雪教练也是迫切需要的。这些人才在冰雪旅游资源价值实现过程的不同层次、位置起到驾驭相应技术或管理活动全局的作用。

2. 专门的技术为冰雪旅游资源价值的实现提供有效保障

技术为冰雪旅游资源价值的实现可以提供有效的保障,但对于冰雪旅游而言,更多需要的是冰雪旅游资源造型方面的艺术技巧、冰雪设备的技术研发以及制冷、色彩、灯光、资源勘探等综合技术,这使得在技术应用方面不同于其他旅游形式。冰雪切割、冰雪塑形、冰雪堆砌、雪建筑和雪雕雪坯制作等技术的改进在一定程度上增加了冰雪旅游资源的吸引力,极大地促进了其价值实现。如果这些人才未能发挥相应的作用或者在活动中失去主动权,那么冰雪旅游资源价值的实现就会在失控的状态下整体或局部陷入无序状态,最终导致价值实现的失败。

(四)制度要素

经济学的研究方法中总是注重把握两个变量:制度行为和经济现象。制度决定行为,而行为决定着各种经济现象的发生。

1. 制度是社会的行为准则

制度是社会组织的规则,这种规则通过保证人们在与别人的交往中形成合理的预期来对人际关系进行协调,它们反映了在不同的社会中有关相对于人们自己的行为和他人的行为的个人和集体行为而演化出来的行为准则。

2. 制度是行为主体实现目标的保证

一个社会如果没有实现经济增长,那就是因为该社会没有为经济方面的创新活动提供激励,那就是说,没有从制度方面去保证创新活动的行为主体应该得到的最低报偿或好处。

二、价值实现的要素配置机制

冰雪旅游资源价值实现的要素配置机制是各要素相互作用,最终实现旅游资源价值的机制。

(一)价值要素间协同作用实现冰雪旅游资源价值

冰雪旅游资源价值的实现是资金、人力、技术、制度等必备要素相互依存、相互作用和相互协调的过程。

1. 各要素协同配合促进价值的实现

在冰雪旅游价值实现过程中,资金、人力、技术、制度等必备要素各自独立地发挥作用,每种要素都是不可或缺的,其作用也是其他要素所不能取代的。但是这些必备要素之间相互配合,才能更好地促进冰雪旅游资源价值的实现。

2. 整合资源协同作用实现冰雪资源价值

要成功实现冰雪旅游资源价值,关键在于整合资金、人力、技术、制度等相关要素,使它们协同发挥作用。由于这些要素是相互影响、相互依存的,因此一种要素发挥作用的程度必然会影响其他要素作用的发挥。

(二)价值要素之间相互影响促进冰雪旅游资源价值实现

根据“木桶原理”,在促进冰雪旅游资源价值实现的过程中,资金、人力、技术、制度等要素是“木板”。冰雪旅游资源价值实现的数量及质量是“容量”,而木桶的容量——冰雪旅游资源价值实现的数量及质量,取决于木桶中最短的木板——资金、人力、技术、制度等要素。即只有各要素作用一致,才能使冰雪旅游资源价值实现的数量及质量最大化,从而避免“短板限制”。

1. 良好的环境是推动价值实现的基本保障

制度要素为充分发挥资金、人力、技术要素作用创造良好的环境,是资金、人力、技术要素充分发挥作用的前提和基础,也是推动价值实现的基本保障。

2. 人力要素是价值实现的要素主体

人力要素是聚集资金要素、技术要素进入价值实现和完善制度要素的主体,也是冰雪旅游资源实现的实现者和第一要件;资金要素为充分发挥人力要素、技术要素以及制度要素作用提供物质保障,也是推动冰雪旅游资源实现的物质基础;技术要素则能够为最大限度地发挥资金要素、制度要素、人力要素的作用创造条件,也是推动冰雪旅游资源实现必备的要素手段。

三、冰雪旅游资源价值实现的主体合作机制

冰雪旅游资源价值实现必须经过创意策划、内容生产、产品定位、市场营销等过程,必然要依靠旅游产品打造企业、策划公司、市场调研、咨询评估、服务网点、行业协会、传媒推荐等主体合作机制,将冰雪旅游产品和服务最终变为旅游消费和旅游效益。因此,冰雪旅游企业是其资源价值实现的决定力量。

(一)冰雪旅游企业

冰雪旅游企业是推动冰雪旅游资源价值实现的主体,发挥着核心和直接主体的作用。冰雪旅游企业的规模化、批量化、市场化运作的性质,是冰雪旅游资源价值实现的重要中介和载体。离开冰雪旅游企业的运作,冰雪旅游资源价值是不能有效实现的。

(二)政府

政府是冰雪旅游资源价值实现的外部环境的供给者。长期以来,政府充当着冰雪旅游资源开发者、旅游业的管理者和经营者的角色,政府与冰雪旅游经营单位之间的责、权、利尚未理清,政府过多地干预旅游经营管理,使冰雪旅游企业不能发挥旅游资源开发和旅游资源资本化转变中的核心作用。在这种状况下,政府不仅没有发挥推动冰雪旅游资源开发的作用,而且阻碍了冰雪旅游资源的开发。

(三)个人和艺术团体

我国冰雪旅游资源丰富,可供利用的冰雪旅游资源名类多、层次多、形式多,要充分利用好现有旅游资源、发挥好旅游资源的价值,除了发挥好企业、政府的作用外,个人和艺术团体的作用也不可忽视。

以冰雕、雪雕、冰灯等为特色的冰雪旅游资源的价值实现不仅要依靠冰雪企业的组织,还有赖于冰雪艺术家们的精湛技艺。

第四节　促进黑龙江省冰雪经济发展的对策建议

一、黑龙江省冰雪产业的发展

(一)发挥政府宏观调控职能,合理规划产业布局

政府部门应做好对冰雪经济产业消费群体的整体需求层次、需求数量、消费能力等方面进行分析和调研,采用科学有效的措施,整体规划,合理布局。

1. 整体规划，统筹兼顾

黑龙江省冰雪经济产业的发展，应从整体出发，统筹兼顾在规划中冰雪场地项目的开发应结合空间和时间布局，优化冰雪产业配套基础设施，与此同时，还应加强政府的宏观调控，从多视角、多形式、多层次加大对冰雪经济产业的开发。在做大做强高档次冰雪旅游景观的同时，合理搭配中小型旅游景点的规模，避免重复建设，加强环境保护，注重环保意识，进一步建立起一个效益明显、竞争力强、内容齐全且充满朝气、多层次的冰雪经济产业格局。

2. 以市场为导向促进相关产业发展

冰雪产业的发展应围绕冰雪经济相关产业为中心，以市场为导向。地方政府作为推动者应减少对产业发展的限制，增加市场的主导作用，同时加大扶持力度。使黑龙江省冰雪产业真正做到有序发展、良性发展。在冰雪产业集群的建设上，政府应着力于市场建设，否则就可能妨碍冰雪产业集群的良性发展。

（二）着力基础设施建设，提高冰雪产业的综合服务能力

政府与企业应明确各自在冰雪产业体系中的地位，互相补充，相辅相成，加强基础设施建设，提高冰雪产业的综合服务能力，实现冰雪产业利益的最大化。

1. 冰雪产业带动龙江综合服务业发展

冰雪产业是黑龙江省产业体系中重要的组成部分，在黑龙江省经济发展中起着举足轻重的作用。冰雪产业在带动冰雪旅游业发展的同时，冰雪经济也带动了交通运输、餐饮娱乐、装备制造等产业的发展以及城市基础设施的完善。同时，发展冰雪旅游业，要求交通便利、邮政电信发达、接待设施初具规模。

因此，在发展冰雪产业的同时，要注重加强产业间合作，以冰雪旅游为龙头，冰雪产业通过与餐饮、住宿、客运、雪具生产、雪服、配套设施等相关产业的发展合作，实现了双赢与共赢。

2. 实现冰雪产业的资源型互补

冰雪产业属于资源型产业，不同地区的冰雪资源具有不同的特点，要充分开发黑龙江省的冰雪资源，考虑到区域间协调发展。例如，可将五大连池的火山冰景与齐齐哈尔的雪地观鹤等资源整合，形成一条从牡丹江到大兴安岭的精品旅游线路，以冰雪旅游为龙头，带动相关地区的发展，进而带动黑龙江省城市的发展和沿途城乡边缘区及乡村经济的发展。

二、培育冰雪文化、打造特色品牌

（一）打造冰雪品牌文化

针对黑龙江省冰雪经济存在的问题与不足，产业发展、文化培养、品牌培育

等多个方面提出政策建议，以对黑龙江省冰雪经济健康可持续发展做出贡献。

1. 从文化的角度开发冰雪资源

发掘冰雪产业的文化内涵，从文化的角度开发冰雪资源，将冰雪产业的发展纳入文化产业的发展之中，让文化产业与冰雪产业相互融合是黑龙江省冰雪产业继续发展、开拓创新的必由之路。因此，需要制定正确的发展路线，通过产业融合，建立黑龙江省冰雪文化品牌。要充分发挥政府的领导作用，充分整合黑龙江省冰雪文化资源，建立协调冰雪产业与文化产业的专门机构，赋予冰雪资源以灵魂，建立特色品牌文化。

2. 建设冰雪文化博物馆

可采取如创立冰雪文化产业观光体验园区；开发中国冰雪文化博物馆；为哈尔滨冰雪文化申请非物质文化遗产；把哈尔滨打造成中国冰雪文化教育培训基地和咨询服务中心；策划哈尔滨冰雪文艺作品，扩大冰雪旅游客源和知名度；借助数字化和网络化等内容产业，开展多渠道营销等。

（二）加强专业人才培养

黑龙江省冰雪经济产业的发展不仅需要经营管理与市场营销人才，更需要具有专业素养的复合型人才。

1. 充分利用高校资源

黑龙江省需要充分利用高校资源，尤其是通过相关专业领域领先的学校，设立专门的冰雪专业方向课程，设置包括冰雪产业理论、冰上运动教育、冰雪企业管理等专业，为冰雪产业输送专业人才。

2. 加大社会培训服务范围

黑龙江省冰雪产业的发展处于初级阶段，在发展过程中对人才的需求量极大。由于冰雪经济产业的特殊性，具有冰雪知识的复合型人才十分稀缺。同时也需要对冰雪产业进行市场分析与预测的专业管理人才。在社会上设立各种培训项目，提高冰雪产业领域在职人员的相关专业素养，尤其是对冰上、雪上项目教练人员的培训，使冰雪产业的管理更加科学与规范。

三、承办国际冰雪赛事，带动经济发展

（一）打造冰雪赛事品牌

从全国范围上看，黑龙江省在冰雪运动上处于领先地位，具有十分广泛的群众基础。承办国际冰雪赛事能够扩大黑龙江省在世界冰雪产业中的名气，使世界了解黑龙江，有着显著的宣传作用。

1. 提高对冰雪产业的关注度

打造独具特色的赛事品牌能使群众对冰雪产业的关注度提高，增加潜在的产业参与人群。从经济层面上看，冰雪运动赛事能够带动冰雪产业相关产业链的发展，打造赛会经济。2009 年黑龙江省于哈尔滨市成功举办了第 24 届世界大学生冬季运动会，不仅吸引了来自世界各地的游客，同时在筹备过程中实现了黑龙江省区域经济的全面发展。

2. 承办国内外冰雪项目赛事

黑龙江省已具备承办大型冰雪赛事的条件，可充分发挥黑龙江省已有的优势，全面开展国际赛事交流，以此实现黑龙江省冰雪产业的加速发展。2009 年大冬会在黑龙江省哈尔滨市举办，对黑龙江省冰雪产业的发展起到推动作用。黑龙江省应继续积极承办国内外冰雪项目赛事，不仅能通过赛事获得直接经济收益，如门票与旅游产业收入，还能使黑龙江省的知名度扩大，使黑龙江省走向世界。同时，应让一些中小城市承办更多的赛事项目，以带动整个黑龙江省经济的发展。

（二）冰雪经济与冬奥战略

经过承办大学生冬季运动会与亚洲冬季运动会等世界级冰雪赛事，黑龙江省已在世界上树立了冰雪产业强省的地位，有着世界冰雪旅游名城的品牌效应。如何继续做大做强并使之发扬光大，保持并提升品牌知名度是黑龙江省冰雪产业未来的发展方向。

1. 申办冬奥会

黑龙江省已具备了举办冬奥会的各项条件，申办冬奥会是黑龙江省冰雪产业继续做大做强的过程中必不可少的一个环节，其意义重大、影响深远。奥运会的举办不仅能给举办地带来巨大的经济效益与品牌效应，同时会在未来的很长一段时间对当地的区域经济与人文环境带来积极的影响。通过举办冬奥会这类大型竞技赛事，可大力发展与冰雪产业息息相关的各类产业，迅速提升举办地的综合竞争力，这是历届冬奥会给人们的启示，因而申办承办冬奥会已成为世界众多冰雪名城共同关注的发展方向。

2. 拉动内需加速发展

申办冬奥会对我国冰雪运动的普及与发展也有着积极的作用，以此来拉动内需，促进冰雪产业的加速发展。申办冬奥会对黑龙江省有着十分重要的战略意义，有利于黑龙江省培育发展新的经济增长点，有利于黑龙江省区域经济结构优化调整，能够加快黑龙江省旅游业、交通运输业等多产业的协调发展。能够实现农村富余劳动力的转移，推动城乡结构优化，实现经济、社会的共同繁荣。

四、完善冰雪旅游保障体系

(一)制定产业政策

旅游产业化发展模式的正常运行,必须以有效的产业政策作为保障。但是,采取有效的政策措施并不是说以政策调控完全替代市场,而是二者相结合,并且政策调控是以市场调节为基础的。

1. 统筹规划组织协调

我国虽有七八个省市区上了滑雪项目,但由于不同的气候条件和地理位置、地貌差异,都有各自的特点和优势。这种优势不是平均的,主要体现在雪质、雪期、地理地貌、地区总体收入水平、客源市场状况、可进入性等方面。政府相关管理机构在建设热潮时要有冷思考,充分分析市场需求和资金情况,对全国滑雪场的布局及档次进行统筹规划,确定开发目标、规模和速度,重点发展优势因素集中地区。

2. 政策扶持与标准制定

国家应加大对冰雪旅游业基础设施建设的投资力度。同时,国家应制定相关财政政策,引导社会资金及国外资金投入到冰雪旅游业产业经营中。由部门办冰雪旅游业向全社会办冰雪旅游业转变,创造条件,解决冰雪旅游业发展的资金瓶颈。

(二)开发人力资源

提高从业人员的素质,通过各种渠道培养专业人才,发展成为一个从服务水平有高度、文化内涵有深度以及价格水平合理的冰雪经济产业综合服务体,以满足不同层次、不同需求水平的消费者群体。

1. 培养旅游业需要的高层人才

通过高校旅游专业的设立,来培养旅游业所需要的高层人才;通过各种培训基地的建设,提高在职人员的素质。冰雪旅游在国际上发展得较为成熟,而在我省起步较晚,区域发展不平衡,人才紧缺。

2. 开发客源市场

大力开发国际、国内客源市场,确保开发出来的产品走向市场,转化为商品。客源市场开发既是产品开发导向,也是产品最终实现交换的保证。市场开发与产品开发相辅相成,既相互制约,又相互促进。

第十章　黑龙江省与俄远东地区经贸合作实证研究

第一节　黑龙江省与俄远东地区经贸合作的发展现状

习近平总书记提出“一带一路”新丝路建设，重点支持中俄贸易发展。黑龙江省与俄远东地区经贸合作历史悠久，利用自身的地理位置优势，以及交通、通信、旅游等协作领域，加大同俄罗斯的贸易，使黑龙江省对俄贸易发展迈向一个新的高度。

一、黑龙江省与俄远东地区经贸合作发展历程

黑龙江省与俄远东地区的经贸关系是中苏、中俄关系发展的缩影。黑龙江省与俄远东地区经贸合作在中苏、中俄日益亲密的关系下迅速发展。

（一）起步阶段

（1）1978 年 12 月，党的第十一届三中全会提出对外实行全方位开放，坚定了和平发展的原则，提出了长期和平的国际环境、良好的周边环境是我国发展所需要的，中苏两国回到了谈判桌前。黑龙江省于 1981 年 1 月 1 日被国家批准开展自营出口贸易，自此，黑龙江省的对外贸易进入了一个新的发展阶段。

（2）1982 年，在我国国务院的指示下由中苏两国外贸部互换批文，黑龙江省恢复了自年中断的与苏联远东地区的边境贸易。当时，两地主要的贸易方式是易货贸场，而贸易规模较小。

（3）1983 年 4 月初，苏远东国外贸易公司总经理柯雷切夫为首的代表团，赴哈尔滨进行边境贸易业务洽谈，由此开始，中苏边境贸易迅速发展。1983 ~ 1987 年，黑龙江省对苏贸易总额为 6.2 亿美元。

（二）快速发展时期

（1）1988 年，我国国务院给予黑龙江省 8 项发展边境贸易的优惠政策，下发了《关于黑龙江省对苏联边境易货贸易和经济技术合作问题的批复》。自此，黑龙江省对远东地区的边境贸易进入了一个新的发展阶段。

（2）1988～1990 年，黑、绥、同三口岸 3 年累计进出口额 15.13 亿瑞士法郎，占全省进出口总额的 27.7%，输出劳务23 403 人次，占全省输出劳务总数的 90%。

（3）1992 年 3 月，国务院批准黑龙江省黑河市、绥芬河市为边境对外开放城市，享受国家对外开放城市的优惠政策。同年 5 月，国务院批准黑龙江省呼玛、抚远、孙吴口岸为对外开放口岸，享受国家对外开放口岸的优惠政策。

（三）低速发展与调整时期

（1）1991 年，东欧剧变、苏联解体，俄罗斯继承了苏联在亚洲的大部分经贸实体。在俄罗斯成立的第一年里，俄罗斯就降低出口关税税率，活跃了俄罗斯进出口贸易，拉动了俄经济的发展，同时，俄远东地区作为俄罗斯的原料基地，造成了大量原材料产品廉价地流出。

（2）1993 年初，俄罗斯政府改变了外贸政策，开征进出口税，同时不断地提高进出口税率，并对原材料商品实行了净出口配额和许可证制度。这一系列措施对黑龙江省与俄远东地区经贸合作的影响是显而易见的，1994 年，黑龙江省从俄远东地区进口额大幅下降，降幅达 29.3%，对俄出口额略有下降，降幅为 3%，进出口总额下降了 34%。

（四）快速增长期

进入 21 世纪后，黑龙江省与俄远东地区的经贸合作不断深化、加强。从 2001 年 5 月 1 日起，中俄全线的边境口岸实行了无午休的全天不少于 8 小时的工作制度。2004 年 6 月，中俄首届经贸合作论坛在黑龙江省哈尔滨市举行，中俄双方的专家学者广泛研讨了中俄双边的经贸关系如何健康、高速、顺利地发展。

二、黑龙江省与俄远东地区经贸合作现状

（一）黑龙江省与俄罗斯贸易合作现状

近年来，伴随中俄两国经济的持续增长和两国战略协作伙伴关系的深化，黑龙江省与俄远东地区的贸易和经济技术合作也呈现快速发展的势头。鉴于这两个地区的经贸合作在中俄经贸合作中都占主导地位，由于没有查阅到有关

黑龙江省与俄远东地区经贸合作的专门统计数据,因此通过黑龙江省对俄经贸合作现状分析黑龙江省与俄远东地区经贸合作。

1. 对俄贸易稳中有升

2007 年,黑龙江省对俄贸易额首次突破百亿美元,达 107 亿美元。2009 年,由于国际金融危机的影响,双方贸易额急剧下降,55.8 亿美元,创近年来新低,但俄罗斯仍是黑龙江省最大的贸易伙伴。“十二五”时期的开局之年,黑龙江省在国家“稳增长、调结构、促平衡”外贸政策的指导下,对俄贸易额达到 189.9 亿美元,仍位居全国首位。2009 年 2 月 17 日,俄罗斯和我国签署了价值亿美元的大型能源协议,根据协议,俄罗斯将在 2011 ~ 2030 年间,每年向我国通过管道输送 1 000 多万吨石油。能源合作取得进展,原油进口成为最大的经济增长点。[21]

2. 出口商品以低附加值产品为主

2011 年黑龙江省对俄罗斯出口主要呈现出两个特征:一是服装鞋帽的比重虽分别下降了 6.3% 和 18.1%,但依然居高,保持在 50% 左右的水平;二是机电产品、农产品和纺织物及制成品增长趋势明显。可以看出,黑龙江省作为我国的老工业基地,装备制造业基础比较雄厚,机电产品出口还具有巨大的发展空间。

(二)黑龙江省与俄远东地区投资合作

黑龙江省与俄远东地区地理位置相邻,是中俄两国的贸易通道,拥有便利的交通设施,两地经贸合作历史悠久,民间往来频繁,这些为两地的企业相互投资奠定了良好的基础。2012 年,经国家批准的黑龙江省在俄注册企业累计达到 264 家,总投资额 24.45 亿美元,平均占黑龙江省对外投资总额的 79.8%。其中,对俄承包工程、劳务合作项目 195 个,合同金额 8.02 亿美元,实际派遣劳务人员 2.34 万人。

1. 以中东铁路为主实现交通对接

中俄远东地区以中东铁路为主,通过海参崴—哈尔滨—满洲里—赤塔,通过老欧亚大陆桥及大连—哈尔滨—满洲里—赤塔,进入老欧亚铁路。

2. 中俄油气管道产业合作

中俄油气管道产业合作,中俄价值4 000亿美元的天然气世纪大单正在逐步落实。我国国家发改委已经批复了中俄东线天然气管道项目的国内部分线路。按照设计,管道将起自黑龙江省黑河市,途经 9 个省区市,止于上海市。中石油于 2015 年开始建设,争取 2018 年按时完工。2014 年 9 月,该管线俄罗斯境内段已经破土。

3. 中俄国际贸易合作

2010 年 11 月 23 日温家宝总理访俄期间，中国、俄罗斯、哈萨克斯坦 3 国联合签署了两项海关便捷通关协议，为我国物资、商品西出和战略物资西进奠定了基础。

三、黑龙江省与俄远东地区经贸合作的发展存在问题

影响黑龙江省与俄远东地区经贸合作发展的问题来自于中俄双方。从俄方的情况看，存在贸易秩序不规范、缺乏对我国文化的了解、合作规模小等问题，成为制约双方进一步扩大经贸合作规模的障碍；从黑龙江省自身情况看，存在出口商品结构和方式相对单一和缺少大项目带动等问题，影响黑龙江省调整产业结构，阻碍了对俄产业基地的发展。

（一）经贸合作规模小、层次低

黑龙江省对俄贸易已进入一个新的发展阶段，以易货贸易为主的边贸形式正在转向以现汇贸易为主的国贸形式；由中俄双方贸易为主的贸易关系，转向多元化竞争的贸易关系。其贸易的深度还取决于双方的商品经济发展水平、经济体制改革的进程与经济政策的取向等多方面因素。

1. 投资领域

黑龙江省与俄远东地区在中俄两国均属于投资流入地区，自身经济发展并不强，需要外部资金的支持，因此两地之间的相互投资能力并不强。虽然在改革开放和东北老工业基地的国家战略扶持下，黑龙江省经济体制进行了市场化转轨，但经济发展依然相对落后。农业、资源类产品的贡献在黑龙江省的产业发展中占了很大比重。

2. 开发领域

俄远东地区的能源开发、基础设施建设、原材料加工等都需要大量的外部资金注入开发，但黑龙江省既缺少有能力的大企业，又缺乏资金和融资渠道，因此，两地的投资规模是两地经贸合作的瓶颈。

3. 两地的贸易领域

黑龙江省与俄远东地区以边境小额贸易、加工贸易为主。中小企业和个体商户仍是两地经贸合作的主体。贸易商品层次低、科技含量低、附加值少、质量参差不齐、贸易人员素质不够高、缺乏大企业带动等问题仍然是影响两地经贸合作进一步提升的瓶颈。

（二）贸易商品结构相对单一

黑龙江省对俄远东地区主要的贸易商品以服装、鞋类、纺织品为主，但这些

商品中黑龙江省的地产商品所占比重较低，而且这些商品的出口形式主要以包裹运输和旅游购物为主，黑龙江省在中俄贸易中只体现了通道口岸的优势。

1. 贸易品种过于单调

黑龙江省多年来对俄贸易主要以劳动力密集型商品为主，俄方对黑龙江省贸易主要以资源密集型商品为主，这导致了两地贸易结构、贸易商品相对单一。由于黑龙江省对俄资源产品的贸易依赖性过强，如果俄方调整出口政策，黑龙江省的经济发展将会遭受不利影响，这在一定程度上制约了两地的经贸合作。

2. 两地的产业结构、生产力水平相对固定

黑龙江省与俄远东地区贸易往来的当务之急是实现贸易商品结构的多元化，这样才能化解世界经济一体化带来的系统性风险。两地政府要采取措施，大力扶持两地经贸往来中的高新技术企业，鼓励高新技术产品和高附加值产品进入对方市场，真正实现双边贸易增长方式的转变。

（三）缺乏大项目带动两地经贸合作

中俄经贸合作关系呈现出多层次化的特点，缺少大项目支撑仍是中俄合作中的一个突出问题。很少有黑龙江省的企业涉及投资规模大、回收周期长的资源开发项目，特别缺乏大企业参与的大型合作项目。

（1）“最上层”的是大型的合同项目。要想实现两地经贸合作战略升级的目标，需要一批能带来重大效益的项目。这些大项目是两地经贸合作战略升级的“催化剂”，可以通过大项目带来的拉动和示范作用，还可以引领上下游产业的发展，促使两地经贸合作更加深入。

（2）“中间层”的是一般民间企业间开展的各种经贸合作。依两地目前经贸合作的情况看，大项目的上马需要两地、两国政府予以政策层面的支持和实施层面的推动。但是目前，缺少大项目支撑仍是中俄合作中的一个突出问题。

（3）“最下层”的是以边贸为代表的边境地区的大量的民间经贸活动。

（四）双方贸易秩序有待规范

俄罗斯入世、区域经贸组织的崛起、地区间贸易主体和贸易方式的多元化给黑龙江省与俄远东地区的贸易运作带来了不小的挑战。与发达的区域经贸地区相比，两地的银行结算制度、通关制度、法律仲裁制度和质量监督制度都不够健全。必须终结“灰色清关”现象。

1. “灰色清关”的由来

“灰色清关”是我国和俄罗斯贸易中难以避免的话题，是两国贸易中的怪现象。在俄的一些华商为了逃避关税，与俄境内的一些腐败官员勾结，通过包机包税到包车包税等方式，将中方出口到俄方的货物大数小报、高值低报转运到

俄方市场的现象称为“灰色清关”。

2.“灰色清关”贸易造成财政税收损失

“灰色清关”这种贸易方式,不仅滋生了俄方官员的腐败,而且给俄政府带来了巨大的财政税收损失,也使俄方对很多进口货物失去了监控。俄方的腐败官员借机大量查扣华商通过“灰色清关”运入俄方的商品索取钱财,致使华商在俄的利益难以得到有效保护,严重影响了两地正常的贸易秩序。取缔“灰色清关”已成为两国的当务之急。

第二节 黑龙江省与俄远东地区经贸合作的态势分析

态势分析(SWOT分析)就是将与研究对象密切相关的各主要因素优势(Strength)、劣势(Weakness)、机遇(Opportunity)和威胁(Threat),通过调查,并按照一定的次序按矩阵形式排列起来,然后运用系统分析的方法,将各种因素相互匹配起来加以分析,从中得到一系列的结论。

作为一种分析方法,在剖析系统、摸清现状、发现问题、制定战略及对策建议等方面是行之有效的。下面运用SWOT分析方法来介绍影响黑龙江省与俄远东地区经贸合作战略升级的主要因素。

一、战略升级的优势因素

黑龙江省与俄远东地区在经贸合作上有着良好的合作基础。两个地区接壤且交通发达,两地有丰富的资源且经济互补性强,加上悠久的合作历史,这是两地在贸易上得天独厚的优势。东北老工业基地振兴战略的实施更为黑龙江省与俄罗斯的相互投资带来了机遇,在中俄相继入世后,两地金融市场的逐步放将成为未来中俄、黑俄发展投资的重要渠道。

(一)两地合作历史悠久

17世纪下半叶,黑龙江省与俄远东地区就开始有了经贸往来。新中国成立以后,两地始终保持着密切的经贸往来。“一五”期间,苏联援建的156个项目,其中就有22个在黑龙江省。特别是改革开放以后,两地的经贸合作在规模、档次、领域上又取得了很大的进展。

(二)两地经济互补性强

(1)自然资源的互补是由于我国的特有国情,黑龙江省的发展需要大量能源类产品,而俄远东地区拥有丰富的煤炭、石油、木材和渔业资源。

(2)产业结构的互补体现在俄罗斯拥有雄厚的工业基础,俄远东地区的能源类重工业则更为发达,而黑龙江省在轻工业、加工业则有着更为明显的比较优势。

(3)人力资源的互补指俄远东地区人口稀少,劳动力缺乏。俄罗斯的人口密度为8.4人/平方千米,而在俄远东地区则为1.1人/平方千米。黑龙江省拥有着大量成熟的农业人口和工业人口劳动力,俄远东地区从黑龙江省引进劳动力,不仅可以缓解俄远东地区劳动力的短缺问题,而且可以缓解黑龙江省劳动力过剩的压力,有利于大规模机械化农业生产格局的形成,一举两得。

(三)俄远东地缘优势得天独厚

俄远东地区是俄罗斯的东北亚门户南与中、朝接壤,北临北冰洋,隔海与美、日相望。黑龙江省与俄远东地区拥有3 040千米的边境,通关口岸发达,这可以大大降低两地经贸往来的成本。加强两地经贸合作战略升级,有利于中俄两国参与东北亚和太平洋地区的国际分工与合作。

1. 黑龙江省与俄远东地区都拥有极为发达的交通设施

黑龙江省由北到南有哈大线、京哈线,这两条线路将黑吉辽三省的沿边口岸连接起来,黑龙江省联通全国各地的交通枢纽。黑龙江省还拥有哈尔滨、佳木斯、伊春等多个航空港,可以以大连为中心建立东北亚的船运港口枢纽,形成了铁路、航空、水路、公路纵横交错的立体运输网络。俄远东地区拥有西伯利亚铁路和贝阿铁路,海参崴、纳霍得卡等沿海港口,两地的界江黑龙江等内河航线,是跨洲贸易运输的最佳路线。

2. 黑龙江省的工业基础雄厚

对于黑龙江省来说,在计划经济时代以国家投资和重化工业发展为主导,进行了大规模的工业化建设,集中了来自全国的人才和技术。伴随着社会主义市场经济的建设和发展,黑龙江省从新中国成立初期的单一工业结构发展成为较为发达的现代化工业体系,拥有石化、装备、能源、采掘、机械、化工、木材加工、食品等百余种行业,其中装备工业、石化工业、能源工业以及食品工业等在全国都具有十分重要的地位。

二、战略升级的劣势因素

黑龙江省与俄罗斯远东地区同处中俄两国的东部,同属于经济相对不发达的地域。两地经贸合作战略升级的贸易方面存在着产业结构趋同的劣势。同时,黑龙江省存在交通建设、对俄贸易商品深加工、对俄贸易主体弱小等劣势。

从黑龙江省在我国所处的投资地位来看,黑龙江省是一个投资资本和投资经验严重不足的地区，而俄罗斯远东地区的大开发又需要大量的外来资金投入，这是黑龙江省在对俄远东地区投资方面的劣势。

（一）产业结构调整不到位

黑龙江省与俄远东地区的支柱产业均为重工业，轻工业相对落后，产业结构趋同致使两地经贸合作战略升级很难达成。由于经济互补的客观要求，不同市场商品需求的能力与结构不同，使中俄贸易难以在同一需求层次上进行。

1. 俄方市场需求

在产业结构中，俄东部的农林比重大，轻工业较落后，居民的购买力较低，俄方市场需要的大量用品，如家电、服装、鞋帽和其他消费品，黑龙江省多从外省转运到俄罗斯，自身生产的商品只占出口商品的20%左右，对东北地区的市场需求受到很大的制约，经济的贡献有待提高。

2. 中方市场需求

黑龙江省经济发展水平比俄国东部高，其工业较为发达，人口密集，市场需求量大，但资源不如俄国东部丰厚。黑龙江省从俄远东地区进口的大量原材料商品，如木材、石油、钢铁，也是往其他省份的转运，自身进行深加工的能力弱，这就使两地贸易产品的对接度降低，对两地产业的带动作用不强，对两地就业、消费的拉动作用没有得到充分发挥。

（二）基础建设薄弱，缺少投资资金

黑龙江省对俄远东地区的投资多为能源类大项目，投资资金需求大、期限长、专业技术要求高，这在很大程度上制约了黑龙江省对俄远东地区的投资。

1. 运输能力制约了经济增长

黑龙江省与俄远东地区均处于纬度较高的地区，水路运输的口岸季节性明显，黑龙江省内的铁路口岸运输能力有限，公路口岸运输的成本高而且运力有限，这严重影响了两地的进出口商品运输，大通关的运输能力还没有形成。黑龙江省每年在俄森林采伐100万立方米，由于通道能力的限制，只能运回1/10。

2. 缺少资金支持

我国本身是一个缺少资金、需要外资的国度，对外投资经验不足。黑龙江省是我国东北老工业基地的北端，农业和有经济占的比重很大，在国内也是一个大量需要资金发展的省份。虽然经过了改革开放和老工业基地的振兴，但并没有爆发出市场经济的活力。

（三）贸易商品结构出现低度化

近年来，双边贸易额的快速增长并不完全是由于商品贸易结构改善和实物

出口量扩大的结果,石油输油管道的正式运行和石油原材料涨价因素起了相当大的作用。由于国际能源产品的价格持续走高,俄罗斯对黑龙江省出口商品金额增长大大高于其实物量增长。黑龙江省对俄出口商品的结构也并没有改变。

1. 对俄贸易主体弱小

黑龙江省对俄贸易的主体是个体商贩,其占对俄贸易的50%以上。在俄经营的民营企业多为中小企业,投资获利的能力弱、规模小,没有形成具有规模经济和跨国经营能力的市场主体企业。由于对俄投资企业的主体弱小,黑龙江省的企业无法承担俄远东地区的大项目,对两地经济的带动作用有限。

2. 投资合作规模小

黑龙江省在俄远东地区的外国投资者中所占投资比例较低。2010年黑龙江省在俄远东地区外国投资者中与韩国、奥地利、加拿大并列排在第10位,投资额均为总额的1%,排名前三位的是荷兰,占投资总额的54%,依次往后为英国、日本和卢森堡等国家。外商投资的单一化不利于俄远东地区谋求自身发展的利益,也不利于地区经济的平衡发展,俄远东地区非常欢迎黑龙江省有实力的大企业到俄投资。黑龙江省应抓住机遇,调整传统的贸易方式,发展规范的国际贸易之路,适时调整对俄远东地区的经贸合作战略,走出那种“俄罗斯市场离不开我们”的认识误区,努力打造两地互利共赢的经贸合作战略模式。

三、战略升级的机会

黑龙江省“十二五”规划的实施为中俄两地经贸合作战略升级提供了机遇。俄远东地区大开发进入实施阶段,大量的资金缺口涌现。两地应抓住战略机遇,取得经贸合作新突破。

(一)中俄两国国家关系已经升级

2001年7月,中俄两国确立了“世代友好、永不为敌”的和平思想。同年,两国元首签署了《中俄睦邻友好条约》,奠定了两国在21世纪长期稳定发展的基础。2005年7月,《中华人民共和国和俄罗斯联邦关于世纪国际秩序的联合声明》的签署使两国关系开始了新的发展阶段。

1. 中俄伙伴关系上升到前所未有的新高度

2012年6月,我国时任国家主席胡锦涛和俄罗斯总统普京在人民大会堂共同签署联合声明,进一步深化平等信任的中俄全面战略协作伙伴关系,将中俄全面战略协作伙伴关系提升到前所未有的新高度,这为未来10年中俄的关系发展奠定了坚实基础。

2. 建设对俄贸易加工区列入省级发展战略

黑龙江省“十二五”规划已把哈牡绥东对俄贸易加工区作为黑龙江省“八大经济区”建设的重要组成部分提升为省级发展战略,成为以牡丹江市为中心,以哈尔滨为腹地,以绥芬河、东宁口岸为前沿延伸至俄远东符拉迪沃斯托克港的外向型、跨区域、多功能的经济区域,并逐渐形成境内外互动发展的良性格局。

(二)俄入世后两地贸易投资秩序更为规范

俄罗斯加入世贸组织后,将在国际贸易规则下开展对外经贸合作,理顺与贸易伙伴的关系,遏制两地贸易中存在的“灰色清关”等非正规的贸易方式。

1. 两国贸易有法可依

贸易争端解决机制使解决两国贸易纠纷也变得有法可依,中俄两国进出口商能够便利通关,这必然提高双边和多边贸易的合作水平。这些政策实施不仅有利于贸易形式的变化,也将促进外贸主体的不断优化,黑龙江省一批重信誉、实力强、经营操作规范的外贸企业将会脱颖而出。

2. 对贸易结构进行优化调整

从过去主要从事易货贸易转向主要从事现汇贸易,实行易货贸易与现汇贸易相结合,以现汇贸易为主。大力开拓与市场生产经营有关的资金、信息、科技、劳务、服务等多方面的经济贸易活动,广泛开拓在俄的要素市场,促进经济技术合作和交流。

四、战略升级的挑战

俄罗斯加入世贸组织后,会在与外国的经贸合作方面做出很多调整。俄罗斯入世后在与各国更多经贸往来的同时也会更多地增强自我保护,这样更多更为隐蔽的贸易壁垒就会出现,这对黑龙江省对俄远东地区的贸易是一个重要的挑战。

(一)技术性贸易措施

随着国际经济一体化的发展和国际贸易的自由化趋势,传统的关税壁垒也在不断地被拆除,俄罗斯必将采取技术性贸易措施去保护本国市场,这一保护性措施隐蔽性更强、更不易监督和预测,用来限制发展中国家的产品进入俄罗斯市场。

1. 逐步改变中俄互通有无的互补格局

俄罗斯加入世贸组织后,技术更为先进的欧美国家加大与俄罗斯尤其是远东地区的贸易合作,构成了黑龙江省对俄远东地区贸易更为激烈的外部环境。俄罗斯对外国的投资政策存在着不确定性。黑龙江省要逐步改变中俄以农对工、以轻对重的互补格局,逐步改变出口商品单一结构,逐步增加生产资料要素的出口,努力开拓机械产品、电子产品、建筑材料特别是生活消费品的市场。

2. 高新技术成果引进

俄罗斯加入世贸组织后,伴随着其知识产权保护意识和市场意识的不断增强,我国引进俄高新技术成果和先进技术的难度和成本都会越来越高。在经济技术合作项目中,要大力发展"三来一补"贸易方式,利用我国的劳动力和技术,利用俄罗斯的市场资源和第三国的资金,进行深加工,生产出多种优质特色市场产品,然后进行产品分成。特别要注意利用我国丰富的人力资源去开发俄罗斯的土地、森林资源等,生产绿色产品,拓展该项合作的广阔领域,努力提高经济技术合作在整个经贸中的比重。

(二)提高农产品出口的"绿色壁垒"

俄罗斯加入世贸组织后,农产品进口的质量标准和质量认证标准都会提高,并且制定的新的法律规定,不允许进口尚未通过安全认证和未获得俄罗斯国家标准合格证书的农副产品。因此,我国北方沿边地区某些农副产品对俄出口必然将面临更多的"绿色壁垒"。

1. 黑龙江省中小企业面临对俄合作的生存压力

黑龙江省沿边口岸从事边贸的大多数本地企业的现状是经济实力不强,技术水平不高,经营方式粗放,进出口商品品种单一。在我省既没有形成对于一些俄罗斯需求量大的出口新产品的规模生产力,又缺乏对于从俄罗斯进口的大量初级原料产品深加工能力,产业链条短,难以形成高附加值产品。

2. 提高在俄市场的绿色名牌食品质量

在出口商品中大力发展和培育在俄市场的绿色名牌食品,努力提高产品质量,优化包装,保护商标声誉,树立良好的市场形象和较高的商品信誉。扩大和发挥具有外贸经营与代理权企业作用,更多地发挥国有专业总公司的主力军作用,以发挥其在现汇贸易为主条件下的经营权限、资信、人力、经验等方面的优势。

第三节　黑龙江省与俄远东地区经贸合作战略的路径

黑龙江省与俄远东地区的经贸合作属于次区域合作,它是一种低层次的区域合作。其实质就是通过生产要素在地缘范围内的自由流动,实现生产资源的有效配置。抓住两个地区经济发展的有利时机,对两个地区的经贸合作升级进行系统分析,提出总体战略升级路径与政策建议。

一、黑龙江省与俄远东地区经贸合作战略升级的路径

贸易合作是黑龙江省与俄远东地区经贸合作的主要方式，其中，出口加工是黑龙江省对俄远东地区贸易的主要方式。大力发展出口加工业，打造黑龙江省对俄贸易保税区，发挥中心城市的带动作用将成为贸易战略升级的重要路径。

（一）大力发展黑龙江省的出口加工业

对于黑龙江省来说，要充分利用距离较近、运输方便、文化又比较接近的地缘优势，抓住国家实施东北地区振兴战略和推动对俄经贸战略升级的机遇，以俄远东市场需求为导向，充分利用黑龙江省劳动力价格较低、技术工人素质较高的优势，以及俄远东地区产品市场需求量较大和资源丰富的优势，通过整合内外优势资源，大力发展边境加工业，尤其是出口加工业，实现边境地区“以贸带工，以工促贸”的良性循环。

1. 利用本地的资源优势建立出口加工基地

在边境地区建立农产品出口基地，重点建设符合俄罗斯居民消费需求的绿色、有机和无公害粮食、蔬菜、瓜果、肉、蛋、奶等生产基地建设，重点培育在俄罗斯市场有知名度的农副产品品牌。重点发展俄方市场需求较大的轻纺工业、建材及装饰材料业、家电及信息产业、机电产品和原材料产业，这些产业在俄远东市场空间很大，而这些行业在我国又是发展得比较成熟的行业。所以，在边境地区要大力发展产品加工业，以满足俄远东地区乃至俄罗斯国内西部地区的市场需求。

2. 利用俄方原料联合加工和合作生产

俄远东地区拥有丰富的森林资源、矿产资源和渔业资源。黑龙江省企业可充分利用远东地区丰富的资源，通过进口木材、海产品以及其他原材料在边境地区与俄方联手开发和加工，提高进口商品的附加值。通过出口基地建设带动边境地区产业结构的调整，促进沿边外向型经济发展。

比如，绥芬河市充分发挥口岸优势，紧紧抓住国家批准该市为进口木材加工锯材出口定点口岸的机遇，大力发展加工业，在大规模进口木材的同时，积极辟建木材出口加工园区。目前，绥芬河已经形成了从原木粗加工到原木精加工的产业链，并且已经向终端产品延伸，真正实现全方位的经济合作。总之，积极鼓励和扶持企业在省内相关规划区建设对俄出口加工基地，把中俄有明显比较优势的企业吸引到这里来，通过边境两边企业的对接，实现优势互补，进而带动黑龙江省经济的发展。

(二)积极推进在黑龙江省建立中俄贸易保税区

黑龙江省和俄远东地区的经贸合作主要还是以贸易为主,要推动区域合作实现战略升级,必须拓宽合作领域。在省内建立保税区是推进中俄边境地区合作升级的重要途径,对于提升两地区经济合作规模与水平具有不可替代的作用。

1. 建立保税区实现跨境经济合作

保税区是指在两国边境地区划定一个特定区域,赋予该区域特殊的财政税收、投资贸易以及配套的产业政策。同时,对区内进行跨境海关特殊监管,允许第三国人员、货物自由进出。各国商家均可以在区内从事贸易、投资,并形成跨境产业链。目前,国内很多企业缺乏到俄罗斯投资的信心,其中一个主要原因是缺少一个缓冲区和缓冲机制。通过建立跨境经济合作区可以统一区域内的规则和制度,使企业避免了由关税和非关税壁垒、资本和劳动力自由流动方面的障碍,同时,还可以减少因货币兑换带来的风险。这样就可以形成缓冲区和一系列的缓冲机制,有利于打消我国企业到俄罗斯投资的顾虑。

2. 发挥中心城市的推动作用

城市是现代经济的载体,特别是中俄毗邻地区的中心城市在中俄区域经济合作中发挥着不可替代的重要作用。因此,在推进黑龙江省与俄远东地区经贸合作的过程中,应重视发挥两地城市特别是中心城市的作用。加强两地城市之间的交往,共同开发合作项目,这不仅有利于提升中俄经贸合作的层次和规模,也有助于推进两地区域合作由以边境地区为主的局部合作向以中心城市为支撑的区域合作转变,实现边境地区与中心城市的优势互补。

(三)充分利用大项目的带动作用

推进俄远东和黑龙江省两地间大项目合作是加快两地区域合作进程的重要手段。因为大项目合作一般规模大、合作时期长,因而其影响范围广、示范作用强。加强大项目合作不仅可以推动地区经贸关系大发展,而且有助于提高双方经贸合作质量。

1. 黑龙江省具备较为完整的工业体系

黑龙江省现已具备较为完整的工业体系,拥有石化、装备、能源、采掘、机械、化工、木材加工、食品等百余种行业,其中装备工业、石化工业、能源工业以及食品工业等在全国都具有十分重要的地位。黑龙江省与俄远东地区的经贸合作仍处在较低的层次上,主要体现在其相互间贸易规模小,合作领域窄,对地方经济拉动力也不强。

2. 黑龙江省具有丰富的农业资源

黑龙江省拥有农用地面积达 3 958 万公顷，占全省土地面积的 83.7%，名列全国前茅。黑龙江省位于世界著名的三大黑土分布区域之一，加之所处的地理位置气候条件优越，黑龙江省对于农业开发、种植业发展有着丰富的科学技术和人力、物力资源，现已是我国粮食产品和经济作物的重要产地。随着中俄两国经济连续多年快速稳定的增长，黑龙江省与俄远东地区两地丰富的矿产资源优势逐渐显现。

3. 黑龙江省具有丰富的煤炭资源

黑龙江省拥有鸡西、双鸭山、七台河、鹤岗四大煤炭工业基地；大庆及其周边地区的石油工业集中地；北部地区的森林工业分布地带。俄远东地区丰富的矿产资源、林业、渔业资源更为显著。

二、建立对俄经贸信息平台

中俄经贸合作中，两国贸易发展比较顺利，而相互投资却是"短板"。许多中方企业表示，并非不想到俄罗斯投资，而是因为不了解俄罗斯市场，缺少可靠的对俄开展业务的咨询机构，使得我国很多企业不敢到俄投资，或者担心在俄开展业务后会遇到自身难以解决的问题。

（一）建立和完善信息发布机制

黑龙江省建立由省商务厅主抓、省财政拨款的对俄经贸信息发布官方平台，及时提供发布双方经贸政策法规及相关经贸的权威信息。信息平台可以与省内相关的对俄经贸研究所挂钩，以便于及时发布最新的对俄经贸研究成果，加速由科研成果到实际应用的转化。为此需要各级政府积极打造对俄经贸合作的信息平台，逐步建立和完善信息发布机制。

（二）建立优化对俄贸易的营销网络

建立与优化营销网络，既包括营销组织网络，也包括信息网络，使二者密切结合。要建立贸工农一体化的对俄市场贸易专业总公司，以俄国市场为主的国际综合商社；建立代理制的外贸出口公司，以商品基地的生产为基础，通过代理购销业务将商品运往俄国市场；以重点产品为龙头，带动产业链，形成垄断企业集团；向俄国分设市场超市连锁分店，形成新型连锁网络等。通过上述组织网络，形成集团合力，以扩大在俄市场的竞争力和应变力。

三、加强对俄经贸人才培养和储备工作

为解决对俄经贸主体弱的问题，需要不断培育新的对俄贸易主体。为此，

需要培养一批既精通俄语、了解俄罗斯国情和民族风俗，又通晓国际投资规则和俄罗斯法律的人才，作为人才储备。通过开展两地人才培养方面的交流合作，提升对俄经贸人才的层次，以满足随着两地合作项目的不断增加，对各类人才方面需求不断拓展的需求，促进区域合作的发展。

1. 依托高校培养专业人才

依托黑龙江大学为首的黑龙江省高校，设立黑龙江省对俄各种专业人才培育基地，培养中俄经贸中的俄语人才，将俄语打造为中俄、黑俄经贸的第一用语。

2. 强化俄语教学

建议将俄语设为黑龙江省高校的第二外语，强化俄语教学，这样更有利于培养出既通晓俄语，又了解俄法律、经贸、文化、科技、传统、风俗等方面知识的专门人才，以满足黑龙江省对俄远东地区经贸合作战略升级的需要。可以在高校学科建设中设立商务俄语专业，在培养方向上增加对俄经贸人才培养方向，重点培养拥有大量经管类知识又会俄语的人才。

3. 人力资源培训合作

要积极探索与俄罗斯方面开展形式多样的人力资源培训合作。俄罗斯的高等教育水平居于世界前列，拥有许多国际著名大学。通过合作，借助俄罗斯的教育资源，为我国培养全方位的外语通、专业精的国际复合型人才。

第四节　黑龙江省与俄远东地区经贸合作的对策建议

抓住黑龙江省与俄远东地区经贸合作的机遇，需要黑龙江省做出切实的政策扶持。这既需要国家有关部门对黑龙江省与俄远东经贸合作的高度认可，需要国家相关部门的政策扶持，也需要黑龙江省政府根据省情制定具体的配套政策，以达到抓住机遇、完成两地经贸合作战略升级、扩大经济效益、实现经济可持续发展的目的。

一、对俄远东地区经贸现状分析

我国对俄贸易已进入一个新的发展阶段，以易货贸易为主的边贸形式正在转向以现汇贸易为主的国贸形式；商品结构与贸易形式发生了很多变化。深入分析俄远东地区经贸现状及其影响因素，采取积极推进的方针和适宜的对策，成为我们的重要任务。

(一)中俄贸易现状分析

中俄贸易增长迟缓,特别是边境易货贸易出现了一定的困难。造成上述状况的因素不能简单归结为某些产品的质量低劣与不正当竞争方式,而有着多方面的深层原因。

1. 两国经济体制改革的时序不同

俄国的经济体制改革,是先从上层建筑领域开始,然后再触及所有制的变革和企业内部机制的变换,因而,在上层建筑领域问题解决之前,经济体制改革只是局部性的,其实际情况是上层建筑领域的改革在较长时期内持续地进行着,从而导致经济改革和企业改革迟缓。

我国的经济体制改革一开始就从现实的经济活动中着手进行,在开放搞活中逐步触及产权关系,使企业先进入市场,然后再建立相应的市场经济体制,调整某些上层建筑领域。因此,两国在要素市场化和企业进入市场经济体制的时序上是不同步的,我国在对外贸易的要求上要比俄国的企业和居民强烈和急迫,两国难以在同一冷热度和开放度上进行贸易。

2. 两国对外贸易及国际市场战略的取向有别

俄国自给能力强,内控度大,市场向外有限度开放,经济不依赖外国,在对外贸易中,极力控制重要能源、重要原材料出口,并注意限制国外日用消费品在俄国内市场进行倾销,积极谋求同外国更多的经济技术合作,同我国的贸易也是如此,它在国际市场战略布局上是以独联体其他国家市场为基础、以东欧国家市场为主体、以我国市场为辅助,面向西方发达国家的市场。

我国对外全面开放,谋求同国外市场接轨,向国外市场出口重要的能源、原材料,进口重要的技术设备以及大量的日用消费品,最大限度地引进外资,以发展本国经济。在对俄贸易上则谋求以我国的日用消费品去交换他们的重要能源与机器设备,并全方位地进入俄国市场。因此,两国在国际市场战略的目标、重点、步骤与措施上所存在的差异,使中俄两国贸易在目标市场、产品结构、贸易形式上难以完全耦合。

3. 两国在边贸形式的转换速度上不同步

在苏联与我国两党、两国关系不十分正常的情况下,为谋求两国间的贸易往来和边民的相互交往,而采取了以边境易货贸易为主的贸易形式,特别在当时,我国的很多地区和企业把其振兴和发展寄希望于这种边境贸易的长期发展和扩大上,以较多的投资置于这种活动中,但随着两党、两国关系的日趋正常化,特别是在苏联解体后,俄国则主要效力于发展国家之间的现汇贸易和补偿贸易,而对原来占比重较大的边境易货贸易进行了控制,使国家间现汇贸易占据主导地位。

在我国特别是在黑龙江省的很多部门与企业,仍然把边境易货贸易视为对俄贸易的主要形式,他们没有以最快的速度反映这种客观变化,或者不愿用足够的产品,或者没有足够的现汇条件去从事国家间的常规现汇贸易,必然使一些固守边境易货贸易的企业处于困境之中。

4. 两国经济贸易政策的不同变化

俄国采取限制易货贸易的政策,对我国所需的原字号商品的易货贸易的出口,从许可证、关税、价格等方面都给予限制。对引进我国的劳务开始实行许可证制度,加大审批难度和增加缴纳引进劳务人员的费用,对补偿我国劳务费的货物关税上调了31%,从而加大了劳务换货成本,增加了我国劳务输出的难度。

我国的国内经济政策和对俄贸易政策也发生了很多变化。首先,对俄经济活动的优惠政策有了调整,从1994年后,对我国易货进口的化肥、成品油、钢材实行配额和自动登记管理,取消了成品油、钢材进口的关税优惠政策,这就势必影响上述产品的进口,又影响有关产品的出口。其次,我国对外汇体制进行了改革,实行汇率并轨政策,使外汇瑞士法郎与人民币比价上浮了一倍,拉动了关税和增值税的增加,从而导致进口成本增大。再次,我国国内压缩基建规模,大大缩小了对俄进口建材、机电产品的需求,并使进口产品积压。最后,我国面对通货膨胀采取了经营策略。以上这些政策变化,特别是对原优惠政策的调整,导致我国的一些企业,特别是黑龙江省优势边贸企业对俄贸易额下滑。

(二)中俄贸易扩展趋势分析

在本世纪末和下世纪初,中俄贸易将会随着多方面因素的变化而变化,在这一变化过程中有着推动中俄贸易发展的强大内外因素,虽然有着它不可避免的制约因素,但总体趋势是发展和扩大,前景广阔。

1. 两国的东北部地区同为经济发展的中心

在全球经济发展中,作为其发展构成要素的资源、人口、市场和技术较多地集中于亚太地区,这一广阔的开发空间,使亚太地区成为下一个世纪全球经济发展的中心,而东北亚地区是这个中心的重心,我国将是这一中心最富经济活力的国家。中俄两国都致力于东北部地区经济的开发,从而带动了两国广泛的经济技术贸易合作。俄国早已制定并在当前大力推进实施着东进开发战略,把东部地区的经济发展作为战略重点。我国正在实施沿边经济发展战略,特别是黑龙江省正在大力推进"南联北开,全方位开放"战略。两国战略向东北地区的指向,使各自的开发力度加大,从而使两国产生了多方面的经贸往来与合作,其深度与广度都会大大扩展。

2. 两国在市场经济体制的基本点趋于接近

随着经济体制和经济体制改革的推移，其改革的目标都指向建立市场经济体制，原有在时序上的差异日渐消失。两国企业都在市场经济体制下作为国内外市场经济行为主体而发生经济贸易关系，能够按照市场经济的规律去从事国际市场经济活动。随着生产要素的市场化发展，生产要素市场不断建立和发展，同时，随着科技的发展和生活水平的提高，不仅使有形产品的交换规模扩大，而且使无形产品的交换规模大大扩展。

3. 两国在资源上的互补性形成利益共同性

中俄两国各自发挥其经济优势，而相互交换，长短互补，是促进两国经济发展最佳的战略选择。同时，面对当前国际市场上区域贸易集团间的激烈竞争和国际政治生活中霸权主义的挑战，中俄两国在经济贸易上的一定联合和依存，将是一种有效的自我保护和对外抗衡的重要经济力量。

二、黑龙江省在对俄贸易中的基本对策

我国国内经济的发展实行的是“注重效益、提高质量、协调发展、稳定增长”的战略。对外经贸活动实行全方位开放的战略。根据国家经济发展战略的要求，黑龙江省对俄贸易则实行“南联北开，全方位开放”的战略，并提出对俄贸易的总原则：“立足长远，着眼当前，重点突破，先易后难，积极主动，稳步发展。”

（一）抓住机遇政策扶持

抓住黑龙江省与俄远东地区经贸合作的机遇，需要黑龙江省做出切实的政策扶持。需要国家有关部门对黑龙江省与俄远东经贸合作的高度认可，需要国家相关部门的政策扶持，也需要黑龙江省政府根据省情制定具体的配套政策，以达到抓住机遇、完成两地经贸合作战略升级、扩大经济效益、实现经济可持续发展的目的。

1. 把黑龙江省沿边开放带建设上升为国家战略

改革开放后，尤其是进入 21 世纪以来，黑龙江省沿边开放带建设上升为在国家战略的指导下，凭借地缘、历史文化以及公共关系的优势，开始实施以对俄经贸投资合作为主的沿边开放。黑龙江省具有与俄罗斯开展经贸合作的地缘优势，与俄罗斯山水相连，有 3 040 千米的边界线，拥有 25 个国家一类开放口岸，绥芬河口岸与俄境内距离最近的城市只有 2 千米。

2. 发挥黑龙江省独特的高科技投资合作优势

黑龙江省拥有独特的高科技投资合作优势，全面启动了“四个基地”建设（即对俄农产品基地建设、对俄科技合作基地建设、境外能源原材料基地建设和

对俄出口加工基地建设),形成“一会”(即“哈洽会”)、“一城”(即哈尔滨国际科技城)、“一园”(即莫斯科中俄友谊科技园)、“一基地”(即特种材料及特殊加工研发基地)和“七个中心”(即黑龙江省中俄科技合作及产业化中心、对俄工业技术合作中心、对俄农业技术合作中心、中乌技术合作中心、中俄科技合作信息中心、佳木斯中俄科技合作中心、中白化工技术合作中心)及百家以上单位竞相参与的科技合作大格局。

3. 享有特有的公共关系优势

黑龙江省享有独特的政策优势,在国家一些优惠政策的支持下,省内各商业银行已经在俄罗斯23个城市中设立了办事处,办理货款直通车业务,在一天中对俄贸易和投资的款项就可以全部到账,使投资合作得到了必要的保障。黑龙江省与俄罗斯各毗邻州(区)双方政府部门的定期会晤机制顺利实施得到了保证。此外,通过一些黑龙江省企业家在俄组建的华人工商会和华人联合会与其有关方面建立了良好的公共关系。

4. 快捷方便的商贸通道

黑龙江省拥有快捷的陆江(海)通道,可以通过江海、陆海和铁海联运等运输形式,实现“借道出海”“借港出海”和“借船出海”。

黑龙江省拥有集商贸、进出口加工、科技合作、现代物流和旅游会展于一体的综合性经济带“哈牡绥东对俄经济带”,该经济带内包含东宁县对俄进出口工业园、绥芬河市对俄进出口工业园区、牡丹江市裕民进出口加工园区。3个对俄出口工业园区基地的建设,以其特有的地缘优势和良好的投资环境吸引了上海、浙江和江苏等地很多商家的注意力。

鉴于黑龙江省具有的这些优势条件和在中俄投资合作中的重要地位,考虑到国家沿边开放战略和外交策略的总体要求和区域经济发展的客观需要,建议国家将黑龙江省沿边开放带建设上升为国家战略,促进对俄投资合作更快更好发展。

(二)打造对俄经贸服务型政府

为方便两地人员往来和要素流动,促进区域合作,黑龙江省和俄远东联邦应积极争取本国政府支持,减少货物和人员通关审批环节,提高办事效率。相关单位和部门要提高项目立项、用地、环评等各个具体环节的行政服务效率,切实保证对俄经贸合作项目的顺利实施。

1. 扩大对俄合作范围和深度

中俄两国和黑龙江省与俄远东地区应在货物通关、贸易商品的检验检疫、人民币与卢布的兑换、贸易结算、两国往来人员落地签证等方面采取更加便利化的措施。从国内产品出发，从产品易货贸易入手。实行贸易与经济技术合作并重，通过南联，扩大对俄经济、技术、劳务合作项目，向经济技术合作为主转变。延伸贸易与经济合作至俄内地广大地区。

2.依托沿边口岸为节点促进中俄友好合作

以哈尔滨为中心，以牡丹江、佳木斯等城市为依托，以沿边口岸为节点，一线贯穿，多点向外，“半月形”的沿边开放带已初步形成，使边境地区国民经济得到了快速的增长，使边境地区得到了繁荣稳定的发展，同时也为中俄两国战略协作伙伴关系和睦邻友好关系的巩固和发展做出了巨大的贡献。

(三)打造两国人民相互理解与信任的桥头堡

由于黑龙江省既是我国其他省份开拓俄罗斯市场的“枢纽站”，又是开展中俄经贸合作的“桥头堡”，可以把黑龙江省沿边开放带建设成为国家战略。

1.促进中俄间的理解

在俄罗斯“中国威胁论”的言论有不断降温的趋势，但是，其影响依旧存在。在俄罗斯仍然有一些人士担心中国的强大会对俄远东地区构成威胁，俄远东地区会沦为中国的原料来源地。“中国威胁论”依然存在的主要原因之一就在于俄罗斯民众对中国还不是很了解，相互之间缺乏互信。所以，要加强相互间的交流与沟通，通过各种途径，促进相互间的理解和信任。

2.2011~2012年中俄互办国家年

中俄两国各级政府要充分利用中俄互办国家年的机遇，大力推进黑龙江省与俄远东地区的文化交流，打造特色旅游路线。黑龙江省对于俄远东地区拥有较为温暖的气候，省内可以重点打造湿地旅游，建立太阳岛湿地、大庆湿地、齐齐哈尔扎龙湿地以及双鸭山安邦河湿地等湿地旅游资源；牡丹江镜泊湖、莲花湖、鸡西兴凯湖、大庆杜蒙连环湖等湖泊旅游路线。

3.鼓励中俄青少年之间的社会文化交流

鼓励中俄青少年之间的社会文化交流，因为青少年是国家的未来，中俄作为友好邻邦，两国世代友好更要寄希望于青少年。加强青少年间的了解与信任，这对于培养中俄年轻一代的友好感情，对于深化两国传统友谊、加强互利合作，促进两国人民世代友好有着重要意义。

4.丰富交往方式

要充分利用地理位置优势加强与俄远东地区的全面合作，丰富交往方式，深化彼此了解。通过宣传与沟通让俄罗斯人民明白，中国的崛起绝不是排他性的。中国经济的发展，给俄罗斯社会带来的不是威胁，而是机遇。对于黑龙江省和俄远东地区的合作来说，黑龙江省的发展只会给俄远东地区带来机遇，而不是带来危害,同样俄远东地区的经济发展也是黑龙江省经贸发展的推动力。黑龙江省和俄远东地区的发展不是竞争关系,而是互补关系。

三、立足省情积极扩大"内联外引"

黑龙江省和俄远东地区开展区域合作必须要引入区域外发达国家或地区的资金、市场、管理经验和技术。只有将这些区域外部要素与区域内各种生产要素进行重新组合,才能提高区域综合竞争实力,带动区域经济发展。黑龙江省和俄远东地区开展次区域经济合作最大的不足在于区内资金不足,因此,两地间的合作对外部资金有较大的依赖性,这也是黑龙江省和俄远东地区开展次区域经济合作必须坚持开放性的根本原因所在。

(一)黑龙江省在"一带一路"中具有区位优势

从长远来看,黑龙江省和俄远东地区位于东北亚地区中心,与多国接壤或相邻,在发展外向型经济方面具有独一无二的区位优势。为促进外向型经济的发展,两地应发挥各自优势,积极参与东北亚区域合作,联手开拓国外市场,积极地引进日本和韩国等国的资金和先进技术,通过深化区域外的互利合作,改造区域内的传统产业,提高区域产业竞争能力。对于黑龙江省来说,要积极联合国内其他发达地区共同参与俄远东区域合作,走联合开发的道路。

1. 战略目标

通过区域内各成员国间的经济贸易合作,进行生产要素及产品互补,在平等互利的基础上,在国际经济良性循环的过程中,促进本国经济的持续、稳定发展,取得最佳的经济效益,最终形成亚太地区的经贸大国。同时,通过俄国市场的架接开通独联体西部国家、东欧各国、北欧及西欧各国的贸易通道,开辟"两翼"国家市场及发展中国家所组成的主体市场的西、北部地区,从而扩展我国的全球市场,最终实现全球战略目标。

2. 战略内容

对该区域的经贸活动执行"南联北进,东引西出,要素互换,重点突破"的战略。就是用我国的资源和市场去换取日本、韩国的资金与先进技术设备,然后经过消化吸收,利用自己的资源,生产出优质的"再生"产品,去换取俄国的资源和市场,用自己的优质、名牌产品去拓展蒙古的市场;以经济技术合作为主要形式,以俄国市场的开发为重点。

(二)发挥优势实现多方合作

黑龙江省和俄远东地区仅依靠简单的初级生产要素的比较优势发展区域合作,实现两地初步的经济发展,极易陷入"比较利益陷阱"。通过广泛吸引我国内地及港澳台发达地区的大企业、大集团，利用他们的资金、技术、管理优势，以解决在合作中遇到的资金和技术不足的问题。

1. “内联外引”促进对俄合作

我国沿海、南方乃至中西部省市与俄经贸往来日益密切，对俄合作兴趣更浓。但对于这些企业来说，不了解俄罗斯市场，直接投资存在着较大的风险。因此，他们希望寻找熟悉了解俄远东的战略合作伙伴，联手开展境外能源、原材料等投资项目合作。为此，黑龙江省提出做好“内联外引”的大文章，引进战略投资者，聚合内陆省市及港澳台地区等方面的力量，共同推动远东经贸合作。

2. 实行贸易补偿推进经济技术合作

以相互直接投资为核心，以补偿贸易为重点。扩展代理业务和过境贸易，采取多种结算办法，促进多形式的经济技术合作和多种要素的交流活动；推进联合经营与综合经营，建立多国、多形式的合资企业；进行多种产业、多种业务的综合经营。

附录　关于制定黑龙江省国民经济和社会发展第十三个五年规划的建议

“十三五”时期是实现全面建成小康社会奋斗目标的决胜阶段。必须全面贯彻落实党的十八届五中全会精神和中共中央《关于制定国民经济和社会发展第十三个五年规划的建议》，以创新、协调、绿色、开放、共享发展理念作为行动先导，切实提出黑龙江省国民经济和社会发展第十三个五年规划的指导思想、奋斗目标和重点任务，激励全省人民坚定信心、攻坚克难、锐意进取、奋发有为，同全国一道全面建成小康社会。

一、我省全面建成小康社会决胜阶段面临的形势

“十二五”以来，面对经济发展新常态和改革发展稳定任务，全省上下坚决落实党中央部署，坚持科学发展、主动作为，大力实施“五大规划”战略，全力推进“十大重点产业”建设，着力构建“中蒙俄经济走廊”黑龙江陆海丝绸之路经济带，向全面建成小康社会扎实迈进。“十三五”时期，要深刻理解把握中央对我国发展环境基本特征的判断，客观分析、正确把握我省发展面临的问题和机遇，保持战略定力，顽强拼搏，开拓创新。

(一)“十二五”时期我省发展取得重大成就

经济发展实力显著增强。积极谋划和争取事关全省发展的重大问题上升为国家战略，“五大规划”全面引领经济社会发展，赢得了重大政策机遇，新的发展动力不断集聚，2014 年全省地区生产总值达到15 039.4亿元，2011 年到 2014 年年均增长 8.9%。

现代农业加快发展。抓住国家赋予我省开展“两大平原”现代农业综合配套改革试验的契机，用先进工业装备农业、先进技术改造农业、先进理念经营农业，推动农业经营主体、农村土地产权制度、农村金融保险服务、农产品价格形成机制改革创新，现代农业产业体系、服务体系和经营体系建设取得新成就。

农业生产关系更加适应生产力发展，新型农业经营主体迅速发展壮大。现代农业规模化发展进入新阶段，探索和初步建立了保障粮食综合生产能力的体制机制，粮食产量实现“十一连增”，2014 年粮食产量达到1 352亿斤，全国粮食第一大省地位牢固确立。

结构调整取得积极进展。通过大力推进“十大重点产业”建设，促进结构调整。省重点产业项目建设取得成就，纳入省重点推进建设的1 462个产业项目，完成投资6 000多亿元，其中单体产业项目投资超过 20 亿元以上的 52 个，拉动经济增长的作用明显提升。三次产业结构得到优化，第三产业快速增长，年均增速 10.9%，占地区生产总值比重明显上升、超过了第二产业；第一产业保持稳定增长；第二产业内部结构进一步优化，食品、高端装备、新材料等产业占规上工业比重提高。

开发开放取得新成就。推进实施《黑龙江和内蒙古东北部地区沿边开发开放规划》，对俄全方位开发开放进一步加快。“龙江丝路带”融入国家“一带一路”战略，并定位为“中蒙俄经济走廊”核心区，基础设施互联互通取得新进展，开通了哈尔滨经俄罗斯至德国汉堡的欧洲运输通道。全省外贸进出口总额年均增长 11.1%。

基础设施建设取得重大突破。我省多年来谋划的铁路、公路、民航等交通和水利重大项目开工建设，“十二五”期间，哈大（大连）高铁及投资 324 亿元的哈齐高铁建成运营，投资 742 亿元的哈佳快速铁路、哈牡客专、同江铁路大桥中方段开工建设；投资 836 亿元的2 990公里高速公路、4 420公里一级和二级公路、17 604公里农村公路建成运营；机场数量达到 11 个，居东北地区首位，哈尔滨机场启动扩建；投资 390 亿元的“黑龙江、松花江、嫩江”干流治理、胖头泡蓄滞洪区、尼尔基引嫩扩建骨干工程一期配套、青龙山灌区、奋斗和阁山水库等重大水利项目开工建设，生态高产标准农田等农田水利设施项目扎实推进，是水利建设投入最多的时期。荒沟抽水蓄能电站开工建设，哈尔滨、大庆、伊春、鸡西等一批大型热电项目建成投产。

全面深化改革向纵深拓展。行政审批制度改革取得突破，国务院取消下放事项中涉及应取消的全部取消，非行政许可全面清零，省级权力清单、责任清单和市县权力清单制定完成并向社会公开，清理省级行政权力10 068项，总精简比例达到 69%。规范行政权力流程。公共资源配置市场化改革创新开展。国企改革扎实推进。司法体制改革积极推进，农垦、森工法检两院移交地方管理顺利进行。经济社会发展环境不断优化，动力和活力增强。

新型城镇化积极稳妥推进。开展了国家新型城镇化综合试点，大中城市辐射带动作用增强，小城镇建设步伐加快。投资771亿元的"三供三治"项目新增日供水能力262万吨、燃气用户94.5万户、城市供热面积2.34亿平方米、污水日处理能力132.5万吨、垃圾日处理能力1.2万吨，城市供水、燃气、供热普及率分别达到96.3%、87.8%和74%，城市污水、垃圾处理率分别达到85.1%和90%。

生态文明建设不断加强。推进《大小兴安岭林区生态保护与经济转型规划》实施，生态环境保护力度加大，整体生态化优势不断巩固和加强。大力推进环境治理和节能减排，拆除或替代燃煤小锅炉，淘汰黄标车及老旧车辆，单位地区生产总值能耗比"十一五"末降低15.6%。松花江流域水污染治理取得明显成效。

民生持续改善。"十二五"期间，保障性安居工程预计完成投资2 822亿元，建设保障性住房204.5万套，改造农村泥草(危)房108.6万户，居全国前列，近1 000万城乡居民居住环境得到改善。人民生活水平大幅提升，城镇居民人均可支配收入比"十一五"末提高8 752元，农村居民人均纯收入提高4 541元。累计新增城镇就业309.1万人，登记失业率始终低于控制目标。公共服务体系覆盖面持续扩大，400多万企业退休人员基本养老金人均标准提高1倍。各级学校生均公用经费标准提高1倍以上。低保、低收入、重度残疾人托底保障标准普遍提高。解决了1 288万农村及乡镇人口饮水不安全问题。教育、医疗卫生、文化、体育事业加快发展。社会治理明显加强，平安黑龙江建设成效显著。

按照党中央部署，深入扎实开展了党的群众路线教育实践活动和"三严三实"专题教育，锲而不舍反"四风"改作风，全面落实从严治党要求，作风建设和党风廉政建设取得显著成效，密切了党同人民群众关系，赢得了群众信任和拥护，形成了团结向上、风清气正、干事创业的良好政治生态，为推动经济社会持续健康发展、实现全面建成小康社会目标凝聚了强大力量。

"十二五"时期，是我省经济社会发展质量和效益不断提升的时期，是城乡面貌变化最大的时期，是人民群众得到实惠最多的时期，是党的建设不断取得新成效的时期。尤为重要的是，认真贯彻落实习近平总书记振兴东北老工业基地的系列重要指示，深化省情认识，科学把握发展大势，自觉遵循发展规律，有效应对各种困难挑战，发展思路更加明晰、更加丰富、更加完善，发展措施更加有力，为在新的历史条件下，更好认识新常态、适应新常态、引领新常态，推动经济社会持续健康发展赢得了主动。

(二)"十三五"时期经济社会发展面临的环境

按照党中央对国内外形势的判断，"十三五"时期我国仍处于可以大有作为的重要战略机遇期，但战略机遇期内涵发生深刻变化，我省发展也同样面临着有利条件和困难风险挑战。

从有利因素看，党中央、国务院对东北老工业基地振兴，在现代农业、资源型城市转型发展、保障改善民生等方面给予支持，为我省补齐短板、加快发展提供了重要政策保障。国家实施“一带一路”战略，拓展了我省对外合作新空间。俄罗斯远东开发战略提速，有利于我省发挥对俄区位和地缘优势，深化对俄罗斯及东北亚和欧洲全方位合作。我国经济长期向好基本面没有变，国家加快基础设施建设，大力实施促进产业结构和消费结构升级政策，与我省的发展需求高度契合。我省“十二五”时期取得的成就为“十三五”发展奠定了坚实基础。实施的务实政策举措与国家政策支持叠加效应将进一步显现，发展优势进一步凸显，资源配置市场化改革，现代农业、高品质食品、“互联网＋”、旅游、养老健康、信息服务、对俄合作、科技成果产业化、部分地区的教育文化产业发展等潜力不断释放。五年来，我们积累了经济社会发展宝贵经验，全省上下对发展面临的问题、机遇、挑战，以及未来发展思路、主攻方向的认识更加统一，培养了一批懂经济管理、善于抓项目、想干事能干成事的干部队伍。加强党风廉政建设，加大反腐败力度，大力治理懒政和不作为，发展环境不断优化。

从不利因素看，国际金融危机深层次影响在相当长时期依然存在，近年油价、煤价持续下降，大庆油田原油减产对我省经济形成负向拉动；新一轮科技革命和产业变革蓄势待发，我们面临的竞争更加激烈；国际市场需求不足，对我省装备、石化等重点行业发展形成约束传导。国内对部分行业产能过剩的治理以及投资增长放缓，直接或间接影响我省一些行业发展，也对扩大投资产生影响。

我省自身发展也面临一些突出问题和制约因素，主要是：结构性矛盾突出，区域发展不平衡、不协调，煤城、油城、林城等资源型城市发展面临较大压力，产业结构调整仍然面临较大困难，农业大而不强，以资源开采和初加工为主的传统产业比重过大格局没有改变，特别是能源工业比重仍然一业独大。城乡发展不均衡，二元结构突出。资源性矛盾突出，石油、煤炭行业步入资源衰退期，重点国有林区天然林停止商业性采伐，资源行业和所在地区历史问题积累多、包袱重，加之资源转换和深加工不够，可再生资源利用潜力没有充分释放，发展任务十分艰巨。体制性矛盾突出，国有经济活力不强，非公经济发展不快，创新发展动力不足。思想观念解放不够，发展理念相对落后，有些领导干部专业化能力还不适应，企业创新意识不强，普遍忽略营销、忽视与资本市场合作。

二、"十三五"时期全省经济社会发展指导思想和主要目标

(一)指导思想

高举中国特色社会主义伟大旗帜,全面贯彻党的十八大和十八届三中、四中、五中全会精神,以马克思列宁主义、毛泽东思想、邓小平理论、"三个代表"重要思想和科学发展观为指导,深入贯彻习近平总书记系列重要讲话精神,坚持全面建成小康社会、全面深化改革、全面依法治国、全面从严治党的战略布局,牢固树立创新、协调、绿色、开放、共享发展理念,坚持发展是第一要务,坚持稳中求进,加快转变发展方式,主动适应和引领经济发展新常态,创新发展实施"五大规划",推进"中蒙俄经济走廊"黑龙江陆海丝绸之路经济带建设,着力完善体制机制,着力推进结构调整,着力鼓励创新创业,着力保障和改善民生,统筹推进经济建设、政治建设、文化建设、社会建设、生态文明建设和党的建设,加快老工业基地振兴,确保如期全面建成小康社会,为实现第二个百年奋斗目标、实现中华民族伟大复兴的中国梦奠定更加坚实的基础。

根据上述指导思想,如期实现全面建成小康社会奋斗目标,必须严格按照党中央的要求,坚持人民主体地位、坚持科学发展、坚持深化改革、坚持依法治国、坚持统筹国内国际两个大局、坚持党的领导的基本原则。

(二)主要目标

今后五年,要在已经确定的全面建成小康社会目标要求的基础上,努力实现以下新的目标要求。

——经济综合实力实现新跨越。在努力提高发展质量和效益基础上,保持国民经济中高速增长,到2020年地区生产总值和城乡居民人均收入比2010年翻一番。

——结构调整取得积极成效。产业结构转型升级,所有制结构进一步优化,区域经济发展协调性整体性增强,新型城镇化有序推进,城镇化质量不断提升。

——人民生活水平和质量明显提高。就业、教育、文化、社保、医疗、住房等公共服务体系更加健全。就业更加充分,煤城和林区富余职工再就业渠道进一步拓宽。现行标准下农村贫困人口全部脱贫,28个贫困县全部摘帽,解决区域性整体贫困。

——全省人民素质和社会文明程度显著提高。中国梦和社会主义核心价值观更加深入人心,爱国主义、集体主义、社会主义精神文明和社会主义思想广泛弘扬,人民思想道德素质、科学文化素质、健康素质明显提高,全社会法治意

识不断增强。

——生态文明建设取得明显成效。绿色生态产业得到快速发展,生产方式和生活方式绿色、低碳水平上升。能源资源开发利用效率大幅提高,能源和水资源消耗、建设用地、碳排放总量得到有效控制。主要污染物排放总量大幅减少,重点城市空气质量明显好转,松花江、兴凯湖等流域水质持续改善。

——深化改革取得决定性成果。国企改革取得重要进展,“两大平原”现代农业综合配套改革试验全面完成。支持非公经济发展的政策机制和服务机制更加健全。创新型省份建设扎实推进。法治政府基本建成,司法公信力明显提高。

(三)落实五大发展理念的总体要求

要深刻认识和准确把握五大发展理念精髓,提高贯彻落实的能力和水平,围绕困扰黑龙江发展的重大问题和症结,找准短板,凝神聚力,在主攻方向、重要领域、关键环节上奋力实现新突破。要深入贯彻落实创新发展理念,在创新体制机制、释放经济发展活力、构建现代产业体系、推动重大基础设施建设、拓展网络经济空间上实现新突破。要深入贯彻落实协调发展理念,在构建区域均衡发展格局、推动资源型城市脱困转型、加快发展县域经济、提升新型城镇化质量上实现新突破。要深入贯彻落实绿色发展理念,在构建绿色生态产业体系上实现新突破。要深入贯彻落实开放发展理念,在“龙江丝路带”建设上实现新突破。要深入贯彻落实共享发展理念,在脱贫攻坚和提升城乡中低收入人群生活质量上实现新突破。

三、加快创新发展,切实提高发展质量和效益

创新是引领发展的第一动力。必须把创新摆在发展全局的核心位置,贯穿党和政府的一切工作,培育新的发展优势,拓展新的发展空间,加快实现发展动力转换。

(一)创新体制机制

体制机制问题是制约我省发展核心症结。必须以更大决心和勇气冲破思想观念障碍、突破利益固化束缚,在重点领域和关键环节改革上取得决定性成果,实现全省发展环境根本性转变。

深化行政体制改革。在不断完善权力清单、责任清单的基础上,推动建立负面清单,明确政府发挥作用的边界,促进行政体制改革,优化行政流程,提高行政效率和效能。

坚持“多取消、审一次、真备案”的原则,持续推进简政放权、放管结合、优化

服务。进一步深化行政审批制度改革,能够取消的全部取消。提高改革措施的协调性,做到纵向同步、横向协调。做好已取消和下放管理层级行政审批事项的落实和衔接,加强事中事后监管。开展行政权力清理,做到法定职责必须为、法无授权不可为。

清理和规范事业单位、协会、中介机构等实质性行政权力,推进中介机构与行业主管部门脱钩,整治“红顶中介”。加快事业单位分类改革,对事业单位占有公共资源,特别是非办公资源进行市场化改革。

减少政府对价格形成的干预,全面放开竞争性领域商品和服务价格。建立规范的地方政府举债融资体制,防范化解财政金融风险。

进一步深化商事制度、市场监管机制等相关领域改革。积极推动电力体制改革,加快农村电网改革,理顺农电管理体制。

全面开展公共资源配置市场化改革。坚持发挥市场在资源配置中的决定性作用,在已经对集中供热热源、矿产资源和精深加工一体化、风能、光伏资源等公共资源实行市场化配置的基础上,将其余医疗、教育、城市基础设施、公共网络资源、公共交通等所有公共资源纳入市场化配置改革范围,全部采取招投标等市场公开竞争方式进行配置。建立交易平台,完善交易机制,健全交易制度,提高资源配置的公平性和透明度。加强监督检查,严格责任追究,杜绝谋取私利、利益输送。

创新实施“两大平原”改革。坚持通过生产关系变革提高农业生产力水平和增加农民收入的改革总目标,继续抓好新型农业经营主体、土地管理制度、农村金融服务产品、农业支持政策、农产品价格形成机制五大创新。

创新培育新型农业经营主体,引导鼓励新型农业经营主体主动适应市场需求,完善种养加、产供销、贸工农一体化合作机制,探索抵御市场风险的经营模式。深化农村集体产权制度改革,积极探索农村土地征收、经营性建设用地入市、宅基地制度改革途径和形式,有效盘活土地资源。深化农村金融改革,创新金融产品和服务,完善农业保险制度,提高融资便利性,降低融资成本。全面落实粮食收储等各项支农惠农政策,引导农业结构调整和促进农民增收。创新农产品价格形成机制。

深化国有企业改革。抓住中央企业全面深化改革契机,积极主动与驻省中央企业衔接,推动中央企业和地方国有资本合资合作,支持各类社会资本参与中央企业改制分离辅业和生产性服务业,承接产业配套,促进中央企业与地方融合发展。

加快地方国有企业改革,完善现有企业现代企业制度,推动整合重组和上市融资。新组建国有企业和国有控股企业按照现代企业制度要求设立，提高管理水平和竞争力。构建经营性国有资产集中统一监管体制，提高资产证券化率，引入战略投资者，发展混合所有制经济。推进煤炭、森工、农垦改革，加快建立与市场经济相适应的管理体制。妥善解决厂办大集体、分离企业办社会职能、离退休人员社会化管理等历史遗留问题。

加快非公经济发展。充分发挥非公经济的活力和在稳增长、促创新、增就业、扩税收等方面重要作用，促进非公经济持续健康发展。坚持权利平等、机会平等、规则平等，废除对非公经济各种形式的不合理规定，消除各种隐性壁垒，享受一视同仁的国民待遇。鼓励非公企业参与国有企业改革，鼓励发展非公有资本控股的混合所有制企业。完善中小企业信用担保体系，创新融资模式，拓宽初创企业和小微企业低成本融资渠道。加快民营企业家队伍建设。

创新投融资体制。推广政府和社会资本合作（PPP）等投融资模式，鼓励社会资本参与市政设施、公共服务等项目建设。发挥政府资金的引导和放大作用，吸引各类金融资本参与设立天使、创业、产业等投资基金，支持创新创业和新兴产业发展。调整政府资金投资方式，对竞争性领域中市场失灵的特定环节，由直接支持项目改为更多地采用股权投资等市场化方式予以支持。构建多元化融资体系，加大在资本市场的融资力度。规范政府投资行为，制定科学的政府投资决策机制。

（二）发挥科技创新引领作用

创新驱动是破解我省结构性、资源性矛盾的根本措施和持久动力。必须深入实施创新驱动发展战略，发挥科技创新在全面创新中的引领作用，提升创新能力，健全激励机制，加快科技成果产业化，培育创新发展新动力。

提高科技创新能力。依托我省大专院校、科研院所、骨干企业等三支队伍的研发力量，构建产学研金相结合的科技创新体系。强化企业创新主体地位和主导作用，加快培育一批创新型领军企业，推动企业真正成为技术创新决策、研发投入、科研组织和成果转化的主体。

深化与国家战略有机衔接，争取国家在我省布局重大科技项目和国家实验室，推动企业技术中心和工程研究中心建设，打造技术创新平台。坚持战略和前沿导向，加强基础研究和应用基础研究，强化原始创新、集成创新和引进消化吸收再创新。做好科技创新专项布局，重视颠覆性技术创新，重点支持研发具有产业化前景的高新技术成果，加快突破石墨新材料、新一代信息通信等领域核心技术。支持构建产业技术创新联盟，推动跨领域跨行业协同创新。

加快科技型企业发展和科技成果落地转化。继续实施千户科技型企业三年行动计划,支持科技型中小企业发展,形成一批具有较强竞争力的创新型企业。建设科技成果转化平台,推广科技企业新型孵化模式,发挥哈尔滨、大庆等地科技平台优势,加快众创、众包、众扶、众筹空间发展。加强技术和知识产权交易平台建设,建立从实验研究、孵化、中试到生产全过程科技创新融资模式,促进科技成果资本化、产业化。

大力发展先进制造业。全面对接《中国制造 2025》,全力抓好我省有产业基础的 17 个行业,进一步提高"黑龙江制造"的竞争力和影响力。加快新一代信息技术与制造业深度融合,积极推进智能制造,支持企业开展关键核心技术研发和瞄准国际同行业标杆推进技术改造,促进生产方式向柔性、智能、精细转变。

促进互联网与经济社会深度融合。实施"网络强省"战略,支持基于互联网的各类创新,大力推进"互联网 + "行动计划,发展物联网技术和应用。实施大数据战略,加快公共数据资源开放共享,着力推进数据汇集和发掘,深化大数据创新应用,在有条件的地区建设云计算数据中心集聚地和云计算应用服务基地。

大力推进大众创业、万众创新。构建有利于大众创业、万众创新的政策环境、制度环境和公共服务体系。

完善创新激励机制。深入落实省委、省政府《关于建立集聚人才体制机制激励人才创新创业若干政策的意见》,下放科技成果使用、处置和收益权,完善科技人员创业股权激励政策,提高科研人员成果转化收益分享比例,让科技人员在创新活动中得到合理回报。推进科研事业单位企业化改制。扩大高校和科研院所自主权,赋予创新领军人才更大财物支配权、技术路线决策权。支持企业引进高端人才。拓宽创新投资融资渠道,切实用好国家中小企业发展基金和国家产业投资引导基金,引导社会资本和金融资本积极参与创新活动,发展天使、创业、产业投资。实行严格的知识产权保护制度,建立鼓励创新的统一透明、有序规范的市场环境。

支持和引导大众创业。鼓励科研人员创业,支持高校、科研院所等事业单位专业技术人员在职创业、离岗创业。引导大学生开办公司创业、合作创业、去有发展潜力和新商业模式的小公司工作创业。鼓励农民成立农业合作社和农业产业化公司创业,支持农民自主创业和农民工返乡创业。加强创业政策支持,放大财政贴息担保贷款扶持作用,加大减税降费力度,加强创业服务和创业培训,建设众创空间等创业平台。支持高等学校周边的创新创业园区建设。

（三）大力推进农业现代化

农业是全面建成小康社会、实现现代化的基础。要创新实施《黑龙江省“两大平原”现代农业综合配套改革试验总体实施方案》，在提高国家粮食安全保障能力的基础上，更加注重提高品质、降低成本，增强竞争力，推动农业发展方式从数量向数量质量并重转变，建设农业强省。

提高国家粮食安全保障能力。坚持最严格的耕地保护制度，坚守耕地红线，全面划定永久基本农田，稳定提升粮食产能。抢抓国家实施“藏粮于地、藏粮于技”战略等机遇，争取将“两大平原”纳入国家粮食生产功能区和重要农产品保护区。实施亿亩生态高产标准农田建设工程，大规模推进先进田间工程等农田水利设施建设、土地整治、中低产田改造，加快农业机械化，增强抵御自然灾害能力，打造国家粮食安全保障基地。

优化农业结构。按照粮经饲统筹、农林牧渔结合、种养加一体的思路，加快构建现代农业生产体系。坚持市场导向，突出发展绿色有机农产品和优质高效作物种植，优化种植业结构，发展订单农业。加快发展畜牧业，实施“两牛一猪一禽”工程，加快建立规模化养殖、标准化生产、产业化经营、社会化服务的现代畜牧业生产体系，积极发展奶牛、肉牛、生猪养殖，适度发展肉（奶）羊、家禽养殖，加强检验检疫和疫病防控，建设高品质畜产品生产基地，推动农业转型。以保护和培育林区特色资源为前提，加快发展林下经济。挖掘乡村生态休闲、旅游观光、文化教育价值，发展都市农业、观光农业、休闲农业，拓展农业功能。

发展绿色农业。做好绿色有机农产品生产这篇大文章，健全和实施支持减化肥、减农药、减除草剂等措施，建设全国最大、优质安全的绿色、有机农产品生产基地。推进农业标准化，健全从农田到餐桌的农产品质量安全全过程监管体系。加强知名品牌培育和保护，提升龙江绿色有机农业形象。

加快农业服务体系建设。完善现代农业科技创新推广体系，加快发展现代种业，加强农产品流通体系，加快建设粮食收购公开透明电子商务平台和仓储设施。以网上销售、精准农业、质量溯源监管为重点，实施“互联网 + 农业”，推进农业信息化。

（四）构建产业新体系

创新实施《全国老工业基地调整改造规划》，把产业项目建设作为构建产业新体系的重要手段，创新发展“十大重点产业”，发挥优势、注重多点培育，突出国内有总需求增长空间和龙江有竞争优势的重点行业，加快产业层次向中高端迈进，重塑产业竞争发展新优势。

优化工业结构。加快信息化与工业化深度融合，推动工业转动力、转方式，促进工业提质增效、升级扩量。以创新为驱动,坚持“改旧上新”,推动小企业上规模,大企业做大做强。坚持扩大增量带动工业结构调整,通过存量扩张、引入要素、高新技术成果产业化、资源开发和精深加工形成新的增量,构建以高端装备制造、资源精深加工、战略性新兴产业为重要支撑的产业新格局。

积极发展高端装备制造业。支持重点装备制造企业,大力推动技术创新、产品创新,促进装备制造业高端化,重点发展电力装备、航空航天装备、轨道交通装备、高档数控机床和机器人、汽车、农机装备、海洋装备等产业。

加快发展资源精深加工。食品工业和玉米精深加工业,要突出发展适应消费升级的高端乳制品、畜产品和食品制造,建设大型玉米深加工项目,健全市场营销体系,实现跨越式发展。石化、煤化工,要争取在大庆和煤城布局石化、煤化工重大项目,延伸发展精细化工。矿产精深加工,要推动矿产资源开发和精深加工一体化发展,打造高端石墨和钼产业,形成鸡西、鹤岗石墨新材料产业集群和大小兴安岭钼产业集群,深度开发铜等矿产资源,延长矿产资源精深加工产业链。加快天然气开发和利用,建设现代化煤矿,开采新的煤炭资源。林木加工,要用好境外木材资源,加快发展林木精深加工。

培育发展战略性新兴产业。加快新产品、新技术研发应用,突破工程化、产业化瓶颈,推动卫星应用、新材料、生物医药、新一代信息技术、空间探测技术外溢等成长性比较好的战略性新兴产业和高新技术产业加快发展,抢占经济和科技制高点。

多领域多角度发展服务业。落实加快发展现代服务业行动,拓展新领域、发展新模式、推广新业态,扩大供给规模,提高服务质量。

促进生活性服务业向精细化和高品质转变。大力发展特色旅游业,不断拓展境内外旅游市场。加快发展健康养老服务业,提高社会化产业化水平。推动传统商贸服务业转型升级,加快大型批发市场、农资配送中心等流通体系建设。促进电子商务等新型业态发展。

推动生产性服务业向专业化和价值链高端延伸。优化金融生态环境,发展金融组织,创新金融服务产品,着力加强对中小微企业、农村特别是贫困地区金融服务,充分利用资本市场,增强金融对经济社会发展的支撑能力。积极发展现代运输方式,布局建设现代物流、邮政等基础设施,构建社会化、专业化、信息化现代物流体系。加快发展研发设计、融资租赁、商务咨询、服务外包等生产性服务业。推动制造型企业中的生产性服务业分离分立,走向专业化和高端化。创新发展生产性服务业,实现服务业与农业、工业等在更高水平上的有机融合。

（五）加强基础设施建设

基础设施建设是经济社会发展的基础，对稳定经济增长、促进民生改善具有重要作用。必须进一步加大投资力度，加快补齐短板，实施一批拉动效果好、承载能力强、技术先进的重大项目，构建交通、水利、城镇、能源、信息等重大基础设施网络，增强对经济发展引领和支撑能力。

构建现代综合交通运输网络。既要发挥交通运输对经济社会发展的促进作用，更要挖掘和发挥交通运输网络的先导作用，构筑以哈尔滨为枢纽，各种运输方式紧密衔接、广泛覆盖、快速通达的现代综合交通运输体系。

铁路，加快快速铁路网络建设，覆盖全省 50 万人口以上的城市，哈牡、哈佳、牡佳快速铁路建成竣工，形成“哈牡鸡七双佳哈”快速铁路东环线，力争建成“哈大齐北绥哈”铁路西环线，启动逊克至乌伊岭、呼玛至韩家园子、饶河至创业等沿边铁路外环线建设，打造东环、西环和沿边铁路“两环一边”铁路网。

公路，进一步完善公路网，在巩固高速公路基础上，重点向县乡和村级公路延伸。扩大高速公路及高等级公路通达范围，围绕哈尔滨都市圈，建设宾县、五常、肇东、兰西、巴彦、宾县的高速环线，加快沿边公路建设，继续实施国省干线改造，形成“一圈一边多线”为主的公路网。实现“县县通”高等级公路。加快农村公路建设，建设县乡路 1 万公里、村级路 2 万公里。推进综合客货运输场站发展。

民航，完成哈尔滨枢纽机场扩建，建成五大连池、建三江、绥芬河、亚布力等新机场，完成牡丹江、齐齐哈尔、佳木斯等现有机场迁建扩建，建成一批民用及通用机场，航空服务覆盖人口达到 90% 左右。

航运，通过 PPP 方式推进松花江 7 个梯级航电枢纽开发，实施重要通航河流主航道建设整治工程，加快重点港口建设。

继续加强水利基础设施建设。实施重大水利工程，加快全省水利设施现代化进程。提高供水保障能力，建成尼尔基引嫩扩建骨干工程一期配套、奋斗水库、阁山水库等重大水源工程，完成“三江”治理、建设“三江”连通等重大水利工程。增强抗灾减灾能力，完成黑龙江、松花江、嫩江等干流、胖头泡蓄滞洪区和主要支流治理，实施界河防护工程，完善城市防洪体系。加大“两大平原”灌区建设与配套节水改造力度，实现水资源高效利用。加强牡丹江、鸡西、七台河等城市水源地保护和水源工程建设。进一步实施农村饮水安全提质工程，全面解决农村剩余人口饮水不安全问题。

提升城镇基础设施功能。着力完善市政与公共服务设施，增强城镇服务功能和集聚能力。推进重点城市地下综合管廊建设，释放城市发展空间。实施地偿转让上述权益。健全农村转移劳动力就业保障机制,完善服务网络,强化就业培训。加强农业转移人口养老和医疗保险等社会保障制度衔接,突出在城镇灵活就业农民工社会保障,逐步将进城落户农民纳入城镇住房保障体系。

促进城乡公共资源均衡配置。加快建立城乡融合的体制机制,健全农村基础设施投入长效机制,把社会事业发展重点放到农村和接纳农业转移人口较多的城镇,推动城镇公共服务向农村延伸。推动村屯合并,促进农村人口向交通便利地区集聚。提高社会主义新农村建设水平,落实农村人居环境整治行动,建设美丽宜居乡村。

(四)推动物质文明和精神文明协调发展

坚持"两手抓、两手都要硬",加快文化改革发展,加强精神文明建设,建设文化强省。坚持用邓小平理论、"三个代表"重要思想、科学发展观和习近平总书记重要讲话精神武装党员干部和教育人民,用中国梦和社会主义核心价值观凝聚共识、汇聚力量。加强思想道德建设和社会诚信建设,增强法治意识、社会责任意识,倡导科学精神,注重通过法律和政策向社会传导正确价值取向。弘扬中华传统美德,传承发扬大庆精神、铁人精神、北大荒精神等黑龙江优秀精神。

扶持优秀文化产品创作生产,加强文化人才培养,繁荣文化事业,打造文化精品,培育龙江文化品牌。实施哲学社会科学创新工程,建设中国特色新型智库。实施重大文化工程,完善公共文化服务体系、文化产业体系、文化市场体系,引导文化资源向农村倾斜。倡导全民阅读。按市场规律挖掘组织文化元素,培育和发展新型文化业态,推动文化与时尚、旅游产业相融合,支持骨干文化企业上市融资。加强和改进基层宣传思想文化工作,深化各类群众性精神文明创建活动。牢牢把握正确舆论导向,健全社会舆情引导机制,净化网络环境,传播正能量。

(五)推进军民深度融合发展

实施军民融合发展战略,形成全要素、多领域、高效益的军民深度融合发展格局。在创新国防动员体制机制基础上,健全和拓展军民融合发展的组织管理体系、工作运行融合体系和政策体系,建立各级军民融合领导机构。制定统筹经济建设和国防建设专项规划。军民、军地协同,共同维护边境社会稳定和谐。推动军民领域协同创新,支持军民科技成果双向转化应用和科研生产能力的开放共享。加强与军工集团战略合作,推动先进技术转民用,开发特色高技术产品。增强产业产品、基础设施等军民共用的协调性,打造军民融合创新示范区。加强全民国防教育和后备力量建设,支持国防建设和军队改革。

五、巩固提升整体生态化优势，推进绿色发展

绿色是永续发展的必要条件和人民对美好生活追求的重要体现。必须坚持绿色富省、绿色惠民，创新实施《大小兴安岭林区生态保护与经济转型规划》，加快生态文明建设，促进人与自然和谐共生，巩固提升整体生态化优势，发展绿色生态产业，建设"美丽龙江"。

（一）加快建设主体功能区

发挥主体功能区作为国土空间开发保护基础制度的作用，统筹各类空间规划，推进"多规合一"。依据主体功能定位，调整优化空间结构，划定农业空间和生态空间保护红线。实行重点生态功能区产业准入负面清单。加大对农产品主产区和重点生态功能区的政策支持力度。推进国家公园试点。建立由空间规划、用途管制、领导干部自然资源资产离任审计、差异化绩效考核等构成的空间治理体系。

（二）推动绿色低碳循环发展

推进能源革命，建设清洁低碳、安全高效的现代能源体系。推动煤炭等化石能源清洁高效利用，加快开发利用可再生能源。加强能耗管控，有效控制电力、钢铁、建材、化工等重点行业碳排放。推进交通运输低碳发展，鼓励绿色出行方式，实行公共交通优先，推广新能源汽车。提高建筑节能标准，推广绿色建筑和建材。实施循环发展引领计划，减少单位产出物质消耗。加强生活垃圾分类回收和再生资源回收的衔接，建设国家"城市矿产"示范基地。扎实推进国家级低碳试点建设，培养公民绿色低碳意识，推动形成绿色生产消费自觉。

（三）加快发展绿色生态产业

把握工业化中后期生态资源宝贵价值，加快构建绿色生态产业体系，推动生态优势转化为经济优势。

建成全国最大的绿色有机食品生产基地。把握食品消费安全、健康、时尚的需求趋势变化，加快推动绿色有机食品种植养殖、精深加工、储藏运输、市场营销全产业链发展，构建具有竞争力的绿色食品产业体系。

建设全国一流生态休闲度假旅游目的地。挖掘释放森林、湿地、江河、湖泊、冰雪等旅游资源潜力和经济、生态、文化功能潜力，注重突出独特性、体验性、精致性和感染力，创新发展模式，推动基础设施建设和资源整合，使旅游业成为服务业发展的主导力量。

创建全国北方夏季健康养老基地。依托生态、医疗和绿色食品等供给保障

（三）打造跨境产业链和产业聚集带

坚持“出口抓加工、进口抓落地”，吸引生产要素向“龙江丝路带”沿线转移，打造以装备制造、能源、采矿、化工、农业、林业为重点的跨境产业链，构建以跨境通道为依托和以通道沿线重点境内境外园区为载体的产业聚集带，构建开放型经济体系。推进国际产能和装备制造合作，加强营销和售后服务网络建设，推动装备、技术、服务走出去，带动高附加值产品出口。加快对外经贸合作转型升级，支持有实力企业赴俄合作创办经济实体，发展和拓展能源资源产业合作，融入国际产业链、价值链、物流链，建设境外大宗商品产业基地和中俄产业配套的合作基地。完善对俄跨境电子商务综合服务体系。支持境外产业园区完善功能、集聚产业，实现转型升级。推动旅游、科技、教育、文化、生态环保合作，加强对俄全方位交流合作。

（四）全面拓展对外开放合作

大力推进同“龙江丝路带”有关国家和地区互利共赢的开放合作，着力构建对外开放新体制，推动对外交流合作向宽领域、深层次、高水平发展，打造我国向北开放重要窗口。充分利用两个市场、两种资源，依托哈欧班列和“哈绥俄日韩”陆海联运大通道加强与欧洲和日韩合作，推进与澳大利亚、新西兰农牧业合作，进一步扩大与美国、加拿大和东南亚的合作。进一步密切与港澳台合作。完善外商投资服务体系，扩大利用外资质量和规模。大力培育外向型经济增长点，加快拓展外部发展空间。

七、推进共享发展，建设幸福龙江

共享是中国特色社会主义的本质要求。必须坚守底线、突出重点、完善制度、引导预期，从解决人民最关心最直接最现实的利益问题入手，增强政府职责，着力补齐短板，保障基本民生，不断增进人民福祉，让人民群众有更多获得感。

（一）实施脱贫攻坚工程

以大兴安岭南麓特困县片区和扶贫开发工作重点县为重点，坚决打赢脱贫攻坚战，推进 28 个贫困县整体脱贫，实现现行标准下贫困人口全部脱贫。

实施精准扶贫、精准脱贫、精准施策、精准推进、精准落地，因人因地施策，对有劳动能力的支持发展特色产业和转移就业，对生态特别重要和脆弱的实行生态保护扶贫，对丧失劳动能力的实施兜底性保障政策，对因病致贫的提供医疗救助保障，将符合政策的贫困人口纳入低保范围。实施整村推进，扩大贫困地区水、电、路、网络等基础设施覆盖面，加快贫困地区基本公共服务均等化。

加大财政扶贫投入，提高革命老区、民族地区、边疆地区、集中连片贫困地区脱贫攻坚力度。实行脱贫工作责任制，强化责任考核，健全定点扶贫机制，力争提前实现脱贫攻坚目标。

（二）建设优质公平的教育发展体系

全面贯彻党的教育方针，落实立德树人根本任务，深化教育改革，把增强学生社会责任感、创新精神、实践能力贯彻到国民教育全过程。大力推动基础教育均衡发展，普及高中教育，鼓励普惠性幼儿园发展。促进教育公平，加快城乡义务教育公办学校标准化建设，加强教师队伍特别是乡村教师队伍建设，推进城乡教师交流。办好特殊教育。建设现代职业教育体系，建立行业、企业、院校共同发展机制，建成一批高水平优质特色职业院校和实习实训基地。逐步分类推进中等职业教育免除学杂费，率先从建档立卡的家庭经济困难学生实施普通高中免除学杂费。加快建设中国特色现代大学制度，支持重点大学创建国际国内一流大学和一流学科，推动部分高校向应用型大学转型。支持和规范民办教育发展，鼓励社会力量和民间资本提供多样化教育服务。

（三）促进就业

坚持就业优先战略，实施更加积极的就业政策，鼓励以创业带动就业，建立面向人人的就业服务平台。

统筹推进重点群体就业。加快建立统一规范灵活的人力资源市场，维护劳动者平等就业权利，加强对灵活就业、新就业形态的支持，促进劳动者自主就业。落实高校毕业生就业促进引领计划，强化毕业生就业保障机制，鼓励毕业生到基层工作。帮助困难人员就业，引导农村劳动力转移就业，拓宽退役军人就业渠道。

完善就业保障机制。坚持居民收入增长和经济增长同步、劳动报酬提高和劳动生产率提高同步，持续增加城乡居民收入。完善就业与社会保障联动机制，增强就业的稳定性。建立和谐劳动关系，维护职工和企业合法权益。加强就业援助，推动煤城和林区富余职工分流安置和就业。加强失业风险预防和调控，完善失业登记办法和失业监测预警机制，建立应对失业风险的就业应急预案。

健全就业服务体系。加强就业服务，完善公共就业服务体系功能，推进公共就业服务信息化建设，支持社会化、市场化专业服务机构及社团组织开展服务。完善职业培训补贴机制，政府采取公开招标的方式购买培训服务，加强职业培训，构建终身职业技能培训制度。

(四)完善社会保障体系

建立更加公平可持续的社会保障制度,实施全民参保计划,基本实现法定人员全覆盖。完善社会保险关系转移接续政策。适当降低社会保险费率。落实渐进式延迟退休年龄政策。

健全基本养老保险制度,落实职工基础养老金全国统筹,健全基础养老金标准调整机制和多缴多得激励机制。建立统一的城乡居民医疗保险制度,完善医疗保险稳定可持续筹资和报销比例调整机制,落实城乡居民大病保险制度。合并实施生育保险和基本医疗保险,完善失业保险和工伤保险制度。

构建社会救助制度体系,做好"救急难"工作,更好发挥托底线作用,重点推进低保户、低收入群众、重度残疾人等困难群体基本生活保障提标扩面。强化社会福利事业。

(五)实施保障性安居工程

围绕解决好中低收入群体、新就业职工和城镇稳定就业的外来务工人员基本住房问题,加快保障性住房建设,实现保障性住房全覆盖。推进廉租住房和公租住房并轨。坚持政府主导与市场化运作相结合,多方筹集保障性住房房源。实施城市棚户区、国有工矿棚户区、铁路等行业棚户区、国有林区(场)棚户区(危旧房)和垦区危房改造工程,完成采煤沉陷区棚户区改造任务。全面完成农村泥草(危)房改造。

(六)推进"健康龙江"建设

深化医药卫生体制改革,实行医疗、医保、医药联动,推进医药分开,实行分级诊疗,建立覆盖城乡的基本医疗卫生制度和现代医院管理制度。全面推进公立医院综合改革,坚持公益属性,破除逐利机制,建立符合医疗行业特点的人事薪酬制度。完善基本药物制度,健全药品供应保障机制,理顺药品价格。

构建全面均衡的医疗服务保障体系,推进省市县区域医疗中心建设,加快偏远地区急救中心和专科医院建设,发展远程医疗。促进医疗资源向基层、农村流动,提高全科医生、家庭医生、急需领域医疗服务能力。

鼓励社会力量兴办健康服务业,推进非营利性民营医院和公立医院同等待遇。坚持中西医并重,促进中医药发展。倡导健康生活方式,加强心理健康服务。实施食品安全战略,形成严密高效、社会共治的食品安全治理体系。

发展体育事业和体育产业,推广普及全民健身,增强人民体质。

(七)促进人口均衡发展

坚持计划生育基本国策,落实国家人口发展战略。注重家庭发展,全面实施一对夫妇可生育两个孩子政策，实行特殊困难的计划生育家庭帮扶政策。开展应对人口老龄化行动，建设以居家为基础、社区为依托、机构为补充的多层次养老服务体系，探索建立长期护理保险制度，支持各类市场主体增加养老服务和产品供给。坚持男女平等基本国策，保障妇女儿童和未成年人权益。支持残疾人事业发展。

八、加强和改善党的领导，为实现“十三五”规划提供坚强保证

发展是党执政兴国的第一要务。全省各级党委必须深化对发展规律的认识，按照推进国家治理体系和治理能力现代化的要求，提高领导发展能力和水平，更好推动全省经济社会发展。

（一）完善党领导经济社会发展工作体制机制

坚持党总揽全局、协调各方，发挥各级党委（党组）领导核心作用，加强制度化建设，切实改进工作体制机制和方式方法。提高决策科学化水平，完善党委研究经济社会发展战略、定期分析经济形势、研究重大方针政策的工作机制，健全决策咨询机制。加强各级党组织建设，强化基层党组织整体功能，发挥战斗堡垒作用和党员先锋模范作用，更好带领群众全面建成小康社会。要坚定不移贯彻落实中央和省委重大决策部署，坚持和完善民主集中制，用好批评和自我批评有力武器，严格执行党内政治生活准则和党内各项规定。坚持全面从严治党，落实“三严三实”要求，严明党的纪律和规矩，落实党风廉政建设主体责任和监督责任，健全改进作风长效机制，强化权力运行制约和监督，加强和改进巡视工作，更好发挥巡视制度监督作用，巩固反腐败成果，构建不敢腐、不能腐、不想腐的有效机制，努力实现干部清正、政府清廉、政治清明，为经济社会发展营造良好政治生态。

（二）凝聚全面建成小康社会力量

充分发扬民主，贯彻党的群众路线，提高宣传和组织群众能力，激发全省各族人民的主人翁意识。加强思想政治工作，创新群众工作体制机制和方式方法，注重发挥工会、共青团、妇联等群团组织的作用。高度重视做好意识形态领域工作，切实维护意识形态安全。发展基层民主，保证人民群众的选举权、知情权、参与权、监督权。加强经济社会发展重大问题和涉及群众切身利益问题的协商，依法保障人民各项权益。巩固和发展最广泛的爱国统一战线，全面落实党的知识分子、民族、宗教、侨务等政策，充分发挥民主党派、工商联和无党派人士作用，最大限度凝聚全省推进改革发展、维护社会和谐稳定的共识和力量。

(三)加强领导班子和干部队伍建设

加强教育培训,教育引导广大干部深化对发展规律的认识,增强干部落实五大发展理念思想自觉。优化领导班子知识结构和专业结构,注重培养选拔政治强、懂专业、善治理、敢担当、作风正的领导干部,提高各级领导干部领导经济社会发展的专业化素养和专业化水平。深化干部人事制度改革,完善政绩考核评价体系和奖励机制,调整充实推动新技术新产业新业态发展、加快管理制度创新、节约资源和保护环境、保障改善民生等体现新理念任务指标,调动各级干部积极性、主动性、创造性。

(四)加强人才队伍建设

实施人才优先发展战略,推进人才发展体制改革和政策创新,建立集聚人才体制机制,优化人才发展环境,为全省经济发展提供智力支撑和保障。突出“高精尖缺”导向,落实重大人才工程,实施“龙江英才”计划,着力发现、培养、集聚战略科学家、科技领军人才、企业家人才、高技能人才队伍。实行更加开放的人才政策,加大急需紧缺高端人才引进力度。清除人才流动障碍,提高社会横向和纵向流动性。完善人才评价机制和服务保障机制,创新人才留住使用机制,营造有利于人人皆可成才和青年人才脱颖而出的社会环境。

(五)优化经济发展环境

新常态经济发展必须有新的环境做保障。要发挥党对改善经济发展环境的领导作用,切实加强发展环境问题治理,努力营造风清气正、公平正义、开放文明、服务高效的发展环境,进一步释放全省经济发展活力。

切实减轻企业负担。大力整顿和规范市场秩序,加强对垄断行业监管。严格规范司法行为,积极协助企业依法调处矛盾纠纷,整治司法不严格、不规范、不公正问题。注重诚信建设,加大促进经济发展、改善发展环境、扩大招商引资等方面优惠政策的落实力度,加强企业诚信体系建设。

严厉查处破坏发展环境行为,坚决治理执法主体和执法人员不履职尽责和私设门槛、暗箱操作问题。进一步从严管理各级权力岗位干部,惩戒庸政、懒政、怠政和不作为人员。发挥企业投诉中心作用,加大宣传报道,营造风清气正的优良发展环境。

(六)加强法治建设

必须坚持依法执政,全面提高党依据宪法法律治国理政、依据党内法规管党治党的能力和水平。加强党对立法工作领导,加快重点领域立法。加强法治政府建设,依法设定权力、行使权力、制约权力、监督权力,不断提高政府公信力和执行力。健全依法决策机制，完善重大决策合法性审查机制和跟踪反馈制度。积极推进行政执法体制改革，加大重点领域执法力度，强化权力制约监督，确保权力始终在法治轨道上运行。深化司法体制改革，尊重司法规律，促进司法公正，完善对权利的司法保障，对权力的司法监督。要弘扬社会主义法治精神，完善法律援助体系，加强普法教育，增强全省特别是公职人员尊法学法守法用法观念，在全省形成良好法治氛围和法治习惯。

（七）加强和创新社会治理

完善党委领导、政府主导、社会协同、公众参与、法治保障的社会治理体制，推进社会治理精细化，构建全民共建共享社会治理的格局。健全利益表达、利益协调、利益保护机制，引导群众依法行使权利、表达诉求、解决纠纷。推进智慧城市、智慧社区建设，增强社区服务功能，实现政府治理和社会自我调节、居民自治良性互动。完善社会治安综合治理体制机制，以信息化为支撑，加快建设社会治安立体防控体系、法治化的治理体系和网格化责任体系。落实重大决策社会稳定风险评估制度，加强风险防控，完善社会矛盾排查预警和调理化解综合机制，加强和改进信访和调解工作，有效预防和化解矛盾纠纷。加快平安黑龙江建设，严密防范、依法惩治违法犯罪活动，维护社会秩序。全面落实省委、省政府《关于全面加强公共安全工作的意见》，完善落实安全生产责任和管理制度，实行党政同责、一岗双责、失职追责，强化预防治本，改革安全评审制度，健全预警应急机制，加大监管执法力度，及时排查化解安全隐患，坚决遏制重特大安全事故频发势头。深化煤矿、危险化学品、油气输送管线、地下经营场所等重点行业领域安全整治，实施危险化学品和化工企业生产、仓储安全环保搬迁工程，加强安全生产基础能力和防灾减灾能力建设。

（八）确保任务落到实处

要坚决贯彻中央和省委决策部署，制定好全省“十三五”规划纲要和专项规划，落实党的十八届五中全会精神和发展理念，落实本建议确定的主要目标、重点任务、重大举措，明确反映创新、协调、绿色、开放、共享发展理念的指标，增加政府履行职责的约束性指标，把中央和省委的决策部署落到实处。

实现“十三五”时期发展目标，前景光明，任务繁重。全省广大党员和人民群众要更加紧密地团结在以习近平同志为总书记的党中央周围，艰苦奋斗，开拓创新，共同夺取全面建成小康社会决胜阶段的伟大胜利！

参考文献

[1] (美)库兹涅茨. 经济的变化[M]. 北京:商务印书馆,1954.

[2] (美)萨缪尔逊. 经济学[M]. 北京:商务印书馆,1948.

[3] 威廉·配第. 赋税论[M]. 北京:华夏出版社,2006.

[4] 亚当·斯密. 国富论[M]. 北京:商务印书馆,1979.

[5] 大卫·李嘉图. 政治经济学及赋税原理[M]. 北京:商务印书馆,1817.

[6] 哈罗德-多马. 新古典增长模型[M]. 北京:商务印书馆,1955.

[7] (奥)默瑞·罗斯巴德. 亚当·斯密以前的经济思想:奥地利学派视角下的经济思想史:第一卷[M]. 张凤林,译. 北京:商务印书馆,2012.

[8] (美)保罗·萨缪尔森. 宏观经济学[M]. 17 版. 萧深,等译. 北京:人民邮电出版社,2004.

[9] (英)阿弗里德·马歇尔. 经济学原理[M]. 北京:华夏出版社,2005.

[10] (美)西奥多·舒尔茨. 人力资本投资[M]. 北京:商务印书馆,1990.

[11] (美)罗纳德. 经济发展中的货币与资本[M]. 卢驰,译. 上海:上海人民出版社,1997.

[12] 杜荣耀. 内生货币体制中资本监管对我国信贷的影响研究[D]. 上海:上海交通大学,2013.

[13] 孙永强. 金融发展、城市化与城乡居民收入差距研究[J]. 金融研究,2012(4):98-109.

[14] 梁凤霞. 基于知识管理的企业核心竞争力研究[J]. 科技与管理,2009(1):41-44.

[15] 梁凤霞. 企业核心竞争力与知识管理[J]. 管理观察,2009(5):65-67.

[16] 杨俊,王佳. 金融结构与收入不平等:渠道和证据——基于中国省际非平稳异质面板数据的研究[J]. 金融研究,2012(1):116-128.

[17] 赖佳,吴园一. FDI 与经济增长:国内外研究综述[J]. 全国商情理论研究,2014(2):92-96.

[18] 梁凤霞. 我国绿色供应链管理体系的现状及发展策略[J]. 中国流通经

济,2009(5):25-29.

[19] 梁凤霞.物流管理创新:基于供应链体系下的研究[J].商业研究,2009(5):130-133.

[20] 张守信.基于低碳理念的黑龙江省滑雪旅游发展探析[J].体育世界,2014(2):34-37.

[21] 杨昕沫.改革开放以来黑龙江省与俄罗斯远东地区的边境贸易的回顾与解析[J].经济研究导刊,2012(2):45-48.

[22] 梁凤霞.高技术企业成长路径实现策略研究[J].北方经贸, 2013(12):138-140 .

[23] 梁凤霞.论案例教学[J]. 管理科学文摘,2006(7):45-46.